財富之謎

只會賺錢不會花錢成不了富翁

賺錢、花錢、存錢的藝術，
從理財智慧到實現財富自由的旅程

趙劭甫，馮化平 著

如何達成財富自由，實現個人與社會價值？

◎強調花錢智慧，如何投資自我與實現財富增長
◎結合真實案例，闡述資金管理對個人成長的影響
◎深入分析致富策略，提供實用投資與財務管理建議
探討賺錢與花錢間的平衡藝術，揭開成為真正富翁的祕密！

目 錄
CATALOGUE

目錄

第五篇　理財的藝術

金錢夢想的啟航

　　金錢不僅是生活的必需品，更是實現夢想、追求自由和展示個人價值的重要工具。然而，關於金錢的理解和運用，往往充滿了誤解和迷思。有人視金錢為萬惡之源，有人則將其視為成功的唯一標準。在這兩極之間，我們試圖尋找一條中庸之道，不僅理性看待金錢，更要學會如何智慧地管理和增值它，從而達到財富自由的終極目標。

　　本書正是在這樣的背景下誕生的。它不僅是一本關於金錢和財富管理的書籍，更是一本關於如何實現個人夢想、追求生活品質和精神自由的指南。我們相信，真正的財富不僅僅是金錢和物質的累積，更是包括時間自由、心靈富足和生活品質在內的全面豐富。

　　書中分為五大部分，每一部分都圍繞著不同的主題展開深入探討：從金錢夢想的啟航，到金錢的魔力、實踐金錢夢想，再到金錢的哲學以及最後的理財的藝術。我們試圖透過這些章節，引導讀者從夢想啟航，經過實踐的考驗，最終達到理財的智慧，實現個人的財富自由。

　　在追求財富的道路上，我們強調的不是短視近利或者盲目追求物質享受，而是倡導一種負責任和可持續的財富觀。這需要我們建立正確的金錢觀，學會理性消費、積極投資和有效管理個人財務。同時，我們還需要培養堅韌不拔的意志力和持之以恆的行動力，這樣才能在金錢的遊戲中長久生存並取得成功。

此外，本書還深入探討了金錢與人生其他重要方面的關係，如個人成長、家庭關係、社會責任等。我們相信，財富的真正價值在於能夠為我們和周圍的人帶來正面的改變，讓生活變得更加豐富多彩和有意義。

最後，我們期待本書能夠成為你實現財富自由夢想的良師益友。無論你現在處於人生的哪個階段，都希望你能從中獲得靈感和動力，開啟一段新的旅程，向著更加自由、豐富和精彩的人生邁進。

我們將一同探索金錢背後的深層意義，學習如何在現代社會中巧妙地運用金錢以達成我們的目標和夢想。我們會發現，金錢不僅能夠為我們提供物質上的安全感和舒適，更重要的是，它能夠為我們的生命開啟無限可能，讓我們有機會去實現那些曾經看似遙不可及的夢想。

透過本書的閱讀，我們希望你能學會如何更加自信地面對金錢問題，如何在不犧牲自我價值和快樂的前提下，實現財富的累積和增長。更進一步，我們將一起探討如何利用金錢作為一種工具，來改善個人生活、幫助他人以及對社會作出貢獻。

在追求財富自由的同時，我們也不應忽視內心的富足。一份內在的滿足感和幸福感，往往是金錢無法直接買到的。因此，本書也將指導你如何在追求物質財富的同時，保持心靈的平衡和滿足，實現一種更加全面和深刻的豐富生活。

無論你現在對金錢的態度是怎樣的，這本書都會為你開啟一扇新的大門，引導你進入一個全新的世界，讓你以一種更加健康、積極和智慧的方式來理解和運用金錢。讓我們一起踏上這段旅程，探索金錢的真正價值，並在這個過程中發掘自我、豐富生活，最終達到真正的財富自由。

第一篇　財富追夢記

實現財富夢想的可能性

◗ 實現財富夢想的可能性

人的生理和生存需要的並不是致富的動力或泉源，就如在動物生活中找不到任何相同或相似的財富追逐現象，因為它不能順應基本的目標，也不能滿足根本的需求。

致富的含義就是獲得超過自己需要的東西。這看起來漫無目標，卻是人類最強大的驅力。也可以這樣說，世間一切事業歸根到底都無非在於致富，而致富恰是人生的終極。

但在致富之前，我們必須了解金錢的實質與祕密。

縱觀歷史，不難發現，人類為金錢而互相傷害所造成的危害，遠遠超過其他的原因。

一般來說，金錢是價值的尺度、交換的媒介、財富的象徵。但是這種說法不但忽略了金錢令人陶醉、令人瘋狂、令人激動的一面，也將愛錢的心理拋開了。

約翰‧吉恩斯就曾這樣描寫到：「愛錢是一種多多少少有些噁心的病態，一種半罪惡、半病理、最後我們戰戰兢兢地將自己交給神經專家研究的癖好。」

戈弗雷‧內勒爵士也曾不止一次地表示：「金錢是人情的離間力。」

世上金錢的種類有很多，但概括起來主要有以下幾種：

有血腥錢和血汗錢，良心錢和骯髒款，輕鬆錢和苦力錢，該焚毀的錢和光榮的錢；

有國王餽贈的重金，也有娼妓賣身的銅臭；

有情婦的費用，也有妻子的津貼——零用錢、消費錢、銀行存款；

有些是歹徒罪惡的報酬，有些是富翁的餽贈；

某些費用人人出得起，有些價碼卻昂貴得令人咋舌；

……

金錢的外表雖然相同，但卻隱藏了許多差異。血腥錢買不到合法收入所帶來的一切，國王的贈金和中獎的財富也截然不同。

事實上，金錢的交換率是騙人的鬼把戲。我們用金錢能買到東西的外表和形體，就自以為能買到一切，其實，我們的收穫非常可憐。

以賽亞說：「金錢的最大特性就是不能滿足人。」

富翁邁克·亞格也發出這樣的感慨：「我得不到金錢的滿足。」

儘管如此，但追求、積聚這種不能滿足人類靈魂的東西卻是人類文明中最強的驅動力，雖然熱衷於金錢遊戲的人往往拚命否認這一點。這種激情在某些人的心目中仍然很模糊，但仍是人類最後一項可恥的祕密。

也許正因為如此，儘管金錢這個題材枝節叢生，卻很少有人探討過。

當然，誰也無法否認，經濟學和經濟問題受到了廣泛而又積極的注意。研究經濟難題卻排除了對金錢的渴望——潛在的衝動、渴求、執迷，將二者完全隔列的做法簡直令人難以置信。

種種跡象顯示，對金錢的熱情在美國和西方其他先進國家已接近崇拜。但愛錢並不是西方的獨有個性，世界各國都有一樣的作風。

古代中國人永遠不忘記膜拜「財神」；希伯來人崇拜金牛；希臘神話中不屈的跑將荷米斯也是利潤之神；埃及人在國王的陵墓裡放滿財寶，使死者在赴天堂的旅程中不擔心錢財的匱乏；在某些原始部落中，富翁擁有百萬貝殼。

在神話故事裡，不管是歐洲故事或《一千零一夜》，「從此過上快樂的生活」都是指的富有生活。

由此可見，人們就算不可能真的一夜暴富，但心中致富的慾望之火卻一刻也沒有熄滅過。在很多人的眼裡，財富是一個夢想、一個神話，即使現在也是如此，但現在它卻有了實際的基礎和實現的可能了。

人類嶄新的賺錢方式就在眼前，大家都有致富的機會。以前，這種機會沒有實現的可能性，致富的夢想需要屈從現實原則。但現在這是人人都可能發生的事情，儘管現實中只有少數人有此幸運。

▌金錢追求的永恆循環

致富即使有實現的可能，不過致富的慾望還是被當做夢想來看待較合適。如果研究這個夢的特徵，可以發現幾個主調。

首先，人人都渴望安全感。有時候女性會為安全感而結婚；聰明的年輕人則為安全感而把儲蓄投放養老金或長期公債中，以便將來沒有工作能力的時候能靠自己的投資安度晚年。

一位高階企業經理人兼財政專家說：「以前我窮困的時候，我的目標是為自己和家人提供安全的生活資源，好讓家人不必擔心下一餐的來源。在夢想中，我認為自己如果能賺取 5 萬英鎊的資金，我們就能生活了，不必再為錢而忙碌了；最初只想要這些。這個目標成為我青年時期生活的最大動力。結果，我超越了自己的目標，竟然賺了 5000 萬英鎊。」

這便證明了安全感的渴望有多麼強烈，達到安全感所需要的財富數又是如何時刻變化的。

　　格林的一則童話中有這樣的夢想。故事中的魔桌只要聽到「餐桌，擺滿」的命令，就會馬上亮出桌布、盤子、刀叉、一碟碟烤肉和烘肉，還有紅酒。那時的小夥子自語道：「現在我終生夠用了。」從此他就不再擔心食物的好壞、物品的盈缺了。

　　渴望有私房錢的人能靠積蓄度日，希望為終生做好準備。這事實上是退休者的夢想，他們是想靠積蓄過日子，不必工作。雖然這種願望很消極，但卻非常普遍，而且並不僅限於奮鬥、掙扎而疲倦不堪的人。

　　《伊索寓言》中，曾有一篇《酸葡萄》的故事，葡萄架上果實纍纍，看起來一定是很甜的。有一隻狐狸經過葡萄架，不禁垂涎三尺。它屢次躍起想擷取可口的葡萄，然而在多次失敗之後，便打消吃葡萄的念頭，只忿忿地說了一句：「哼！這葡萄八成是酸的。」

　　這種「酸葡萄」心理正和窮人視富者為惡霸的心理是一樣的，凡是發財慾望越強的窮人，必不甘於過平凡的生活，而對有錢的人便視為「酸葡萄」，大多嗤之以鼻。而且這是世俗之人的通常想法，他們之所以貶低有錢的人，完全是對於自己的窮困感到不滿所致。

　　除了「酸葡萄」心理之外，還有一種大同小異的「甜檸檬」心理。本應是酸的檸檬，一旦到了自己的手中，便認為是香甜可口的檸檬，而感到莫大的滿足。

　　對於這類人，理財專家建議，欲求致富之道，首先要拋掉「酸葡萄」和「甜檸檬」心理；其次要改正掩飾自己小氣的行為，例如亂花錢，購買高級品；最後要制定出符合自身的理財計劃。

　　一個稍有成就的人說「我可以退休了」，這實在是個令人不解的說法。其實這種人一刻也不想退休，但是他們想到的是自己要退休便可以退休，那樣心裡會很高興。

　　探求這種退休者的幻想，我們可以發現，其中含有輝煌的滿足感、

不必聽人使喚、不聽任何人指揮。

在整個動物世界中，人類依賴別人的時間和程度遠遠超過其他動物，也難怪人們會討厭依賴。我們夢想經濟上的獨立，以便解除對其他人的各種依賴，這是很富人情味的幻想。安全感一旦在現實生活中建立，大家很可能會進一步走向比享受金錢更刺激的樂趣。

下面是一個裁縫師為退休做準備的故事：

「在童年時代，我要的只是同一條街上別人有而我沒有的東西。我不羨慕大轎車，因為我那條街上根本沒有大轎車。我心目中所謂有錢就是擁有那條街上最好的房子；目的就是讓整條街的人瞧瞧，讓大家瞧瞧我比他們行。我的夢從來沒超過漂亮的住宅，我也沒有街外的相關數據。我不想做電影明星那一類的事情，因為我不懂那個。電影明星純粹是幻想的人物。」

「記得有一年，我大約 21 歲的時候，有個人穿著漂亮的西裝走過這條街。我注意到他對那套西裝漫不經心的樣子，印象很深。我乾的就是裁縫這一行，完全知道這套西裝有多貴。但他竟然能漫不經心地穿用，使我羨慕極了。於是，他成了我夢想的人。我不羨慕百萬富翁，因為我那條街上根本沒有百萬富翁。」

強烈的財富渴望感一定能壓倒別人。在現實生活中，也就是壓倒周圍的人。

起初夢想目標也許很小：希望能漫不經心地穿一套貴西裝，而不是戰戰兢兢地當大禮服來穿。隨著求勝渴望的增長，夢想也逐漸擴大。做夢的人想像自己有一天衣錦還鄉，真正地在人們面前神氣一番。

在杜倫馬特的書《法官和他的劊子手》中，一位非常富有的太太回到她的出生地，她餽贈鉅款給故鄉，卻要求釘死一個上了年紀的男人。因為此人年輕時和她相愛，後來卻將她拋棄了。

這是曾經遭受冷落、屈辱、拋棄的人最普遍的報復夢想。有一天，有一天……等著吧。不管是只讓他們瞧瞧，還是真的採取行動，金錢都被視為報復的力量。

旅館經理拒絕給我們房間住，或者不讓我們住自己想要的房間，我們心裡便幻想著報復的一刻——買下旅館，把他開除。

有位富翁真的做過這種事：希臘船王歐納西斯曾經要住巴黎麗思飯店的總統套房，但遭到經理拒絕，因為那是永遠保留給芭芭拉·赫頓住的。歐納西斯就叫經紀人著手購買飯店的股份，將近 50% 時，他要求董事會開除經理。

當我們覺得孤立無援時，就幻想用錢來彌補那種狀況。在幻想中，金錢是萬能的。錢能買下麗思大飯店，也能處死變心的愛人。

在我們的社會，人們總是羨慕而嫉妒地談論某一位富翁隨隨便便地花大錢滿足其小小慾望的傳聞，可見我們對這種夢想的深深著迷。

阿拉丁神燈的故事出色地表現了人們對金錢力量最原始的喜愛，只要擦擦神燈，施詭計的宰相就會慘遭失敗，眨眼間宮殿就會矗立眼前，主人就會贏得蘇丹公主的芳心，最後甚至繼位成為蘇丹王。

在這個故事中，阿拉丁神燈與神祕的金錢力量相似。

金錢也能帶來愛。作曲家萊諾·巴特說：「《孤雛淚》之所以獲成功，是因為我渴望愛，認為用錢可以買到一切。我太需要人愛了。眾所周知，被我當做朋友的人可以從我這裡得到一切，錢更不成問題。我覺得，送人貴重禮物是買到尊重最簡單的辦法……」

在年輕人的夢想中，早就把愛情和金錢看成同一回事了。依照傳統，年輕人要先出外奮鬥，發了財再向心愛的少女求愛。據說，如果他們能帶錢回來，就能得到愛情。

事實上，女孩子常常選擇身邊猛追的人。但是我們還是相信，自己一旦有錢，被愛的機會就會相應增多。

這並不是極度地宣揚金錢買愛情的力量，而是相信金錢的神奇性質，相信它有力量改變自己。

影星一夜成名，接著鈔票如雪片般飛來，這位幸運兒也更討人喜歡。影視圈中一切短暫的婚姻和戀愛史並不能改變天真小女生的夢想，她認為自己若有錢有名，大家對她的愛一定遠遠超過現在不冷不熱的狀況。

金錢可以作為一種改造力。有些人因為自己不好，而他們自認為金錢能帶來改變。正如灰姑娘從灰燼中站起來，淨化了自己。我們若有足夠的金錢，也可以如此。

的確，金錢是一個奇妙的東西，誰有了它，誰就成為他想要的東西的主人。有了金錢，甚至可以使靈魂升入天堂。

金錢的慾望是很奇怪的，但是在幻想中，那位「富有的我」不但有錢，基本上也像換了個人，會更強壯、更勇敢、更迷人、更聰明、不再脆弱等。金錢能賦予主人神奇的威力。

由此進一步生出一種信念，金錢能帶來某種程度的不朽。新不列顛的土著認為，得到大財富（貝殼）的目標就是在死後大家會悲嘆，並開盛宴來祭拜他。

金錢能使人們偉大、受人懷念，譬如諾貝爾因為他的獎金而受人懷念，福特因為他的基金而常被人提起。

IBM 的創始人托馬斯‧華生在 1933 年曾直截了當地說：「我要你們了解，這個公司是要永遠存在的。」

就算生命不能真正永恆，但至少可以在此時此刻有個「美麗的生

活」。《花花公子》雜誌曾一個月又一個月地細細列出這些夢想，因為創始人海夫納顯然過著那種夢幻生活，以便使生命與自我的疑惑和不安有效地被隔離開。

由《花花公子》雜誌的讀者人數來判斷，那種生活的夢想已經大大超過我們的想像。

美夢的內容是生活在奢侈的懷抱裡，而且這種慾望的起源來自小孩子在母親懷抱中舒服的狀態。

有了金錢，我們可以丟掉一切工作，避免煩重的苦差事，一心追求快樂。金錢，是人類一切幸福的來源。

小說家兼電視劇作家羅拉・慕勒說：「到法國南部精緻的飯店中度過兩週的假期，非常痛快。這就難免讓人以為，這種生活如果能無限延長，一定會很快樂。事實卻不見得如此，但是大家都這樣認為，所以就嘆息道：『唉！如果能一直這樣過下去該有多好啊！』」

最後，如果奢侈的生活在期待中也變了味，那麼還有一項最終更能令人滿足的夢境──成為最偉大的人物。

有一位昔日當侍者的人，自己開飯店，生意不錯，進而就想要擁有當地最大的飯店聯鎖企業，而且他根本說不清理由。

「只是，你若當了將軍，就想當最偉大的將軍，不是吧？」他說。

拿破崙的野心並不只限於軍事方面。做夢的人想像自己的收稅圈遍及全球──報社網、電臺、電視網、紙廠、保險公司、租車行、銀行、航空公司、油田、電影院、飯店、超級市場，他要擁有一切。

夢想太大了，除非心靈能最終驚駭於自己的貪得無厭，否則追求金錢的慾望永遠也不會停止。

▌沉溺幻想：金錢夢想的終結

　　人人都有金錢夢，不過每個人夢想的最終結果卻各不相同。有些人的夢想會成為現實，並會產生新的內容。但是，有一種人的夢想永遠不可能實現，因為他只沉迷於幻想，卻不知為此而努力奮鬥，即喜好幻想甚於實際。

　　一位靠救濟金過日子的人說：「現在我最遺憾的就是沒錢能讓我像昔日那樣賭馬。」

　　倒不是他想贏錢，而是那樣他就有做夢的機會。這正是金錢空想家的特性。

　　19 世紀法國小說家巴爾札克就是這種人的典型代表。正如他在小說中所描寫的，他非常了解金錢，而且瘋狂地愛上了它。他投身各種商業冒險，搞過土地投機、印刷廠、香水廣告、古典作品的再版等。他的作品顯示，他在金融方面具有極大的天賦。不過，他的企業卻一無所獲。

　　替巴爾札克立傳的作家特羅亞曾經暗示：巴爾札克一再失敗，主要是因為他生命中一旦出現困難，他就立刻退入自己虛構的世界中，他在那個幻想的世界把握得非常好，成果完全掌握在他手中。這就是空想家的一貫作風。

　　這種人在任何文化中都可以找到。阿瑟・米勒的名劇《業務員之死》就是這種人的結局。

　　第一次世界大戰後的不景氣年代，維也納和布達佩斯的咖啡館中坐滿了失業的男人，整個下午啜一杯咖啡，空談著他們的發財夢想。大多數人就這樣醉生夢死地度過了一生。

　　賭博店、賽馬場、俱樂部、專利事務所和音樂出版家的等候室裡也擠滿了夢想家。別人都知道他們不可能發財，他們是在浪費時間，但是他們已深深地沉迷於幻想中，不聽勸告，也根本不在乎。

　　這些瘋狂的空想者心中的夢想已達到不可限制的極端，金錢夢已違反了理智的判斷。因為做夢的人，根本不會考慮他的夢想是否行得通，是否會受到局限。他的想像具有自感偶像的幻覺強度。在助長幻覺的活動中，比如賭博吧，空想者往往陷入一陣漫長而且無法解除的刺激和迷亂之中。

　　佛洛伊德看出賭博俱樂部中的儀式：玩牌的熱情中，賭徒的狂熱，勝過了強烈的金錢刺激。他認為大家著重在手部的強烈動作，就可以證明這一點。更浮動人心的是骰子遊戲中常常會有的手勢、面部表情和叫聲。

　　人們為金錢而興奮，努力賺錢，用財富的畫面挑逗自己。所有半文學性的作品都在刺激他們的慾望，當然都無法滿足他們。

　　廣告、報紙、雜誌、電影、電視、商品、時裝照片、室內設計——那些鍍金的浴室裝置，那些仿豹皮床罩！但是在潛意識裡，它們卻是金錢夢的飼料，刺激著人們最奢華的渴望。它們共同合作造成了金錢肖像的魅力，培養出一種偷窺狂——喜歡看別人的富裕生活來過癮。

　　就如在尼斯的盛季裡，觀光客站在大飯店門外，觀賞著裡面的人坐在水晶吊燈下用餐。

　　有人跑到汽車展覽室，坐進明知自己買不起的轎車裡；

　　有人叫地產仲介商帶他四處參觀自己買不起的昂貴地產；

　　有些女人愛試穿自己買不起的衣服；

　　也有人填寫他不可能去的環球旅行卷。

像這樣，人們驅使自己進入金錢刺激的狀態。他們談著自己的好運將至，發了財以後要做些什麼。所有這些都是沉迷於幻想者的表現。

　　擁有金錢夢並沒有錯，不過此夢想應該局限在行得通的地方，否則最後只能是一個一無所獲的空想家。

　　迷戀於金錢幻想的人終日都陷身於自己的幻想中，以致最終以悲劇結束。那麼，這種迷戀究竟是怎樣產生的呢？

　　心理分析學家歐內斯特·瓊斯曾說，小孩子大多有「倒轉的狂想」。他們認為自己在一天天長大，父母就會一天天變小。當然，由相對的觀點來看，也不無道理。檢討這些狂想，其中有報復的夢想存在。

　　瓊斯引用了一位 3 歲女孩對她母親所說的話：「等我變成大女孩，你變成小女孩，我就像你現在打我一樣打你。」

　　有一位 3 歲半左右的小男孩曾經對他母親說：「等我長大了，你就會變小；那麼我會把你抱來抱去，替你穿衣服，趕你去睡覺。」

　　兒童對自己幼小、無依、仰人鼻息的生存情況，似乎常用倒轉的方式來處理。

　　孩子經常仰賴父母，最明顯的一例就是要父母買東西給他。因為父母有錢，而他沒有，所以他只得永遠說：「你們什麼時候給我買這個？請買那個給我吧！如果你們給我買那個，我會很乖的。為什麼你們不給我買這些呢？」

　　當大人不買冰淇淋或者玩具車給孩子時，往往引來一陣尖叫或哭喊，這時候就明顯地看出依賴所包含的憤怒了。

　　因為買東西給孩子對他們很重要，成人就以送東西作為控制孩子的手段。父母根據買或不買，設計出賞罰孩子的制度：「如果你乖，如果你吃藥，如果你去睡，如果你不再尿床，如果你在學校拿到好成績……我就買這個給你。」

　　兒童自覺被大人花錢的能力所控制，他正缺乏那種能力。在兒童的倒轉夢中，他自然幻想他能夠依照自己的金錢來控制父母。

　　小男孩告訴父親他要買一輛跑車給他做生日禮物，不見得是孝順使然，很可能他要用跑車來控制爸爸，就像他自己被控制一樣。

　　因此，在兒童是富翁、爸爸是乞丐的倒轉夢中，金錢夢可以由它的起源推出一些習慣形成的本質。幼時的依賴是迷戀金錢夢的來源，但這並不意味著是唯一的來源。

　　當然，倒轉夢也有用處，它可以提供行為的動因，不過那是成功的金錢夢。

　　如果不斷地沉迷於夢境，難免會造成依賴。這種人每當不幸、失敗、厭煩的時候，就會用金錢夢來提神。他們會隱身於幻想之中，用這種方法來消除低落的情緒。他們會痴迷於自己的幻境，得到短暫的刺激，使精神愉快起來，然後嘆一口氣又回到現實，而現實的種種情況卻變得更加難纏了，於是他們就一味地沉迷於金錢幻想中，而不付諸於實際的行動。

●「冤大頭理論」與金錢魔法

　　有些人否認自己曾經有過致富夢想，但願望還是實現了。

　　這些人也許是獵財專家、財政巫師、強盜頭子，或者是蘇黎士的土地神、騙徒、石油鉅子、殖民家、一夜成名的演藝圈明星，或是盜賊，他們會在一場交易中、一項新設計或新發明中尋求到財富。他們性情各不相同，卻有一個共同特質，那就是相信一罐罐的黃金、地底的寶藏、傳聞中的寶城、妙計、一大椿生意和意外之財等。

這種人渴望的不是富裕的生活，渴望的是橫財如泉湧。財富遠遠超過他的夢想，還超過他所能應付的界限。他對財富的渴望，往往壓過理智和道德。

　　華特・雷利爵士曾公開宣布：「偷取百萬從來不被看成罪惡。」但很具嘲諷意味的是，雷利爵士最後竟然為這個原則而喪命。

　　在大工業尚未興起之前，除了國王和軍閥首領，任何人都不可能憑藉自己的努力改善物質環境。因為不可能賺錢，錢是由國王或軍閥賜給他，或者由戰利品得來，或者從征服的領土中搶劫而來。

　　直到最近 100 年，大家才感受到能夠無中生有，能夠創造財富，能夠用「巫術」喚出一切，或者從不太有價值的東西中變化出大量的財寶。

　　1875 年以前，整個世界歷史上富翁的總數，還比不上現在美國一年新增富翁的人數。

　　克虜伯家族由 16 世紀開始，經歷 8 代，才得到巨大的財富。

　　相比之下，洛克斐勒家族在 19 世紀末、20 世紀初，只花了 40 年的光陰就獲得鉅額的財富。

　　20 世紀 70 年代的英國金融天才吉米・史雷特，只花了 8 年的時間，就把 2000 英鎊的私人積蓄變成股票市場上價值 2.2 億英磅的巨大金融投資。

　　雖然發橫財也要靠技巧或機智，但實際上往往是局勢所帶來的財運。

　　克虜伯王朝靠戰爭起家；

　　洛克斐勒的油田在 20 世紀初期汽車開始大量製造的時候泉湧而出；

　　資本家利用世界通貨膨脹的機會，賤價買下許多老店，成為製造財富的根據地。

在美國最近 100 年的富豪中，絕大多數都是由地球的天然能源與利用能源的新機器造就的。雖然有幾位發明家混得也不錯，但大多數財富還是流入先看出燃料和電力機車商業用途的企業家手中。

1957 年，《財富》雜誌「世襲富翁」名單上列了 42 個最富有的美國人，其中有 21 位財產來自石油或汽車。名單上包括 7 位洛克斐勒後裔（石油、鋼鐵、橡膠等等）、3 位杜邦子弟（化學品、汽車、石油、橡膠等等）和 4 位福特子孫（汽車）。同一時期榜上有名的新富翁以保羅·蓋蒂為首，他的財產來自石油；後面還有 13 位富翁的財物也來自同一根源。另外 4 位則因「通用汽車」而致富。

10 年後，1968 年的《財富》最新名單上，前三名仍以石油起家。

英國也一樣，20 世紀富翁的出現和地球資源的開發有非常密切的關係。石油、煤、鋼鐵和鐵路造就了大多數的新富翁，他們的子孫連同大地主的子孫占盡了強大的優勢。在英國，古老的財富比較醒目，而且人數較多，但是也有很多新財閥出現。

19 世紀末和 20 世紀初期，對大膽的企業資本家有利，因為國家還沒有看出天然資源或公共資源的價值，放縱那些占盡先機的人擁有一切。

這時候很少實行控制的措施，破除壟斷也是以後的事。賺錢的腳步跨向世界那些正大量生產燃料動力的地方。財富不僅能增加財富，而且能加倍繁殖。

1962 年，諾德斯特龍公司的品牌價值不過是 100 萬美元；而 1976 年，其品牌價值超過 2 億美元。諾德斯特龍賺的錢超過了 10 倍，但是市場上預估他們利潤升高的評價卻使其股票升高了 250 倍。

如果任何人在 1962 年投資 1 萬美金在諾德斯特龍公司的股票上，15 年後就可以變成 250 萬美元。

這就是資本的神奇乘法。股票市場用一定的倍數乘以公司每一年所

賺的錢，以達到股票的價值。這個倍數——低則 10 倍，高至 40 倍以上——部分是基於真正的價值、實際的資產，但是也由過去的成長率和預期的成長率來決定。

股票預期的成長率簡直像是股權本身產生了「性吸引力」。擁有股權的人也許會身價百倍，然而所根據的不過是未來的期望。

股權一旦高價脫手，就會隨著商人所謂「更大的冤大頭理論」繼續漲價。你買下它，只因不論股價被估得多高，都會有更大傻瓜會花更多的錢來買它。

一位金融作家在倫敦《泰晤士報》上描寫一種金錢行為投機買賣時說：「那些人使自己相信，他們已發現了中古的鍊金術士一心想要尋找財寶的祕訣。」

確實如此，檢討這一類賺錢的手法，的確實好像有一連串的魔術在創造金錢。

魔術的基礎就是「更大的冤大頭理論」，即只要有這種人存在，價格就會繼續上升，大家都可以繼續賺下去。他們的資本主義信念就是相信無止境的增值，股票價格會繼續呈螺旋形無限上升。

加布來斯教授在著名的論文裡說：「自我延續的結構是基於滿足的過程中所創造出來的需要。通俗的說法，就是為了讓財富的大乘法繼續下去，必須要增加無限的需要。換句話說，就是讓經濟需要的水準永遠高於增值。」

現在，有很多人認為，財富成長必須結束，不僅僅是因為地球的資源已經用光。也有人說，財富需要產生，自然會有新的能源發掘出來。

但人類的物質需要應該有個限度，一旦超過這個限度，就會造成暴食的社會，將會被活活脹死啊！

雖然財富繼續乘數的原理有可以預見的結果，但問題是財富的慾望

已經壓過理智，使我們走向了悲慘的道路！

瑞士心理學家榮格在鍊金術的研究中寫道：「化學家覺得荒謬的鍊金幻想，心理學家卻可以輕易地用來做為研究精神學上的材料。」

人們固執的金錢慾望，主要是表達心靈的渴望。若確實如此，也就多少解釋了我們捲入這個財富無限增長過程的原因。

人們消耗、擁有、使用錢財雖然有限，心靈的需要卻是無限的，如同在大多數宗教中神的能力沒有限度、沒有止境一樣。

金錢象徵著慾望。在各種文化中，金錢是大部分事情發動的目標和最後的報酬。

追求財富有各式各樣不公開的理由，人們一般不會追問自己的金錢動機。既然有一個完美的理由存在，又何必另找原因呢？

為什麼追求金錢？當然是為錢。金錢的可愛之處是不言自明的。

現代社會非理性的合理性本質，使人很難看出發財的慾望有什麼怪異和不自然的地方。黃金和鈔票人人都喜愛，就這一點已足夠成為愛錢的理由。

為了能找到真正的見解，我們必須先克服否認其他動機的強烈傾向。假如鍊金術士想透過大蒸餾器和玄妙的公式把鉛化成金子，他們一定是瘋了。對於這個觀點大家一定都表示贊同。

但目前的時代，「鍊金」發財卻是可能的，由於財產能增值。用科技來製造熱門的電影，或者研發出新型號影印機、照相機。只要能做到，發財就會成為現實，而且是合理的。

不過，一個人考慮發財根據的乘數公理最後會導致什麼結果時，這種合理性就會變得令人置疑了。

無限財富對於個人根本沒有什麼用處。對於大部分富翁來說，金錢

對於他完全變成了象徵性的東西，也可以說是他私人荒謬劇場中解困的神力。

從社會角度來看，有不少經濟學家懷疑金錢的合理性和真實性。比如基歐弗瑞‧克羅瑟就曾經到銀行「創造」金錢。他寫道：「……對於個人存在的錢數和掌握金錢的人選，銀行有完全的決定權。」

新的企業家由他們股權的商譽價值產生巨大的利潤。那份利潤又使他們更容易擴大接收與剝削的領域。因此，以他們自己股票的 20 倍價值、所得率和接收目標的 10 倍價值、所得率，他們的淨利潤就可以快速成長。

這是紙上賺錢的最佳途徑。

鍊金術士是在探求一種假想的物質，一種沒有人分解出來、大家卻一致認定存在的奇異物。懂得「魔法」的富翁則操縱著大家公認存在而且被印刷出來的紙面價值。

這一類紙上創造財富的公式之所以能迅速創造出來並能發揮神奇效果，並不是因為表達了某些無情的經濟法則，而是因為每一個介入此遊戲的人都認為它們有效。也可以這樣說，紙上賺錢公式是心靈理想的表現。紙上賺錢的前提條件必須是所有參加的人都默默地對這個觀點表示尊重。假如他們都改變想法，紙上價值就會立刻煙消雲散。

像這種在心理層面上賺錢的方式意味著什麼呢？這些利潤轉移的真正運作是什麼呢？遊戲的重點在哪裡呢？

鍊金術士由卑賤的鉛塊上看出某些黃金的成分，使所有具有強烈金錢夢的人都陷入了瘋狂的、貪婪的金錢夢中。

心理學家指出，當人們面對一種未知的物質，或者含有未知屬性的物品時，他們通常會把自己的幻覺當成客觀的現實。這充分表明，鍊金

術士所認為的鉛、金以及其餘只有他們潛意識所感知的金屬特性，或許只是他們自己的幻覺。

在鍊金術士玄妙的理論中，整個過程的關鍵物質是汞元素。它不僅僅具備水銀的特點，而且也具備水、火、靈魂和二元性的特質。

為此，榮格說水銀神君是多面、多變而且會騙人的。多恩曾談起這位水銀神君是無常的，另外還有人叫水銀神君為變色人。水銀神君重要的特質就是二元性。據說他跑遍地球，喜歡與好人相伴，也愛和壞人為伍。他是「變色龍」，具有「兩種天性」或「兩種本質」。

水銀神君荷米斯也就是希臘的財富之神，既然他這麼多變，還能認出金錢的本質嗎？

事實上，金錢並無好壞之分。金錢造成的悲劇完全由擁有者的本質來判斷。擁有者仁慈，金錢是美德的化身，否則，金錢就成為罪惡的前奏和社會的亂源。

▌金錢英雄傳：洛克斐勒

獵財專家就像童話中的主角或鍊金中的「盲目」人物，當他尋求隱藏的財寶、地底的石油、鋼鐵、金礦等寶藏的時候，根本沒有意識到自己的動機，只有引述「沒有人不要錢」來為自己的行為辨白，完全不考慮這件事對自己的意義。

如果他認為金錢能改變他，那就堅信他的金錢夢一定符合自己。他不怕錢多，因為他沒有體會金錢險惡的一面。他也不了解委身於賺錢往往使自己愈來愈不自由，而且他不能隨時停止。

很多億萬富翁發現金錢對他已經不再有真正的意義，但是仍身不由己地賺下去。

最典型的就是「盲目」賺錢者，這些人終生無情地吞滅他們的競爭對手。為了達到自己的目標，他們不惜犧牲家庭的溫情和個人的幸福，拚命克服他發財手段所招來的恨意和反對。最後，等他達到目的，卻發現錢財對他根本沒有用處。他唯一的辦法就是把錢送走，於是他又開始像當初賺錢一樣，狂熱地把錢捐出去。

約翰・洛克斐勒也許是最成功的大獵財家，他一生正是那種「盲目」賺錢和「盲目」狀態的真實寫照。他 16 歲以帳房起家，到了 40 多歲，已經擁有 16 條鐵路和 9 家礦業公司的大部分股權，還有造紙、鐵釘、蘇打、木材工業、9 家銀行、投資所、9 家地產公司、6 艘輪船、二片橘子林等產業。

當然，他還有標準石油公司，也就是他一切巨大財富的起源。油源報告由他財富帝國的每一部門傳來，都說油井像尼加拉瓜的瀑布一樣奔流不息；油田每日生產 9 萬桶，油田和噴油井滾滾而來。

「標準石油」公司用船經水路把石油運往中國。用手推車在印度北方的大路上運載。土著酋長用「標準石油」為宮殿照明。墨西哥僧侶把它和蜂蠟、硬脂混合在一起，製成蠟燭。「標準石油」傳遍歐洲，在英國、丹麥、德國、荷蘭都設有分公司，還輸往俄國、非洲、南美等地。

這都是汽車出現以前的事。

用石油做燃料的引擎發明出來後，先是用於蒸汽鍋爐，然後是用於麥田抽水機、鋸木機，後來又用在船上，最後則用於汽車。

19 世紀末，「標準石油」每年的純利潤節節升高。到了 20 世紀初，隨著汽車工業的飛快成長，他們的利潤更高了，1906 年則達到 8312 萬美元。

　　這是一個連續不斷的財源，維持和增殖的手段變成強盜傳說的一部分——祕密的交易、議價的安排、間諜、恐嚇等等；工業大王可以強迫別人接受自己擬定的條件。荷普本委員會曾經在 1880 年的報告中談到：在這個國家，非法壟斷已達到很大的比例。他們發現，洛克斐勒可以按照自己所開立的條件，提高折扣用火車運石油，結果鐵路當局只好增加其他公司和一般旅客的費用來彌補損失。

　　還有殘忍的壟斷家剝削寡婦的故事，其中最著名的就是「布克寡婦案件」。根據她的說法，洛克斐勒殘忍地欺騙孤弱無依的寡婦，只以略多於實際價值三分之一的價格強行買下了她的產業。

　　這個故事必定有多種版本，有些版本倒不見得把洛克斐勒描寫得這麼黑心。但是，寡婦的故事一傳出來，大家都相信了，因為根據洛克斐勒的行事作風似乎做得出這事，當時他的這行為已經家喻戶曉。

　　1905 年，作家艾達‧塔貝爾這樣描述洛克斐勒：「他也許是世界上最醜惡的愛錢情感的犧牲品，金錢是他最終的人生目標。他絕對沒有愉快的生活畫面，是位詭祕、耐心、永遠打算增加財富的愛錢狂。」

　　面對媒體的各種評論，洛克斐勒從不為自己辯白。但有一次他的一位重要助手尖刻地抱怨這些傳言所造成的形象問題，他說：「我們達到了商業史上無敵的成就，我們的名聲傳遍世界。我們的大眾人格不僅得不到應有的尊重，反而被視為罪惡、狠心、壓迫、殘酷的代名詞，我們認為這是極不公平的。大部分人都蔑視我們，對我們指指點點、說三道四，只有少數人奉迎我們，卻偏偏是為了金錢，我們看不起這些阿諛奉承的傢伙，因此心裡更加難受。」

　　這也是一份提案的序言，此提案要求洛氏把利潤分給石油生產工人和「標準公司」的員工，以改變輿論的看法，因為「現在的輿論對我們太不利了」。洛克斐勒雖然聽從老同事的懇求，但是並沒有真正採取措施，因為這與他的性格不符合。

由這些例子明顯看出，洛克斐勒愛錢的盲目性是何等嚴重。但同時，金錢並沒有給他帶來純粹的快樂，他總覺得錢是一個大負擔。於是，捐錢成為他減輕壓力的最有效途徑。

　　為此，他的助手費德烈‧蓋特曾經用《舊約》來警告他：「你的財富會愈滾愈多，像滾雪球一樣！你必須跟上去。你必須盡快分配出去，要比增長還快才行。否則，它不僅會壓扁你，還會壓扁你的子女和你的孫兒。」

　　可是，獵財專家的洛克斐勒仍然固執而狡猾地對抗政府分解「標準石油托拉斯」的企圖，因為這項聯營每年能賺進投資額 14 倍的利潤。

　　美國富豪洛克斐勒全家前往日本度假時，一身牛仔 T 恤，過著簡樸的日式生活，絲毫沒有任何大享的派頭。相反，中產階級前往海外旅行時，從頭至尾，包括皮鞋、皮包，無一不是重新購買的。

　　像這種情形，腰纏萬貫的人卻省吃儉用，而囊中羞澀的人反而揮霍無度，究竟是什麼心理所造成的呢？這完全是因為自尊問題。換句話說，手頭不便的人，內心總拒絕買便宜貨，認為自己購買便宜貨就會被他人視為貧窮之人，而覺得有損自尊，因此打消購買便宜貨的念頭。雖然自己不甚富有，但為了不被人看不起，或維護應有的自尊，寧可打腫臉充胖子，花高價買些高級品。於是就出現了越是沒錢的人越購買高級品的現象。而對有錢的人來說，由於沒有自卑的心理障礙，所以能坦然地購買便宜貨，他們認為只要物品本身的品質與功用沒有問題，便宜貨也不錯，何必一定要選擇高價品呢？

　　鑒於此，理財專家建議，沒錢的人在購買物品時，要站在實際的利益觀點，祛除自卑心理，心平氣和地購買便宜貨。如果一味追求虛榮，就如墜入無法自拔的深淵，永遠也不可能發財致富。

　　洛克斐勒個人用錢很少。他對服飾的鑑賞力非常單純，即使西裝穿

舊了，家人也沒辦法叫他換件新的。他吃得也很簡單，最喜歡牛奶加麵包。家裡的烹飪普普通通，從沒僱過法國的廚師。他是戒酒主義者，而且強烈主張克己，他認為美國本身就受了酒精不少害處。但他捐錢的速度卻日漸加快，1919 年全年捐錢竟超過 1.38 億美金。

洛克斐勒一方面是眾所周知貪婪的愛錢狂，終生只知拚命積聚錢財；另一方面卻又是有名的慈善家。但他的善行似乎不是要支持他所信仰的目標，例如他捐很多錢給教育機構，他自己卻幾乎從來不看書，他的熱情似乎只限於讓鈔票從自己手中流出去。

別人也有洛克斐勒那樣狂熱的金錢欲，在想像或現實中模仿他，我們可以斷定，這些人也會為自己所不知道的金錢動機而瘋狂地進行獵財。

洛克斐勒和 19 世紀其他大工業家的成功故事表現了前所未有的金錢大追逐。機會存在著，而且前人的經驗也指出了成功的途徑。

賺取自己的金山已成為人生的目標。

不必懷疑，美國更是如此，因為它是一個靠「剛毅獨立」和「自我奮鬥」為開國傳統的國家。

說句很不客氣的話，世界上很多人都相信人生的目標就是求勝、發財和求取權力，除此之外，別無他求。幾乎每個人都擁有金錢夢，但懂得該如何獲取或使用它的人卻寥寥無幾。

賺錢和男人氣概合而為一，商場就是男子漢的試驗場。

人類賺錢方法的新紀元

商業鬼才受到很多人的輕視，但是也受到部分人的羨慕和欽佩。大家違反自己的理智，對於一舉發大財的金融大師成功故事很感興趣。

青年理財專家約翰・本特力想出一個花 250 萬元賺進 1 億美元的計畫，他得到了好運氣。他成立了一個蘇格蘭人壽公司，本金只有他的 250 萬，卻控制了 4 千萬的帳面投資，另外還有 6 千萬的準備金。

他說服史雷特世家的吉米・史雷特對某公司來一次突襲，於是他們暗地裡開始收購其股票。當股票達到 8%，公司董事會才發現這回事。雖然他們遭到阻止，但是他們買到的股票卻漲了 1 倍多。這是本特力暴富的開始。

查理士・布魯唐恩一次又一次地吞下別家股權，從汽車零件、鋅礦到《教父》的電影版權無所不包，最終拼湊成了海灣與西方工業公司。

眾所周知，只要有主意就能賺錢。這個信念因為更多人的致富成功而更加牢固。

比如愛德溫．蘭德博士發明一臺瞬間拍照的照相機，這個發明讓他賺進了大約 1.85 億美元的財產。

只要能想出上鞋油卻不弄髒褲子的自動刷鞋器就好了！或者用某一家公司的錢來買下該公司，這並不是個異想天開的主意。英國有對抗這種行為的法律，可見有人這麼做過。

你可以靠可可粉大賺一筆，只要你預知可可樹要害「黑莢病」，或者可可產地將要鬧火災。算準時間，你以 3 角 3 分買進，當災禍發生，

糖果商搶購可可粉的時候，以 7 角賣出。不然你可以用融資買東西，或者在市價上升時購買期貨，到了付款的時候，貨價已經上漲。

追逐意外之財的公司和個人愈來愈多。連 IBM 那麼龐大的機構也參與了發橫財的風潮。

「很少有人了解到，」麻州牛頓城國際數據公司高階研究所分析員麥可・梅裡特說，「IBM 在三六零型電腦上投入設計、發展、製造和出售的費用花了好幾十億美金。1964 年，IBM 開發三六零型的時候，董事會把公司的存亡都賭在那一條生產線上了。」

投機遊戲的關鍵是把一切賭注押在一種暢銷品上，就連最大的企業也不惜採用此原則。

汽車工業已變成一種橫財事業，靠「迷你型」或「野馬型」來決定後果。航空工業也是一樣，一種新機型既可以造就一家大公司，也可以使大公司破產。

勞斯萊斯公司就是因為引擎出問題而垮臺。「波樂」公司的股票變成超級股票，但是德國蔡司公司卻不得不停止生產照相機，儘管他們相機的品質是世人公認的優質品。

製藥工業一舉追求最大財富可以由「晨後」牌避孕藥的發展得到證明，也可從「沙利竇邁」的悲劇中略知一二。悲劇的發生主要是因為原來的德國製藥商決心要大賺一筆，所以沒有警告大家注意藥的副作用。

電影事業向來是「一票撈」的事業，但是現在影片的製作費用愈來愈大，銷量卻愈來愈少，所以公司命運可能會繫在一部電影身上。

比如《教父》一片，猜想最後可以為海灣與西方工業公司賺進 8000 萬美元。相反，《我愛紅娘》一片投入 2000 萬美元，結果賣座很慘，足以拖垮一家公司。二十世紀福斯公司差一點就此完蛋，幸虧《外科醫生》意外成功，才挽救了它解體的噩運。

「一票撈」的事業是把巨大的財源投資在一件物品或者一種發明上，相信那一票會受到壓倒性的歡迎，撈回所有的投入並獲得豐厚的利潤。

　　也有很多事業不屬於這一型，只是供應一系列有市場的產品或服務，以薄利多銷的方式售出去。例如運輸、工程、紡織品、居室建築、醫藥服務，這些都是不屬於暢銷狂熱的領域。

　　在這些行業中，人們可以富裕，可以賺錢，但不是突然發財，也不是靠一件產品或一個概念。當然，這也不是說暴利沒有來臨的可能。養牛雖然無法立刻獲得暴利，但是科學家已在實驗室中找到高蛋白食物的製作方法，如果能推出真正美味的人工牛排，一定可以成功緻富。儘管醫藥服務利潤頗高，但只有醫治有病的藥物才能突然賺回百萬鉅款，而電腦化的醫療檢查卻可以成為大財源。喪葬業不是一票撈的生意，但是死後冷凍若流行起來，也可以賺很大一票。

　　大家隨時都在尋找嶄新的賺錢方法，從正經買賣到投機行騙，無所不包。

　　從前正派人不參與金錢遊戲，儘管一次橫財能增加好幾倍的財富；而且，誰也不會在高尚的社交場合談論這些事。但是，現在幾乎所有圈子內的成員都只談這些事。

　　現在，發橫財的念頭不再是一種羞恥。事實上，這樣做的人，比如資產剝削商、密集投資商、賭博郎中、國際投機商、汽車批發商、演藝人員、典當業者等都變成了我們時代的金錢英雄。

　　從他們所受到的關注程度來看，顯然不管他們做了些什麼，大家都想成為他們。

　　現在，以前大家用在會弄錢的猶太人身上的措辭都已消失了；洛克斐勒的同事所關心的壞印象也不復存在了。

　　現在，很少有人會斜視一位億萬富翁，也沒有人會因為賺錢方法不

當而被人蔑視。相反，狂熱地追逐金錢已被視為最吸引人的歷險遊戲。

在現代人眼中，富翁就是一個為財富霸權而比賽的現代騎士，商人也不再被視為具有邪惡激情的人。而且，為了美化這些商界菁英的肖像，還炮製一些他們節儉之類的讚美之辭。

▌追逐金錢的激情遊戲

追逐金錢已成為現代最富激情的遊戲。

沃森‧克虜伯是一位記者，曾經在華盛頓的《新聞週刊》工作，報導過白宮、國務院和參議院的重大新聞。他結識過很多重量級的人物。他是當時參議院多數黨領袖林登‧詹森的朋友。他曾和艾森豪威爾總統談過兩次話。

1961 年，他辭去報界工作，踏入金融界。用他自己的話說：「我已厭倦報導有作為的人物，我自己也想有一番作為」。

克虜伯到過華爾街的多家公司應徵工作。在當時，公司往往第一個問題是「你有多少錢」，第二個問題是「你父親有多少錢」，第三個問題是「你的好朋友有多少錢」，克虜伯回答「零」「零」「零」之後，公司就回絕了他。最後，克虜伯竟然說服了一家公司僱傭了他，但是週薪只有 35 美元。

有一天，克虜伯在麥迪遜大道遇見奧國大使。奧國大使表示奧國想籌 1250 萬美金用來發展本國的水力發電，但遇到一些困難。克虜伯告訴大使說：「閣下，沒問題。星期一到華爾街我的辦公室來，我給你 1250 萬。」

幫助奧國貸款是克虜伯成為金融家的開始。現在他已是銀行投資家，替仍想致富的有錢人擔任理財顧問，密切觀察對金錢有熱望的人。

　　人們參加賺錢的遊戲有四種理由：

　　第一、因為沒有別的事可做；

　　第二、為了權力；

　　第三、出於貪婪，這支配著大部分人。

　　還有些則純粹為了遊戲，和百家樂、賽馬或其他迷人遊戲一樣，他們對金錢遊戲有著很大迷戀，甚至可以說是依賴。

　　致富的憧憬改變了大家的生活，改變了人們內心的目標和思考方式，難免也影響了古老、緩慢、年年環境相沿的鄉村社會型態。大家都蠢蠢欲動，如果知道某一個地方有錢可賺，而且有人已賺到了錢，大家都要求那些聰明而年青的人起步向錢出發：必須出去闖闖，必須到有錢可賺的地方去奮鬥。

　　無論他們來自何方，新到能賺錢的大城市的人都沒有根底，也沒有古老的家庭支撐，注定要彼此結成赤裸裸的金錢關係。金錢使他們聚在一起，金錢是他們共同的興趣。如果你認識的人在生意上對你很重要，你必然會與他結交。

　　在獵財者充斥的都市裡，你必須靠關係尋找財路，認識不屬於任何層面的人只是浪費時間；認識一個和某個知名人士有交情的人，或和某個組織頭子有交情的人，你會覺得這一點很有意思、很重要、很刺激，也很有用處。

　　當然，並不是說一個人非要勢利地選擇某類對他有利的朋友，而對他沒有用處的人根本就引不起他的興趣。

　　這種情勢的另一面，就是與賺錢活動密切相關的人彼此會產生很親

密的交情，可以成為終生的朋友，甚至愛人。但是金錢的基礎一旦消失，這些關係就會立刻粉碎。這倒不一定是冷酷的機會主義，只是賺錢的機車一脫軌，這種關係也就沒有存在的價值了。

在當前社會裡，金錢變成崇拜的目標，正如每一個宗教裡膜拜神靈很快成為儀式一般，已經失去了原有的意義。

賺錢在非常高尚的形式下，已經成為自動化的一環節；基於某些沒有人懷疑的教條，它被視為理所應當的舉動。

一個人賺的錢愈來愈多，但他仍不能停下來，因為他想建立一個財富帝國。對他來說，世上有希臘帝國、羅馬帝國和他的金錢帝國。

因此，他需要併吞。他不關心他正在交易的實際商品，他只想把一切都歸屬在自己的名下，自己成為世上所有財富的擁有者。這種人行為的理由是他想做商界最偉大的人物。

實際上，在每一個行業中，大家都在尋找致富的可能，也可以說是祕訣。大家都不甘心僅僅能養家餬口，只是提供服務，供應實用的物品。大家都渴望發財，但並不是每個人都能如願；唯有和別人對比，才能體驗發財的感覺。

財富的慾望很少能得到滿足，儘管社會財富在普遍增加。因為，致富的基礎是每個人都想在金錢的積聚方面超過別人。事實上，致富只是名氣的競賽，而且是在令人不悅的比較下產生的。

自洛克斐勒以來，致富的渴望流傳得更普遍了。這個事實並不能使發財夢變得比洛克斐勒時代更加合理，雖然新的社會風氣也許會給它帶來看似合理的詮釋。

在金錢遊戲中，原始的貪婪表現得特別清晰。換句話說，對財富的追求已超過了主觀的需求或客觀的供應，那是對金錢永不知足的慾

望。這與很多女人張牙舞爪地搶購自己從來不穿或者要棄掉的廉價服飾的情形差不多。

❙ 成功不僅只是金錢定義的商人

美國第一富豪保羅‧蓋蒂說過：「我並不以擁有多少錢來衡量我的成功，我以我的工作和我的財富所造成的就業職位和生產物品來衡量。」

一個人要想真正地富有，不論是否擁有一大筆財產，只要依照自己的價值而活著。如果這些價值對他個人沒有什麼意義，那麼不管他賺了多少錢，都不能滿足他生活沒有價值的那種空洞。

有太多的人，他們一輩子活著就是要聽命於別人，要做別人希望他們去做的那些事。他們強迫自己落入一種窠臼，壓抑了自己的特性而模仿別人。

「我本來要做個作家。我父親拒絕聽我的，堅持要我上法律學校，成為一名律師。我現在生活富裕，但是我好無聊，而且靜不下心來……」

「我要賣掉我的事業，找個地方買片牧場，但是我太太不准，因為她擔心我們會失去一筆收入以及聲譽……。」

「我最恨的就是住在郊外了。我希望在城裡有座公寓，但是我公司裡其他的同仁都住在郊外……」

多少年來，像這種話，我們聽得越來越多了。它們是一種個人不滿的表白，但是它們也反映出這個時代一種不斷成長的社會疾病。

要出人頭地和受人尊敬是一種基本的慾望。在某個大原則之下，而且在某些明顯的範圍內，那是一種有建設性的和有效的興奮劑。這種上

進的慾望，已經使得大數人對文化的進展，做出了重要貢獻。但是，不止一個人注意到，今天這種追求地位的理性和它所朝的方向，不但沒有建設性，也不健康。

所謂地位是指同代人給予某個人對社會有不平凡貢獻的獎勵形式。它是一種必須努力才能得到的東西，一種成就的報酬，給予一個對大眾有貢獻者的獎勵，跟成就的價值和重要性成正比。但是，這些年，大家幾乎自動地把金錢上的成功，看成是社會地位。面且，社會地位的成功，被認為是最終的目標，對許多人來說，它成為唯一的激勵，唯一有價值的目標。

很多人都相信，擁有許多錢以及金錢可以購買的那些東西，單單這些就代表了成就，包含了成功，得到了地位。他們聚積了錢和一些物質上的東西，他們以為那就是才能、成就和成功的鐵證。他們有個錯誤的理論，以為他們只要比他們周圍的人賺得多，買得多，就能贏得社會和別人的尊敬，而他們以為這個理論就是真理。他們對建立什麼都不感興趣。除了他們銀行的存款他們不關心價值，只關心他們買一件東西要花多少錢。

對這種看法較有代表性的事例是，一名商人到倫敦來看蓋蒂。他帶來了一封介紹信，是蓋蒂在紐約的一個朋友寫的。客人花了兩小時以上的時間吹噓他最近幾年賺了多少錢，並告訴蓋蒂，他正要到法國去，要在那兒買一些繪畫。

「我聽說你是個出色的名畫收藏家，」他說，「我想你可以幫我一個忙，給我一些可靠的畫廊或掮客的名字和地址，我可以向他們買畫。」

「你是對某個特別時代或特別學派的畫感興趣呢？還是要找某些特別的藝術家的作品？」蓋蒂問。

「對我來說都沒有區別。」那個人不耐煩地聳聳肩：「反正我一點都

分不出來，我只是一定要買一些畫，我至少要花上 10 萬元。」

「你為什麼不能少花一點？」蓋蒂問，奇怪！居然有人立下他要花錢的最低數額，而不是最高數額。

「呵，你知道這種事的！」他嚴肅地解釋：「我的合夥人幾個月前來了這裡一趟，花了 7.5 萬元買了一些畫。我想；要使國內的人對我刮目相看，我至少要比他多花上 2.5 萬元……」

我們很容易就能看得出這個人如何衡量價值。蓋蒂敢打賭，不管這位客人一生中做過什麼，他的動機總是跟他「買書純粹是為了追求地位」一樣的淺薄和俗氣。不幸的是，世上跟他一樣的人還不少呢！

人類已經進步到超過以黑麵包和煮白菜為滿足的階段時，我們必須有像樣的生活水準及必需品，加上生活上的許多奢侈品。為了這些東西，我們必須賺錢。但是，這並不會改變這個事實，除了在金錢的天秤上，還有許多衡量價值的方法。一本寫得糟糕。毫不出色的當代小說也許要賣五塊錢，然而一本偉大的文學名著，也許五毛錢就能買到一本普及版。當然，後者的真正價值要比前者大得多，雖然它們在價格上有很大的差異。同樣的道理，除了純粹是金錢上的成功，還有許多其他型別的成功。衡量一個人社會地位的標準，不應該只看他的收入、擁有的金錢，或者他所有物的數量和金錢價值。

過去和現在，都有著無數人對文明做了無價的貢獻，但是他們僅僅得到一點點甚至沒有得到什麼金錢的報酬。無數偉大的哲學家、科學家、藝術家和音樂家，一生中都是貧窮的。凡高、貝多芬，還有其他同等地位的人，死的時候一文不名。世界上沒有人能算出過世的賢哲對人類所貢獻的價值。但是，人們懷疑他們中是否有人跟一般百貨公司的採購人員享有同樣多的個人收入。

設計一座美麗漂亮大樓的建築師，跟那些要住進去的人比起來，顯

然是窮人。建造一座堤防的工程師，他工作所得到的酬勞，可能比那些田地受到灌溉的地主的收入少得多。建築師和工程師建造了他們的業績，但他們的成就，並不因為他們沒有從工作中賺到大錢而減低。

在這個一窩蜂為金錢和地位而掙扎的年代裡，除了金錢的富有，還有許多其他形式的富有。

第二篇　金錢的魔力

花錢是比賺錢更難的事業

富翁如何不被金錢拖垮

　　我們所探討的金錢成功者都是不太內向的人，他對內在現實幾乎沒有什麼知覺，需要從外在世界、從最接近他幾乎不易察覺的內在渴望代替品中求得滿足。

　　無論外表看起來多麼合乎他對安全感、確定感與愛的內在需求，然而現實與夢想永遠不能完全吻合。這也是金錢不能滿足人的原因。

　　隨時得到滿足是生活的常態。擁有極度渴望的大財富以後，生活很快就失去了原味，這就會導致生活更加複雜。大財富似乎很容易讓人厭倦。人們有了無限財富以後，金錢就變得毫無意義了，「該焚毀的錢」正是這種心靈狀態的總結。如果總是不能令人滿足，有時候還因為財源過剩而受到人們真正的輕視。

　　我們常常看見慈善行為招來侮辱、恨意與輕蔑，慷慨大方常常招致忘恩負義的背叛或傷害。我們嫉妒施與我們東西的人，因為對方有能力施與，這就使我們不悅。我們愈渴望一件物品，就愈重視滿足那項渴求的力量，因此也就愈嫉妒有那項能力的人。

　　我們渴望吃東西、被人愛、被扶養、被支持，所以就嫉妒別人有餵我們、愛我們、扶養我們、支持我們的能力。他做得愈好，就愈受嫉妒。

　　嫉妒者想毀滅善行，即使被施善的對象是自己也不例外。我們說某些人「太好了，我們高攀不上」；這還表達另一種意思，忿忿地指責他們那讓人受不了的優點。這些聲調和表情恰恰表現了自己對他們真心或虛偽善行的無法忍受，有時候甚至到了嫉恨的程度。

過量的財富也可使人發窘。如果獲得渴望已久的大量金錢，供應金錢的財源就會被賦予完全不成比例的價值。來源的無限性太令人嫉妒了，簡直令人無法忍受，於是自衛性的倦怠就成為貶低財源、使它不那麼令人嫉妒了。

洛克斐勒一面瘋狂而殘酷地積聚金錢，一面又覺得被積聚的金錢所壓迫。有一次他很感慨地說：「擁有無限財富是最大的負擔，只有施捨才能減輕壓力。」

嫉妒無限的財富泉源，唯有自己成為那無限的泉源才能得到安慰。反過來，一個不太重視金錢的人不會把財源看得太可愛，以至於嫉妒它的可愛性。所以他不會一心想成為財源本身，而且他也不會把錢捐出去。

於是，就出現了這樣一種現象，最貪求金錢的人往往是最迫切需要把錢捐出去的人，因為他想和無盡的泉源合而為一。

由財源過剩而招致嫉妒的現象中，我們不難明白為什麼發財往往變成兩面不討好的事情。金錢其實幾乎不能提供人們夢想中的滿足和歡樂。

有人被錢逼瘋；

有人被錢毀滅；

有人為錢終生拚命；

有人為錢迷惑，掉頭不理人，變得冷酷無情；

有人對錢感到困擾或失望。

謀得大財富的人常常發現，在擁有了大量錢財以後，他似乎更加不了解金錢了。馬里奧‧普佐在《教父》電影版權賺了100萬美金之後，常常抱怨說：「從來沒有真正見過這麼巨大數目的金錢。」

很多地位和他相同的人也發現，儘管銀行的帳目就在眼前，他們仍然不覺得富有。

保羅‧蓋蒂在一次電視訪問中說過：「我從來不覺得自己真正富有，在石油業中，比我有錢的人不計其數。」

他所指的是指「德克隆公司」、「海灣石油」、「希爾公司」、「標準石油公司」。這種比較似乎不太合適，因為他把個人的財富與擁有數千股東的大公司的總資產相比。但毫無疑問，這是他的感受。

很顯然，這不是財富數量差別的問題，而是有其他的成因。世上最能證明那些成因力量的，莫過於億萬富翁都不覺得富有的狀況。

這充分表明，獵財者想用金錢來實現「無盡泉源的幻想」。即使他們得到了無限的財富，但仍然注定要失敗。

石油、大廈、雕像、名譽、妻妾、私人動物園、名聲等所有一切，都不能改變保羅‧蓋蒂臉上那種不能得到狂歡的厭世表情。他似乎在朦朧之中感覺到了一種失落感，但又說不出個所以然來。

賺很多錢的人常常會發現，預期的滿足遠遠地避開了他們。《花花公子》在歐洲的主將維多‧羅尼已經賺進 500 萬美元的私產，他除了這個遊戲，也炒股票，有時候還贏了。他對此卻說：「碰巧我的投機買賣押中了，賺了幾百萬元。難免有一種得意洋洋的感覺，其實很愚蠢，因為它沒有帶來任何我以前所沒有的東西。」

這句話既展現了金錢遊戲勝利後的神祕樂趣，同時也隱藏著除了金錢並沒有其他意義的歡樂。

作家約翰‧皮爾森也證實了這種感覺。他曾寫了一部伊恩‧佛萊明的傳記，美國好幾位出版商為它投標。皮爾森說：「有一天，我的經紀人在麗思大飯店舉行德文版權的拍賣會，我走出來的時候，價格已升到 25 萬美元左右。我記得自己走上雷根街，望著街上的店鋪自忖道：我用

這麼多錢買什麼呢？在那一瞬間，我什麼都不想要了。」

但是，這種預期的滿足卻得不到滿足的心理狀態往往持續不了多長時間，人們總可以找到處理的途徑——往往只是花掉，以便體會擁有那筆錢的感覺。皮爾森的感覺是表達了一般人對於突然發財的不真實感覺。

這筆錢能買些什麼？對我們有什麼好處？這種好處已經足夠了嗎？如果不夠，還要多少才能覺得真正滿足？

維多·羅尼在推敲這件事時說：

「怎麼說呢？舉個例子吧！海夫納有一架 DC-9 飛機，我沒有。然而每次他要出門，就必須在幾天前作一個計劃、去找駕駛員、安排時間表等。我認為，我的境況不是比他更好嗎？我只要走出去登上一架飛機就行了。我不是比他行動更方便嗎？從另一方面來說，擁有自己的 DC-9 飛機是很不錯的。那是一種豪華的旅行方式。你既可以叫機上人員端上你要的餐飲，又得到身分地位的滿足，別人都羨慕你。你還可以邀請朋友同行。那實在是一件昂貴而有趣的事。我不反對擁有這一切，我也不反對擁有一座古堡，或者有一棟 40 個僕人侍侯的華屋，像海夫納在加州那棟一樣。但我也不渴望那些，因為我能夠依理性分析出那是一種拖累。我明白事情的兩面性，我知道自己很想要，我也明白自己的能力狀態，並加上合理的解釋，所以我還是很快樂。如果你貪婪地渴求，但卻不能擁有，又不能加上合理化的詮釋，結果是很可怕的。我永遠在找大一號的房子，甚至親自去找。我叫房產代理人打電話給我，只要他們找到我要的房子。我總是投標太低。我知道若得到那座房子，等於踏上了全新的階層。有時候我很願意踏上那個階層，有時候又想，何必呢？那只是一種拖累。」

在這樣左思右想之下，人對金錢以及它所帶來的夢想中或探求中沒

有想到的事情，就會產生好惡相剋的心理。這該如何解釋呢？人類在拚命爭取某一樣東西時會產生高度的緊張，完成時一剎那的解放感被視為極度的快樂。

佛洛伊德認為：「所謂歡樂，源自於受阻的需要，若突然獲得了滿足，依它的本質而言，僅僅是一種插曲般的現象。預期所渴望的情況若延長下去，就只能產生不算合心意的感覺。」

獵財者總是把金錢放在崇高、永恆的理想境地，這是根本不可能的。因為我們只能從財富的對比中得到強烈的快樂，很難從事情的靜態中得到狂歡。

大富翁們認為，最難忍受的，莫過於連綿不斷的好日子。擁有大量財富更難忍受，因為它被視為能滿足所有需要的力量，能真正使人充實。所有夢想致富的人都這樣想，而已經發財的人也多多少少這樣想。然而事實上卻不見得如此，於是就覺得這是個人本身所造成的失敗。

一般而言，能自由支配不覺得真正屬於自己的金錢，只限於在自己眼前的金錢。一旦不在自己眼前，不管是借給他人，或存入銀行，只要遠離身邊，雖然還是自己的錢，心理上大都覺得已不是屬於自己的金錢了，唯有錢包裡的現金才有真實的感覺。而且有過銀行定期存款中途解約的人，這種感覺更加強烈。

因此，理財專家建議，想存錢的話，最好選擇較遠的銀行，並且辦理定期存款，而且最好選擇手續麻煩的存款種類較好，這樣可以有效地控制自己中途解約或取款。

金錢不但無法帶來某些預期的幸福，還會斷絕先前的快樂。小說家勞倫斯·杜瑞爾曾說：「發財的困擾之一，就是你需要僱人替你做以前自己動手會很有樂趣的事情。在法國我沒錢的時候，自己在庭院四周砌圍牆，得到很多意想不到的樂趣。我從《亞歷山大三部曲》的電影版權

中賺了一些錢以後，我可以僱人來砌牆了，從此就再沒有享受動手的快樂了。」

類似這樣的情況不勝列舉。當人們愈來愈有錢，就不必做先前他們很感樂趣的工作。廚師、司機、園丁、保母、私人教師、社交祕書、助理、助手等一大堆人，最後會剝奪新富翁一大堆以前視為生命的癖好。

有一個人由於很愛汽船和大海，於是自己買了一艘豪華汽船，並載送客人出海。那是他十分喜愛的生活。由於他擔任船長非常在行，租約源源不斷，以致他不得不回絕許多生意。有人建議他再買一艘船。第二艘船生意也不錯。

不久，船長就有了第三艘、第四艘。幾年之後，他開起了一家成功的遊船及租船公司。他現在所有的時間都用來經營公司，他幾乎不能再親自開船出海了。金錢把這位稱職的船長變成了一位人人誇獎的行政總裁。

很多建築師都因為太成功了，所以搞設計的時間愈來愈少，最後變成行政人員或成本計算師。就這樣，原有的喜好被更高的報酬犧牲了。

高報酬是任何人都無法拒絕的，因為整個社會都證明金錢才是解決問題最終的力量。

為保持較快樂、較有趣的工作而拒絕高利潤的誘惑，這需要獨特的決斷。即使一個人目前的收入已遠遠超過他的需要，追求高報酬純粹是為了積聚金錢而已，情形通常還是一樣的。

所有人都一致認為，財富能帶來曾經夢想的某一種東西。等事實證明得不到的時候，這種人就會絕望。當發現自己犧牲了真正的喜好，追求的只是金錢虛構的景象，更讓他苦惱的是，他還不得不這樣繼續下去。

此外，金錢有時還能毀滅其忠誠的追求者。

往往很難證明一個人生命中的某一事件與另一事件相關。不過我們常常意識到，金錢遊戲有種神祕的附著性，不能用單純的巧合來解釋。

例如，洛克斐勒在賺錢的顛峰時期所發生的情況，似乎就不是純粹的巧合。1890 年到 1896 年，「標準石油」的利潤由每年 1900 萬上升到 3400 萬。他也以貪婪殘忍而著名於世，惹得《麥克威爾》雜誌的作家艾‧塔貝爾說：「他已經把商場變成戰場，用殘酷、腐敗的手法加以破壞。」

或許是但丁式的報應吧。在洛克斐勒 51 歲到 57 歲的這段時間，他突然衰老了，駝背彎腰、浮腫不堪，臉上有了很深的皺紋，而且患了一種名叫「綜合禿髮症」的神經疾病，頭髮幾乎掉光了。1890 年以後，他不斷說自己有神經疲勞和消化器官的毛病，這些毛病不能不說是過度奮鬥的結果。

1890 年他在經濟上已經打不倒了，那年還捐出約 31 萬美元，1896 年則捐出約 188 萬美元。

儘管看起來非常荒誕，我們總得承認金錢可能也有不利的效果，也就是所謂的金錢外傷。

金錢外傷中有一個比較容易了解的現象，賺取金錢的過程中把自己逼瘋。諾斯克李維爵士的精神崩潰，幾乎可以肯定地說，完全是金錢造成的。在保羅‧費力士的《諾斯克李維家族興衰史》中，讀者可以看出英國報業大王為金錢發瘋的程度。

由於一心追逐大財富，諾斯克李維的言語與行動完全漠視別人的感受和權利。為了財富，他甚至不必醫治精神上的毛病，因為如此鉅富的財主是不能讓人知道他精神失常的。無論他的行為多麼可恥，多麼瘋狂，總有人隨時容忍他，還把他的行動當做正常來加以迎合。金錢使他免受傳統的限制，也阻擋了別人檢查他精神病的舉動。

爵士的姪兒西西金，曾經多年擔任英國《每日郵報》報紙及雜誌組

織的主席，他說道：「我生長在幾位財產超過億萬、境況卻很悲慘的叔叔身邊。正如有些人沉迷於酒類，他們也是一種痴迷狂，略有不同的是，他們是為賺錢而迷醉。」

報上常常刊登人類受金錢外傷的故事。據倫敦《泰晤士報》報導，青年麥可‧布羅迪是一筆財產的繼承人，他想擺脫那筆財產的束縛。最後，警察發現他死在紐約。他顯然是把一隻獵槍放在兩膝中間，然後射向了自己的頭。

另一則標題寫道「成就殺死了富翁」。倫敦人大衛‧克羅斯萊的事業發展得太快了些，他於是陷入了焦慮和煩悶的情緒之中，最終在無法擺脫之下自殺了。檢查官說：「不斷地追求商業成功，結果使他感受到了太大壓力，造成神經衰弱。」

另外一則標題談到一個擁有 15 萬美元的隱居者，但他卻住在月租 4 美元的茅草屋裡；一位隱居人士被葬在墓地之後，人們才發現他擁有 40 萬美金的房地產；還有一件偷竊案的受害人「悲嘆著壁櫥裡的財富」。

安東尼‧山普森在《大英新剖》中寫道：「傑克‧科登擁有了全世界最大的財產之後，於是產生了誇大妄想狂的徵兆，健康情形也不好；1963 年他賣掉自己手中的股份，第二年就一命嗚呼。」

《孤雛淚》作曲家萊諾‧巴特賺進百萬卻分文不剩，他說：「富有是我無法應付的情況。」

廣播節目播音員西蒙‧邁迪這樣說：「一度發現自己騎著致富成功的野馬，但是財富卻把我丟入我所不認識的地方。那是一個螺旋，難以置信的螺旋，而且我無法應付，當然……我不了解金錢……只是狂想……像變色龍隨周圍環境改變色彩一樣，我們也隨著收入而變改顏色……錢是腐化道德最偉大的力量，它能使人腐化……」最後，他破產了，靠失業津貼度過餘生。

小說家麥可‧克萊頓說：「你突然發現自己有很多錢，首先你必須立刻對它有所反應。起初我假裝沒有這麼一回事。我一個錢也不花……聽起來這好像是一種災禍。我不覺得是災禍，我認為很偉大。我想，你可以被財富所毀，這是沒有問題的，它能開啟各種使人腐敗的力量……」

本來在正常情況下，動物世界沒有相當於金錢制度的現象，但同樣也能被金錢「腐化」。動物學家迪斯蒙‧毛裡斯做了一個實驗，把「利潤動機」介紹給猩猩。首先他教它們畫圓，發現它們變得很可愛，於是就用花生來做為它們工作的報酬。

最後，毛裡斯頗為苦惱地說：「不久它們就隨便亂畫，以便得到更多的花生。我把商業利潤介紹到猩猩的世界，結果卻毀掉了它們的藝術天賦。」

● 建立求財的正確動機

很多人渴望擁有能當做萬靈丹的東西，然而，得到以後竟會非常失望，甚至會受到傷害。對於這種情形，我們該如何解釋呢？是什麼心理造成這種突然的反效果呢？一向如此嗎？如果不是，需要哪些條件才能使發財有益而無害？金錢成功者如何避免金錢殺手呢？

艾略特‧傑魁斯博士對這些問題頗有見地。他本身是醫學博士、大學教授、臨床心理分析家，也是大英葛萊西爾金屬公司一個特殊管理計劃的創始人兼顧問。他依據自身的經驗和研究，下了一個驚人的結論：「人們不自覺地衡量自身價值的時候，不管受到高估或低估，金錢煩惱都會發生。」

他接著解釋道：「當一個人遇到報酬過高的現象，罪惡感和焦慮就

產生了，接著就是強迫性的揮霍亂花。經濟學家形容這種應付方式是超越明顯消費範疇的天真炫耀，否則就是強迫性的積聚。」

薪酬過低也有特殊的結果，但是這是我們只關心為什麼報酬過高會具有相反的效果。一個人憑什麼標準知道自己報酬過高了？

傑魁斯設立了一個很有創意的身價猜想法。根據這一方法，可以測量出個人所承受的工作負荷，因此也估量出個人該得的報酬水準。

他認為，工作負荷可以用個人為工作單獨付出的時間長度來決定。他把這一項變數稱為判斷的「時距」。他表示，時距一樣的人大體都會覺得報酬也應該一樣；時距愈長，他們自然認為該拿的報酬也就應該愈高。為什麼呢？

一個人所要承受的工作負擔是不可靠的。一件事結果愈難肯定，就愈難以忍受。因為不可靠就表示我們所想要的滿足會遲遲不來，或者就會完全失掉。小孩子幾乎完全不能忍受這種拖延，因為他們現在就要，後來才能忍受較長的不確定時間。

傑魁斯說：「由一個幾歲孩子能放棄眼前的快樂以顧全第二天更大的快樂，你就可以猜想出他未來的能力。接下來就看他忍受快樂的延展時間能不能拖長了。」

所謂領導力、創造力、性格的強度或者改革的天分，基本上就是比別人更能長期承受不知道結果的心理負擔。

從事一項工作的幼童需要大人立刻保證他們的工作做得很對、很好、很合人意。我們認可這一點，多多少少給他們持續性的督導，也就是老師或父母做一明確的判決。在此種情況下，就連否定的決斷也是一種解脫。這樣可以使小孩有勇氣進入下一段不確定的時期。

對某些人來說，這個時間段永遠不能大幅度延長。即使成年了，還

是需要旁人不斷監督、保證、領導、鼓勵，他們只能承受輕微的工作負荷。

傑魁斯說：「責任輕重的心理感覺就像冷熱的感覺一樣『真實』。我們都有這樣的經驗，責任心太重的時候，我們就會覺得受壓迫、負擔過重；責任變輕的時候，甚至過輕的時候，壓力和擔憂化成解脫，然後又轉變成麻煩、不感興趣……」

傑魁斯覺得，由一個人必須獨自負責、沒有別人來插手解圍的工作時間長度，就可以測量出工作負荷或輕或重的不同感覺。他相信，自身猜想的報酬和這個時距有關。

公眾一致認為，生命中最高、最難的工作就是需要獨立忍受未知最久的事業。

擦窗人的工作馬上就有別人檢查、判斷，擦鞋工作判斷的時距更短。

從我們逐漸升高工作的尺度就會發現，人們必須承受更長期的責任，才能證明工作確實富有成效。工頭比工人長，經理比工頭長。一位總經理也許要忍受兩三年不確定的時期。

工作愈重要，忍受的時間就愈長。有些政治家、領袖、技術家、改革家一輩子都不知道自己的工作會有什麼結果，只能留待歷史去判斷成功與否，這是最大的負荷。天才就是見效時距超過自己一生的人。

傑魁斯能根據簡單的問話來衡量個人的「時距」。他讓試驗者在紙上寫出目前工作中他認為該得的收入，然後他詢問工作的性質，也就是找出這個人工作上獨自負責的時間長度，最後根據這一點推出他的應有待遇，這往往差距很小。

我們如果知道自己工作負擔和別人比起來孰輕孰重，也就知道自己的待遇和他們比起來該是多少。

我們的報酬如果遠超過自己的應有待遇，我們就會有各種緊張的徵兆，因為我們潛意識裡認為自己騙取了別人該得的一份，怕他們報復。

暴富的人之所以常常造成金錢外傷，就是這個道理。為了對抗這些逼人的恐懼，有錢人必須使自己更有錢，才能使自己不受傷害。但是他愈有錢，就愈怕那些被他剝奪財富的人。於是，富翁只有不停地積聚金錢。

也可以這樣說，突然有大量和工作不成比例的錢財湧入，就會發生金錢外傷。像藝術家、作家、演藝人員、賭徒、投機商，他們都很容易一夜發財，因此特別容易遭到這種金錢外傷，他們心中自覺不配，他們覺得自己是騙子，遲早會被人發現，總有一天會垮臺，因為自己的惡劣行為而遭到處罰。

有些人不受橫財的傷害，因為他們有自我擴大的能力，使自己相信他們配得到那些錢。不配的感覺進入潛意識的深處，只表現在洛克斐勒等人所患的心病形態中，或者表現在很多成功演藝人士所採取的自我毀滅行為中，這種人若捐出一些錢，心裡就會好過些。

傑魁斯認為，企業家的冒險工作是試試他所生產的東西有沒有人要，這是他必須忍受的不可靠性。如果他的冒險很大，與他的報酬成比例，他就不覺得過多。

從事企業工作的人該得的報酬很難數目化，因為是企業家自己安排的工作，誰也不容易說出他真正冒多少險，花費多少時間。但是至少在理論上可以預測到，一個人若想從事自己終生都無法知道結果的事業，他的工作負擔實在太大了，即使有無限的金錢報酬，也不會覺得是欺騙。

但這是哪一種人呢？

首先，這種人一定不太渴望金錢，不把金錢賦予無限的力量。如果

不企望它有魔術般的力量，就能欣賞或享受它實際帶來的一切，而不會看不起它所無法做到的一面。真正的冒險家特別能忍受不可靠性，這種不可靠性也就是所有創造性工作的基本要素。

若是如此，他就不會用金錢來安慰未知的焦慮，不會為自己買保證，不會做那些炫耀虛榮的傻事，以支撐墜落的自尊。他若不以神經兮兮的方式去依靠金錢，就可以冷靜地把錢當做實現目標的工具。

亞里斯多德認為，謀生合乎自然法則。自然獲取法是為了獲得保證生命安全的各種需要。

人們追尋生命必需的東西，是符合自然法則的，而且自然允許一切生靈用最富成效的方法求生；因為過好日子所需要的經濟獨立，錢數不是無限的。因此，運用某種獵財方法是一家之主或一城之主的自然義務。

還有另外一種，即亞里斯多德所謂的「純賺錢」，就是追求無限的財富。

亞里斯多德認為，無限賺錢法是不自然的，因為財富和錢財本身已變成目的。凡是積攢錢幣的人都在無限制地增加他們的錢山，結果純粹是簡單地增加而已。有些人以為應該無限囤積或增加錢財，他看不起利息，因為那是「錢生錢」，在一切發財的辦法中，這是最違反自然的一種。

但是，亞里斯多德也強調動機的重要。為了說明這一點，他敘述了哲學家薩里斯的故事。

薩里斯運用自己對宇宙的知識，冬天裡就預測出下一年橄欖會豐收。他籌了一小筆錢，付給米勒特斯和奇歐斯的油坊做準備金，取得租用的特權。他花的錢很少，因為當時並沒有別人投標。等待一段時間以後，橄欖收穫期來臨了，油坊突然供不應求，因為薩里斯事先已取得租

借全部油坊的特權，便可以隨意租用。

亞里斯多德總結說，就這樣，連哲學家也可以致富。他建議說，發財最好的方法就是取得獨占權。薩里斯沒有受到責備，因為發財「不是他生命的目標」。

薩里斯的賺錢法和其他賺錢人的方式沒有差別，但是他的動機不同，動機給行動立下了判斷的準則。同樣的，克爾克加德筆下的「無限騎士」身上一文不值，也會說：「是的，如果需要錢，我敢說我會拿的。」

動機最重要，這一點很合乎現代心理學思想。一個人會被財產壓垮、腐化、毀滅，甚至逼瘋，一個人也可以因財富而得到新生，大體要根據他求財的動機來判斷。

▌金錢成功無需恐懼

金錢是權力的象徵，是操縱權力的工具。於是，某些人逃避金錢的成功。這類人就屬於恐懼金錢成功的人。

恐懼金錢成功的人並非是可愛的人物，其實他渴望把頭放在砧板上。大家往往試著阻止他，但是很遺憾，他不肯聽人家的勸告。

這種人往往具有真能力，他會再爬起來，他永遠在捲土重來。跌倒不會毀了他。他的「墜落」局面正是「重升」局面的必備基礎。

華特・雷利爵士就有不少這類人的特質。在一陣「墜落」局面中，曾被關在倫敦塔 13 年之久。最後他仍然無畏無懼。

到了 64 歲，他對於找到蓋亞那黃金（傳說中的寶城）還是非常肯定。他的信心有什麼根據呢？

20 年前的第一次遠征失敗了。

第二次出發探險時，幾乎每一個人都放棄了希望。但是雷利堅信他會成功，他把自己和妻子的財產全部賣掉，籌到 1 萬多英鎊，然後出發了。

他記得 20 年前看到了一座克里斯多山，像高聳的教堂尖塔，上面有一條大河，沒有碰到山上的任何一部分。他確定，河對岸有一個高寒、未受侵犯的城市，有金鷹、金狗和寶石的牆壁與屋頂。

在 100 年搜尋中，其他的遠征者都失敗了，但是雷利在獄中已把寶藏的一切刻劃在腦海裡，險峻的隘口，歐里諾克河的道路，他看得清清楚楚。這是他贖回財富的機會。

這完全是金錢的狂熱，把自己趕入幻想的境地。光說是過分自信或過分樂觀還不足以解釋其中的奧妙。在這種錯誤的冒險中，一定看得出大輸家動力的作用，強烈違反自然規律法則，卻帶著成功的保證。雷利在這次遠征中，失去所有的錢以及他的健康和兒子的性命。更糟糕的是，回到英國以後，還失掉了自己的頭顱。

恐懼金錢成功的人的生活其實很不舒服，這和幾週時間缺乏某些享受是不同的。有警察來查收他的財產，趕他搬家。還有無盡的等待，等電話鈴聲（如果電話沒有剪斷的話），等某一件事發生。看到不那麼能幹、不那麼有價值的人卻得到了報酬，而且發達下去，自己覺得實在很辛酸。

此外，你不得不考慮公車的票價；電影則根本看不起了；請客是不可能的；不管你去哪裡，人家總叫你等待，待在附近，去這裡去那兒，填這個表，試試那個地址，等待回去。

社會制度對於沒有錢、沒有辦法的人從來就是會懷疑他的身價，他是最低等的生命。每一個際遇中，苦楚的環境總和他作對。面對明顯的輸家，大家的態度都變了，他們敷衍他，把他呼來喚去，毫不掩飾自己

的優越感。朋友們對他說教，你該這樣、該那樣、好好幹、堅持你的想法。

他生活在別人勝利的世界裡，被鎖入討厭的比較系統中。別人擁有的比他多，而且情況很明顯。事實上，也就是比他有錢。他活在把更多所需看成生活目標的社會裡，拿不到更多錢就使他卑賤、使他一文不名、使他變成微不足道的人。唯有循著生命意義也就是勝利的默許，才能了解失敗的特殊痛苦和屈辱。

落後那麼遠，不再是比賽選手，就會被剔出去、忽略、看不起、壓倒在地上。他雖比下有餘，但並不能給他什麼安慰。卡庫達的德蕾莎發現，最窮的英國人也比一般印度人富有。這一點卻不能使英國人不叫窮。

大家的貧困感與當時當地有關。入不敷出的人都有這樣經驗，他們一年用 2 萬美元，還過得很苦。這不是一種姿態，事實的確如此。在他們進入的環境中，他們賺的錢不夠支付新的需要。

如果你的胃口和億萬富翁的財產相當的話，連百萬富翁都會是一個窮人。

恐懼金錢成功的人最大的痛苦就是看見同一圈子的人比自己更富裕。應付這種痛苦有幾個基本的方法。其一是自欺欺人的方法，假裝自己擁有的和別人一樣多。他終生使用威脅、吹牛、裝腔作勢等騙術，以欺騙來支持自己的地位，最後終於被迫犯法，以維護外表的幻想。

到更不成功的人群中去謀生，是治療失敗之苦的另一貼止痛藥。這樣一來，他就不會一直想起自己的挫敗了。

有一段時間，英國上層社會的落魄子孫都跑到殖民地，對土著作威作福。失敗的藝術家常常到鄉村建立小殖民地，那兒生活水準低，他們在封閉落後的鄉民之間得到敬仰。因此，貧民窟的愜意，賴債者和失敗者世界的歡樂，都屬於同一性質。

當然，他還要忍受其他各方面因素，現實的艱辛和實際的匱乏。不過慘敗的痛苦已經緩和多了。大家都同樣失敗，即使是處於低層社會，沒有競爭的標準，環境也不會真的令人感到安慰。

還有一種冷漠防衛術，也就是癱三的生活。過這種日子的人，會說自己什麼都不想要。懶散也是避免失敗痛苦的途徑。這種人能偷懶就盡量偷懶，每天晚上把腳一翹總是替自己的失敗找理由。

這種人變成一片浮木，漂來漂去，沒有能力控制自己的行動。他完全依賴別人的興致和決定，因此可以說是完全被動的僕人。手上沒錢的人不能為自己做任何事情。他體會到金錢對起碼的自由是多麼重要。沒有了錢，他只好受制於眼前的需要。而且，情況會愈來愈嚴重。

只要貧困存在，他就會嘗到驚恐的滋味。大家都為食物、住處而擔憂，家庭堡壘的團結也破壞了，彼此的指責愈來愈尖刻。總有人為這種難以忍受的情況而捱罵，那個人顯然是輸家。當家裡真正缺錢時，父親的啤酒剝奪了孩子的食物。

金錢爭吵是社會情況中最恐怖的人性表現之一。

其他各種祕密的恐懼之所以聚攏而來，完全歸咎於貧窮這個惡魔，他們都因為缺錢而遭受迫害，使這種人的痛苦更加尖銳。他們的債務似乎永遠償還不清。在這種磨人、令人退化的缺錢壓力下，人格很快就墮落了，大家都退回到自我生存的叢林動物姿態中。

難道會有人追求這樣的情況？

心理分析家貝瑞爾・山德福描述過這樣一個仁兄的故事：

他不去賺錢，他靠疾病救濟金和他哥哥給的錢過日子。他說他的病使他不能工作。但是他卻能替一個政治協會做免費的工作，奔跑演講、提任榮譽出納等。

有一段時間他有麻庳性神經症的徵兆，不能單獨走出房子，但只要

不拿酬勞，他就能做非常有用的工作。當主席在一篇籌款慶祝組織的報告中稱讚他時，輸家立刻有了成功的恐懼。

山德福注意到，從此他的病人就開始不自覺地安排一切，以免他最後從該企業的成功中得到光榮。他告訴分析師，慶典一結束，他就向協會辭職了。

實際上，在童年的時候，這樣眼看要成功卻默默退開的現象就發生過。在學校裡，他曾經角逐運動會頭獎。他前幾項都大贏，只剩下最後的跳高。他跳過 5 尺，與另一個選手同分，雖然他以前曾輕易跳過更高的高度，此時卻倒在地上，不能動彈。

他不記得有什麼感覺，只記得他自忖道：「我必須默默退開。」這一項他和一位對手不分勝負，但是前面的專案使他得到了頭獎。他不能讓同學抬起他來慶功，卻爬到母親懷裡，他把頭埋在她身上，遮住自己的面孔，緊緊抓著她，閉著雙眼走回家。歡呼的同學似乎令他很不安。

這是失敗的需要造成討厭賺錢的例子。這位病人只有在失敗的形象中才能找到安全感，凡是帶有成功意味的東西都使他焦慮不安。

追求輸家生活的另一觸目例子就是喬治·歐威爾在巴黎的破產。他曾在艾頓受教育，曾在印度帝國警察署服務，他落到赤貧的境地不能完全用作家生活的艱苦期來解釋。讀到他描寫慘敗巴黎和倫敦的文章，讀者會覺得他對卑屈地位幾乎有一種敏感的喜好。他發現：「在一定的限度內，你的錢愈少，煩惱確實就愈少。你有 100 法郎的時候，很容易感受到最強烈的驚恐。你若只有 3 法郎就不同了，3 法郎夠你吃到明天，你不能想更遠的事。你心煩，可是並不害怕。你模模糊糊想到我一兩天就會餓死，然後腦子就想其他問題去了。一片奶油麵包多多少少都能造成鎮定的作用。

「還有一種感覺也是貧窮的一大安慰。我相信每一個苦過的人都有這

樣的經驗。知道自己終於徹底失敗，是一種輕鬆的感覺，幾乎有一點快樂。你常常談到一切都成泡影，如今就是慘敗了，可是你卻能忍受，於是你減少了很多焦慮。」

從這段話看出了恐懼成功者真正想找的就是解除焦慮。很妙，他卻在痛苦的貧窮境況中找到了。歐威爾曾在一本書中描寫自己在倫敦開始流浪生活的經過。為了籌一點錢，他決定賣幾件很好很乾淨的衣服，他要求換幾件舊衣，錢則隨店主的慷慨程度。對方除了給他一堆髒兮兮的破衣，只有一先令。

「我正要爭辯，」歐威爾說，「但是我一張嘴，他好像就要伸手拿回那一先令，我看我是沒有辦法了。」

他接著描寫這幾件新換的衣服有多麼糟糕，卻又為它們陳年的汙垢而愜意。

恐懼成功者的世界和心情很少描寫得這麼準確、這麼傑出。歐威爾沒有明說他怎麼會落入赤貧的情況，與杜斯妥也夫斯基一年四季都賭得一貧如洗實在很相似。

賭徒執迷於不輸錢的遊戲，正好表明了潛在「輸定」的動機，杜斯妥也夫斯基的太太在日記裡寫道：「我丈夫在俱樂部大輸一頓之後，才寫得出最好的作品，這是我的一大發現。」

佛洛伊德下結論說，杜斯妥也夫斯基在賭桌上毀滅自己，這是很多神經性和強迫性賭徒都有的表現，他把罪惡感的擔子化為欠債的包袱。

他推測，杜氏賭博是他自我懲罰本能的一面，他在西伯利亞度過多年屈辱、囚禁的政治犯生涯，沒有崩潰，也與這種本能有關。

懲罰的需要能使人度過別人受不了的情況。他們的心靈經濟學需要墜落和屈辱來「平衡帳目」。沒有了這種自我的責罰，未贖的罪惡感就變得無法忍受了。

　　需要這一類失敗儀式來解除的罪惡感，其本質是什麼呢？罪惡感當然有許多來源，但是佛洛伊德認為，有一種普遍的罪惡感是由戀母情結產生的。在杜斯妥也夫斯基的例子中，戀母情結特別尖銳。他父親被人謀殺，他對這個罪惡的偏執以及心理的負擔，曾在《卡拉馬助夫兄弟們》一書中寫得很清楚。

　　不過恐懼成功的人在本能上也有另外的一面。佛洛伊德在《悲哀與憂鬱》一文中寫道：「憂鬱病人的自虐無疑是快樂的，意味著虐待狂傾向和恨意的滿足，兩者都和一個另外的目標有關，只是又轉回自己身上。病人迂迴地懲罰自己，最後往往對原來的目標達到報復的目的。而且借病痛來折磨他們自己時，竟然發展出後者以免公開對自己所愛的人表示敵意。傷害病人感情、使他害病的人物，通常都在他身邊。」

　　換句話說，恐懼金錢成功的人不但以自我懲罰來解除罪惡，也暗暗懲罰身邊他不能公然打擊的親人。他對他們的怨恨由來已久，自己根本就不知道這是怎麼回事。於是，失敗就變成打擊親人的方法。這含有拖人下水的邪惡滿足心態。

　　恐懼金錢成功的人的另一個動機可以由山德福那個病例看出來。他是真的怕贏。他不敢擁有任何比別人好、比別人大、比別人強或有力的東西，因為他覺得優於別人一定會引來嫉妒，因此他將自己放在「失敗」的階層，一文不值，微不足道。他認為這樣就不會引起任何人的攻擊了。

　　「別叫人眼紅」就是揭示這樣的道理，意思是不要炫耀你的財富；你若這麼做，大家就會嫉妒，起貪心，想要奪走，還不如少說一點好。

　　恐懼金錢成功的人覺得成功太危險，他認為成功有各種恐怖、刺激的意義。比別人大、比別人富有，就意味著攻擊了別人，實現了各種祕密的狂想，擊敗並毀滅了對手。他們常常想：我若這樣對他，他會怎麼

對我呢？所以輸家寧可用撫綏自衛法，他撫綏的策略就是突出自己渺小、微不足道。

　　恐懼金錢成功的人永遠把自己退到從屬的位置，順服於要靠自己支持的人，以安撫原始的對手。劍橋的伊弗・米爾斯教授報導過一個例子，有一位分行經理工作過多，公司為他僱一位助手，他卻決定自己擔任較低的職務，把大權讓給新人。這種人認為，優越感會招致下屬的報復。

● 避免過度金錢刺激

　　賭徒和偶爾或定期賭博的人不同。在某些特定時刻，任何人都想贏一下，摒住氣息，只求命運恩賜這一次。這是普遍的渴望。馬票登記人、俱樂部主人和數字遊戲的過客都因此而發財。

　　只要有人贏大錢，別人就開始夢想自己也會如此，這是賭博的目標。真正的報酬是狂想那百萬分之一的機會，誰也不存心要贏。

　　賭徒卻是另一回事，他真正等著贏錢。他投下的不是象徵性的小錢，而是能毀掉他的大數目，他有自己的一套制度。

　　打個比方來說，賭輪盤的時候，他押紅的，失敗的時候再加倍。根據數學的機率法則，不管前面出現過多少次黑的，每次你押紅的，押中的機會仍占 50%。但是賭徒認為，如果黑色連續出現好幾次，那麼隨著輪子的連續轉動，下回出現紅色的機率就會相應增加。

　　儘管這不合數理原則，但賭徒心中卻愈來愈堅信紅的該來了，就算這次不來，下次一定會出現，於是下次下注更加堅定。他確實看到了這一點。他相信自己內在的信念，並且因此而贏了。這使他更堅信會贏，

雖然事實上比例永遠一樣，50：50。

那些靠運氣而自以為通曉某些奧妙的賭徒，如果運氣一直證明他的預感和先見之明，實際上，一定會有幾個這麼幸運的人。他在心理上就產生「不會輸」的感覺。

事實上，他只是運氣好，但是他的運氣碰巧合乎他自感幸運的內在信心，使他很容易相信自己的運氣是特殊的神靈專門賜給他這個天之驕子的。他相信自己注定要贏，他的勝利具有命中注定的意義。

這種人渴望的，有時也獲得「優異」的感覺。他要證明命運偏愛他。否則，富家老太太何必一夜一夜地耗在俱樂部的賭桌上？她們要用錢來算命。古代紙牌、數字、骰子在算命、魔術和占星儀式中所扮演的角色就指出了其中的關係。

不過，賭徒不只是接受紙牌的預言而已，他也想向不溫厚的命運強討勝利。當他的運氣不出現時，他會愈戰愈勇，而且加倍下注，一直提高賭金。在他大膽或絕望的嘗試中，他也許會一舉贏回所有損失。

偉大的尼克拉‧丹德羅斯可能是世上最大的賭徒，他把自己當做藝術家，他不雕石頭或大理石，卻雕鑄金錢。1928 年到 1949 年間，他一共輸贏過 5000 萬美元，最終的命運和很多藝術家的下場一樣，潦倒而死。

本性難移的賭徒曾有一種說法，如果賭博贏錢是世上最大的刺激，那麼賭輸就是第二大的。根據 1951 年的一份調查報告可知，美國人為這第二大的刺激每年要付出 200 億元。

只要曾經在賭場中嘗過一次甜頭的人，似乎很難徹底脫離這個圈子，事實上因賭博而致身敗名裂的人很多。只要涉及的話就萬劫不復，遠離就能得救，這淺顯的道理連小學生都懂得，可是賭徒偏偏無法自拔。對賭徒而言，賭博就像吃了迷藥一樣容易上癮，一上癮就再也無法跳出火坑了。

無論是賽馬，還是麻將，任何賭博都有輸也有贏，正因為有贏，贏的心理不斷得到強化，為了獲勝，就必須再賭下去。雖然再賭不一定會「輸」，但也並非絕對會贏。賭博也就在如此輸贏的情況下不停地持續下去。這就是賭博的魔力所在。

　　對於身陷賭局無法自拔的人，專家建議，不妨一次讓其輸到底，等到其囊空如洗之時，就不難戒賭了。

　　勞特·巴哈提出一個理論說：「每當合理的活動似乎沒有什麼希望時，賭博就盛行了。維護自己的『運氣』，保留自己的自尊，這種行動在賭徒贏錢的時候更加有力，輸錢的時候卻又抗拒絕了。」

　　另一方面，社會學家奧圖·紐曼對賭博者進行調查發現，很多入迷的賭徒不知不覺地想要輸。他發現某一種地方會吸引某一群特性相同的客人。比如，有一家冷門市中，總聚集失意者、妓女、遊民和小罪犯。他們賭博從來沒有一定的格式，只是根據傳聞或預感來賭。賭博在這裡都是情緒化的、混亂的，而且很不成功。

　　紐曼發現，其他賭博店也有基礎不同的各種顧客，他們支持熱門馬，或是研究勝算轉變的方式，他們通常比較成功。

　　這個調查揭示一項資訊，運氣多多少少總偏愛自助的人。很顯然，冷門市中的輸家不會承認他們存心想輸，但是經驗證明人有那種感覺。

　　此外，這項調查還指出，不顧一切證據、堅信自己的運氣，相信預感、祕密啟示、擺針會選出贏家的人，事實上就是陷在失敗格局的典型。

　　輸錢的本能並不限於冷門賭局中已經失敗的人，而是存在於所有階層中。最具戲劇化的就是波蘭美女、電影紅星兼達利·然努克的情婦貝拉達維的事例。她賭得如醉如痴，一切都輸光的時候，她會脫下戒指和珠寶，丟在賭桌上當賭注。她在法國欠了俱樂部一大筆賭債，法國政府

只好扣押她的護照。達利及時替她還債，解除了她的困境。但是，最後誰也不願再替她償還那愈來愈多的損失，於是她在無奈之下自殺了。

賭博的狂熱並不完全是因為很想贏錢。有一位財產達億萬的藝術收藏家回憶說：「有一段時間我很不快樂，第一次婚姻又破裂了，我就開始很不負責任地開銷、賭博、輸錢，揮霍無度。」

毫無疑問，這是他當時心境的真實寫照，他的意圖很明顯，就是把錢敗光。

賭博唯一的刺激就是押下自己付不出的賭注；唯一的樂趣就是超過限度。

不管是百萬富翁放縱狂賭，還是小職員把 1 週的薪水押在跑馬道上，基本的驅動力就是想輸光。

好萊塢《大國民》一片的劇作家赫爾曼‧曼凱維奇就是這種賭徒的典型。他曾解釋說：「我若輸 2000 元，寫一張支票就行了，賭博就沒有什麼意思了。如果知道銀行裡一文錢也沒有，卻開出 1.5 萬美金的支票，那才叫刺激。」

他太好賭，太好借錢，以至於在發薪的那一天，派拉蒙公司的同事和他一起排隊，才能收回他這週的欠款。有一次路易‧梅耶想解除曼凱維奇的財務困難，給他 3 萬元的薪水，但要他發誓絕不賭博，曼凱維奇鄭重發誓。

第二天，梅耶發現他在賭撲克，正要把賭注升到 1 萬元。曼凱維奇立刻被踢出米高梅公司，而且永遠不准回去。

賭徒最高雅的例子也許要算杜斯妥也夫斯基了。他死後發表的文章、他太太的日記都記錄了他對賭博的狂熱。在這些材料中，賭徒的性格被描寫得淋漓盡致。

在德國巴丹是杜斯妥也夫斯基最慘的時期。他為自己的行為辯白說，他是想贏夠了錢好回俄國，以便不欠債被捕。但是他自己也知道，這只是藉口而已。他說他主要的樂趣是「為遊戲而遊戲」。他在一封信中寫道：「重要的是遊戲本身。我發誓這和貪錢無關，雖然上帝知道我非常缺錢。」

他遊戲的狂熱太強了，往往賭到輸光一切、「全毀」為止。只有那一刻他才擺脫了心中的魔鬼。他一次又一次答應嬌妻不再賭博，但是始終不遵守諾言。他把她的結婚戒指輸在賭桌上，為此他自責得更厲害，他用一切可以想得到的惡名來罵自己，在她面前糟踏自己，他說他辜負了她的愛情、沒有用、卑鄙下流。只要她原諒他，他願意向一切過往的神靈發誓，他永遠也不會被這種可怕的狂熱再次征服了。不過，當他一拿到買吃買穿用的鈔票或珠寶時，他又成了一名狂熱的賭棍。

在這種行為中，繼續輸下去的「反覆驅動力」非常明顯，因為賭運氣的遊戲只是這種模式的有形裝置，我們在日常生活行為中也可以找到同樣的證明。

根據日常觀察，這種事情確實存在。有些人似乎是「失敗專家」，什麼都出毛病，簡直像故意安排似的。這種特質最明顯的表現就是丟錢，把錢包、手提袋、皮夾、貴重物品丟在公共汽車、火車、店鋪、公共廁所裡。觀察這種人一段時間，一定發現他們不只是心神恍惚或純粹的偶然而已。

還有一些人雖然不會把鈔票掉在某一個地方，但做的事情也差不了多少。他們一再錯看形勢，股票剛要跌價就買進，剛要漲價就要賣出，把錢投入不中用的公司。別人都說他們不會理財。他們有「掃帚星」的綽號，彷彿碰什麼，什麼就不利於他們。這種人老是看見自己的計畫落空，勝利從手中溜走。

一直這樣，實在很神祕。每件事的最後一分鐘總是出毛病，他最善於捉弄自己所處理的一切，他自找的厄運總像是別人的錯，他可以證明這一點。

比如說，他的大主顧破產了，他怎麼知道會發生這種事？他的供應商罷工了，不關他的事。他的合夥人結果卻是個騙子，誰能預知這種事呢？

在很多情形下，很難分辨出誰是「無救的傷亡者」（天生就沒有能力），誰又是真正的「失敗專家」。後者可能是位很能幹的人物，也許還很精明，只是某種陰謀造就了他的墜落。一個現在很擅長做某一件事，後來又莫名其妙失去一切的人，最能明顯地表現這類人。

表演業的浮沉最能掩飾這種自欺的模式，於是產生了很多回覆現狀的例子。寫過《孤雛淚》、《閃電戰》、《瑪姬・梅》等的作曲家萊諾巴特賺過好幾百萬，卻最終又失去了一切。他在摩洛哥有一座堡壘，在倫敦有一棟 16.5 萬英鎊買來的房子，但最終都化為烏有了。

他說：「我極度地渴望愛情，你知道，被我當做朋友的人，可以向我予取予求，錢更不成問題。我以前認為送人昂貴的禮物是買到敬愛的一種簡單辦法……」

另外一個例子是英國廣播節目播音員兼電視笑談主持人西夢・迪依，由他的故事可以看出真正的「墜落」心理機制，因此有必要詳述一下。

迪依在非法的「卡洛林」電臺出了名。他離開的時候，很多人想要聘請他，不少廣播電臺和電視臺都有節目要他主持，他立刻變成那個幸運天地的紅星。他曾經失業，當過戲劇系學生、吸塵器業務員，也做過其他各種工作。此刻突然每週賺 400 英鎊到 500 英鎊，有時候還不止這些。

他財源滾滾，很快就像他自己所說的「騎著成功的野馬」。他製作的電視笑談節目，也是培養大偉‧佛斯特變成富翁的地方。迪依的收視率不錯，觀眾在 100 萬到 120 萬之間，他沒有理由不紅下去。但是，一切高潮都落幕了，他的合約被降價，過了 6 個月，已經成功的人沒有回頭的餘地，他被迫退休了，每週領 6.9 英鎊。他發現自己陷在所謂「表演圈內找不到工作，表演圈外也找不到工作」的特殊境地。

　　迪依的本事和職業技巧不輸給這一行的任何紅星，他為什麼找不到工作呢？甚至連應徵業務員或廣告社的撰稿員都沒有公司錄用他。有人認為他不夠嚴肅，有人認為他的面孔太出名了。很快他就一文不值，接二連三地賣自己成功時贏來的財產，那一輛本特利車、一架風琴以及其他財物等，來養活太太和兩個孩子。

　　從表面上看，這樣突然間發跡又突然間跌落似乎只有和名人聊天、看電視劇的時候才會發生。但問題是他曾賺過不少錢，你一定會想，他的資產一定可以度過幾個月的壞時機。

　　實際上，他沒有那麼多資產，從而使他的困難更深了。因為他被迫退休，知名度雖高，卻無法助長他身為熱門電視行業員的印象。想想他一個兒子曾經每年花 1000 英鎊讀寄宿學校，每週領 6.9 英鎊退休金似乎比他期望的絕對需要少太多了。

　　其實，他明明該顯出勝利的一面，以重建自己聲威的時候，卻向世人宣傳他大輸的姿態。但這次失算是最後的一次，像他許多錯誤一樣，當然也是無法避免的。

　　迪依說：「我不做任何投資，我從來不投資金錢。如果你把錢投出去，就等於為別人的決定而投資。我不玩股票交易，因為我相信那一套理論無論如何都是荒謬的。我不參加任何保險，因為我不相信保險。也許有人會問，你被車子壓了怎麼辦？你太太和孩子怎麼辦？喔，首先，

我不會被車子壓倒，我小心翼翼，絕對不冤死。我認為世上只有上帝的行動和人為的行動，你可以逃掉人禍，卻逃不過天災。你不可能違抗上帝的旨意，因此你根本得不到真正的保險。此外，保險助長了難以置信的金融帝國，沒有人控制得了，我們的生活方式也被它歪曲了。你知道城市所有的大廈都屬於保險公司，這實在很荒唐。我差一點就買房子，後來我想想，你抵押貸款買 1 萬鎊的房子，20 年就要付 4 萬鎊，我覺得划不來，完全不合邏輯，你怎麼能買一棟 1 萬鎊的房子，卻要花 4 萬鎊呢？等你還完保險公司的錢，如果這些年一直加上去，你就付了房款的 4 倍、5 倍、6 倍，天知道多少倍。我不接受這一套，除非我完全付現鈔，我才不買任何東西呢！」

迪依談到自己真正栽觔斗的經過：「他們付清了我的酬勞，就把我踢出了電視臺。導火線是⋯⋯我想是性格衝突吧。你知道，也許所有的人都認為搞電視現場節目的人和別人一樣，應該一視同仁。事實上我們不一樣，我們是神經兮兮、緊張、很機靈、很敏感的人。史特拉·李奇曼說『我們不能這樣下去』，我就說『不，我們還是算了吧』，他們就算了。還有一點麻煩，因為他們不准我請自己愛請的人。他們把節目叫做『西夢·迪依劇場』，卻不准我邀請朋友們上電視。」

迪依的故事表明，失敗者之所以失敗，不只是不善理財，畢竟誰都可以獲得專人的勸告，至少也能明白買房子的好處，而是對金錢威脅的懷疑和仇恨態度，造成了不可避免的財力損失。

● 財富的真正惡根

金錢好嗎？許多持有消極心態的人常說：「金錢是萬惡之源。」但是《聖經》上說：「愛財是萬惡之源。」這兩句話雖然只有點差異，卻有很大的區別。

持有消極主態的人認為金錢是萬惡之源，是他們連躲也還來不及的東西，他們不會去追求財富。

事實上，人類社會發展的歷史證明：金錢對任何社會、任何人都是重要的；金錢是有益的，它使人們能夠從事許多有意義的活動；個人在創造財富的同時，也在對他人和社會做著貢獻。

隨著現代社會的不斷發展，人們對生活水準的要求不斷提高。現實生活中，我們每個人都承認，金錢不是萬能的，但沒有金錢卻又是萬萬不行的，我們每個人都需要擁有一定的財產：寬敞的房屋、時髦的家具、現代化的電器、流行的服裝、小轎車等等，而這些都需要用錢去購買。人們的消費是永無止境的，當你擁有了自己朝思暮想的東西之後，你會渴望得到新的更好的東西。在現代社會中，金錢是交換的手段，金錢就是力量，但金錢可用於壞事，也可以用於幹好事。

享利·福特、約翰·洛克斐勒、湯瑪斯·艾爾發·愛迪生、安德魯·卡內基等人建立了一些基金會，直到今天，這些基金會還有總計 10 億美元以上的基金，基金會撥出的金額專用於慈善、宗教和教育。這些基金會為上述事業捐助的金額每年超過了 2 億美元。

金錢好嗎？我們認為它是好的。

安德魯・卡內基的故事將使讀者深信，卡內基能同別人分享他所擁有的一部分東西：金錢、哲學以及其他東西。

卡內基——個貧窮的蘇格蘭移民的孩子，變成了美國最富的人。他那動人的經歷和勵志哲學，可以在《安德魯・卡內基自傳》中讀到。

卡內基勤奮地工作直到 83 歲逝世。在此期間他一直明智地與人們共享他那巨大的財富。

1908 年，18 歲的希爾訪問了這位偉大的鋼鐵大王、哲學家和慈善家。第一次訪問持續 3 小時之久。卡內基告訴希爾：他的最巨大的財富不是金錢，而是在他的哲學中。他在世時極大地幫助了希爾，因為他說：「人生中任何有價值的東西，都值得為它而勞動。」

現在希爾懂得了：應用這句自我激勵警句就會得到幸福、健康以及財富。任何人都能學會和應用安德魯・卡內基的人生準則。

此後，拿破崙・希爾在這句話的激勵下，首次創造出最系統、最全面的拿破崙・希爾成功學，提出了最激勵人心的十七條成功定律。在希爾的成功學的影響下，全世界上千萬的人從一無所有到功成名就，無不是由於希爾成功學的激勵。

印度聖雄甘地了解了希爾的成功學後，下令全國學習希爾的成功學，從而，又鑄就了不少成功人士。

菲律賓共和國第一任總統阿奎納多，也是在希爾成功學的教誨下，堅決而自信地帶領國家走向獨立。柯達公司總裁伊士曼、刀片大王吉利、亨利福特、洛克・菲勒等的成就，無不是希爾成功學（十七條定律）的鐵證。

崇尚金錢而不沉迷

崇金錢是一種優良品質，但不要過分沉溺於其中，不要貪財，也不要吝嗇。下面我們來看看馬登和萊茵教授的故事。

馬登在 7 歲時就成了孤兒，這時他不得不自己去尋找住宿和飲食。早年他讀了蘇格蘭作家斯邁爾斯的《自助》一書。斯瑪爾斯像馬登一樣，在孩提時代就成了孤兒，但是，他找到了成功的祕訣。《自助》一書中的思想種子在馬登的心中形成了熾烈的願望，發展成崇高信念，使他的世界變成了一個值得生活的更美好的世界。

在 1893 年經濟大恐慌之前的經濟繁榮時期，馬登創辦了 4 個旅館。他把這 4 個旅館都委託給別人經營，而他自己則花許多時間用於寫書。實際上，他要寫一本能激勵美國青年的書。正如同《自助》過去激勵了他一樣。正當他勤奮地寫作時，令人啼笑皆非的命運捉弄了他，也考驗了他的勇氣。

馬登把他的書叫做《向前線挺進》。他採用的座右銘是：「要把每一時刻都當作重大的時刻，因為誰也說不準何時命運會檢驗你的品德而把你置於一個更重要的地方去！」

就在這個時候，命運開始檢驗他的品德，要把他安排到一個更重要的地方去了。

1893 年的經濟大蕭條襲來了。馬登的兩家旅館被大火燒得精光，即將完成的手稿也在這場大火中化為灰燼。他的有形財產都付諸東流了。

但是馬登具有積極的心態。他審視周圍，看看國家和他本人究竟發

生了什麼事。他的第一個結論是：經濟恐慌是由恐懼引起的，諸如恐懼美元貶值、恐懼破產、恐懼股票的價格下跌、恐懼工業的不穩定等。

這些恐懼致使投票市場崩潰。567 家銀行和貸款信託公司以及 156 家鐵路公司，都破產了。失業影響了數以百萬計的人們，而乾旱和炎熱，又使得農作物欠收。

馬登看著周圍物質上的和人們心靈上的空虛，覺得有必要來激勵他的國家和人民。有人建議他自己管理其他兩個旅館，他否定了。占據他身心的是一種崇高的信念。馬登把這種信念同積極的心態結合在一起。他又著手寫一本書。他的新座右銘是一句自我激勵語句：「每個時機都是重大的時機。」他告訴朋友們說：「如果有一個時候美國很需要積極心態的幫助，那就是現在。」

馬登在一個馬廄裡工作，只靠 1.5 美元來維持每週的生活。他日以繼夜不停地工作，終於在 1893 年完成了初版的《向前線挺進》。

這本書立即受到了熱烈的歡迎。它被公立學校作為教科書和補充讀本，它在商店的職工中廣泛傳播，它被著名的教育家、政治家以及牧師、商人和銷售經理推薦為激勵人們採取積極心態的最有力的讀物。它以 25 種不同的文字同時發行，銷售數高達數百萬冊。同時，馬登也成了一個百萬富翁。

馬登和我們一樣，相信人的品質是取得成功和保持成果的基石。並認為達到了真正完滿無缺的品質本身就是成功。他指出了成功的祕密，他追求金錢，但是他反對追逐金錢和過份貪婪。他指出有比謀生重要千倍的東西，那就是追求崇高的生活理想。

馬登闡明瞭為什麼有些人即使已成為百萬富翁，但仍然是徹底的失敗者。那些為了金錢而犧牲了家庭、榮譽、健康的人，一生都是失敗者，不管他們可以聚斂多少錢財。

金錢可以做壞事，也可以做好事，關鍵在於用之有道，金錢除了滿足基本生活花費外，還可用於慈善事業。

　　洛克菲勒家族，透過贈給金錢，給成千上萬的人帶來了幸福。

　　在 19、20 世紀之交，許多曾使美國工業蓬勃發展的大人物開始陸續離開人世，他們的龐大家產將落在誰的手中，不少人都極為關心。

　　人們預料那些繼承人大多數將難守父業，會白白地把遺產揮霍掉。

　　就拿大名鼎鼎的鋼鐵大王約翰‧W 蓋茲來說，他曾在鋼鐵工業界因冒險而贏得「一賭百萬金」的稱號。後來他把家產傳給兒子，兒子卻揮霍無度，以致人們給他取了一個綽號叫「一擲百萬金」。

　　因此，人們自然也以極大的熱情關注著小洛克斐勒。

　　1905 年《世界主義者》雜誌發表了一組題為《他將怎麼安排它》對小洛克斐勒的論點，開場白這樣寫道：「人們對於世界上最大的一筆財產，即約翰‧D‧洛克斐勒先生的財產今後的安排感到很大興趣。這筆財產在幾年之中將由他的兒子小約翰‧戴‧洛克斐勒來繼承。不言而喻，這筆錢影響所及的範圍是如此廣泛，以致繼承這樣一筆財產的人完全能夠施展自己的財力去徹底改革這個世界……要不，就用它去幹壞事，使文明推遲四分之一個世紀。」

　　此時，在老洛克斐勒晚年最信任的朋友牧師蓋茲先生的勤奮工作和真心的建議下，他已先後把上億鉅款，分別捐給學校、醫院、研究所等，並建立起龐大的慈善機構。對所建立的慈善機構，老洛克斐勒雖然進行了大量的投資，但在感情上對這種事業，他還是冷漠的，他更看重賺錢這門藝術，怎樣從別人口袋裡把錢賺到自己手中，是他畢生工作，也是他生活的唯一動力。

　　這就給小洛克斐勒提供了一個機會，他同時又牢牢地把握住了這個機會。

小洛克斐勒曾回憶說：

「蓋茲是位傑出的理想家和創造家，我是個業務員——不失時機地向我父親推銷的中間人。」

在老洛克斐勒「心情愉快」的時刻，譬如飯後或坐汽車出去散心時，小洛克斐勒往往就抓住這些有利時機進言，果然有效，他的一些慈善計劃常常會得到父親同意。

在 12 年的時間裡，老洛克斐勒投資了 446719371 元給他的 4 個大慈善機構：醫學研究所、普通教育委員會、洛克斐勒基金會和勞拉·斯佩爾曼·洛克斐勒紀念基金會。

在投資過程中，他把這些機構交給了小洛克斐勒。在這些機構的董事會裡，小洛克斐勒起了積極的作用，遠不只是充當說客而已。他除了幫助進行摸底工作，還物色了不少傑出人才來對這些機構進行管理指導。

1901 年，小洛克斐勒應慈善事業家羅伯特·奧格登之邀，和 50 名知名人士一起乘火車考察南方黑人學校，作了一次歷史性的旅行。回來後小洛克斐勒寫了幾封信給父親，建議創辦普通教育委員會，老洛克斐勒在接信後兩個星期內，就給了他 1000 萬美元，一年半以後，又陸續捐贈了 3200 萬美元。在往後的 10 年裡，捐贈額不斷增加。

在洛克斐勒基金會成立後，蓋茲憑他牧師的神聖靈感和商業的敏銳性，已預見到了洛克斐勒的慈善事業可能產生的國際影響了。

出於商業和殖民統治的考慮，1914 年，蓋茲建議創設中國醫學會，並擬訂計劃在中國北京建立一些現代化的醫學院。

於是，北京協和醫學院和協和醫院誕生了。小洛克斐勒親自到北京參加了落成儀式的典禮，並在講話中稱它是「亞洲第一流的醫學院」。這兩座先進的醫院為中國百姓帶來了健康的福音和曙光。

在洛克斐勒的慈善機構中，小洛克斐勒最關注並最有感情的是社會衛生局。

1909 年，紐約市長競選活動中一個主要的爭論問題是賣淫問題。結果成立了一個大陪審團調查買賣娼妓的生意，被人們看作「好好先生」的小洛克斐勒，應邀當上了這個大陪審團的陪審長。

他接受任務後，就把全部精力都撲上去，不分白天黑夜地工作。大陪審團工作幾個月後，擬出了一份詳細報告。報告建議組織一個委員會來研究有關法律和處理這個社會弊病，但紐約市長拒絕成立這種委員會，於是小洛克斐勒決定自己幹下去。

1911 年，他建立了社會衛生局，投資 50 多萬美元。

該局第一個行動，就是派遣弗萊克斯納出國，對歐洲國家的娼妓問題與美國的娼妓問題有何不同之處作了一番全面考察。

弗萊克斯內帶著美國國務卿的介紹信，遍訪歐洲各大城市，回來後得出結論：控制這些壞事的可能之一是驅使它轉入地下，這樣即使不能根絕它，也能在社會上起隔離的作用。

他得出的第一個結論是，不了解賣淫得以盛行的合法環境，也就是不可能了解賣淫問題。

這一結論導致該局又派人去了一趟歐洲，對警察行政進行了第一次跨國的國際性考察。

考察結論令人吃驚：專業化的歐洲警察與馬虎隨便、缺乏紀律性的美國警察，對比十分鮮明。

這項調查對完善美國的警察制度，確實功勞不小。

洛克斐勒基金所作捐贈的範圍，廣泛和複雜性，足可以寫成好幾部書，它們給人的印象是一個賢明而造福人的超級慈善機構在高效率運轉。

事實上，美國政府在 20 世紀後半葉辦理的衛生、教育和福利事業許多是洛克斐勒在本世紀上半葉就發起的。

除了傾力撲滅起世界性疾病外，洛克斐勒基金會還把目光轉向世界各地的饑荒和糧食供應上。

由基金資助的一些出類拔萃的科學家，發展了玉米小麥和稻米的新品種，對全球未開發國家提供了廣泛的技術援助。

某些基金還被用於資助科學技術方面的拓荒工作——在加州建造了世界上最大的天體望遠鏡，在加州大學裝置了有助於分裂原子的 184 英吋迴旋加速器。

在美國，有 10000 名科技人員享受了洛克斐勒基金提供的工作費用，他們當中有不少世界一流的科學家。

除經營那些龐大的慈善機構外，小洛克斐勒還獨立從事了他畢生愛好的工作之一：保護自然。

早在 1910 年，他就買下了緬因州一個景色優美的島嶼，僅僅是為了保護這裡崎嶇起伏的自然美。他在島上修路鋪橋，既方便了遊人又保護了自然。後來他把它們全部捐給了政府，成為阿卡迪亞國家公園。

1924 年，他在周遊懷俄明州的黃石公園時，看到公園道路兩旁亂石碎礫成堆，樹木東倒西歪，為此大吃一驚。一問，才知是政府拒絕撥款清理路邊。於是，他立即花了 5 萬美元資助公園的清理和美化工作。5 年之後，清現所有國立公園的路邊就成為了美國政府一項永久性的政策。

據統計，小洛克斐勒為保護自然花了幾千萬美元：

建設阿卡迪亞國家公園花了 300 多萬美元；

購買土地，把布萊恩公園送給紐約市花了 600 多萬美元；

替紐約州搶救哈德遜河的一處懸崖花 1000 多萬美元；

捐贈 200 萬美元給加州的「搶救繁榮杉林同盟」；

160 萬美元給了優勝美地國家公園；

164000 美元給仙納度國家公園；

花 1740 萬美萬元買下 33000 多畝私人地產，把大提頓山的著名景觀「傑克遜洞」完整地奉送給公眾。

小洛克斐勒最大的一項義舉是恢復和重建了整整一個殖民期的城市——維吉尼亞州殖民時期的首府威廉斯堡。

那裡的開拓者們曾經最早喊出「不自由，毋寧死」的口號，是美國歷史上一塊「無價之寶」。

小洛克斐勒親自參加恢復和重建每一幢建築的工作。他授權無論花多少金錢、時間和精力，也要重新創造出十八世紀時期那樣的威廉斯堡。

結果，他總共付出 5260 萬美元，恢復了 81 所殖民時原有建築，重建了 413 所殖民時期的建築，遷走或拆毀了 731 所非殖民地時期的建築，重新培植了 83 畝花園和草坪，還興建了 45 所其他建築物。

1937 年，美國政府透過一項法律，把資產在 500 萬元以上的遺產稅率增加到 10%，次年又把資產在 1000 萬及 1000 萬元以上的遺產稅率增加到 20%。即便這樣，老洛克斐勒 20 年中陸續轉移，交到小洛克斐勒手裡的資產總值仍有近 5 億美元，差不多 2UL4

他父親捐掉的數字相等。老人給自己只留下 2000 萬元左右的股票，以便到股票市場裡去消遣消遣。

這筆龐大的家產落到小洛克斐勒一人身上，大得令他或其他任何人都吃喝不完，大得令意志薄弱者足以成為揮霍之徒，但他從來就把自己看作是這份財產的管家，而不是主人，他只對自己和自己的良心負責。

從走出大學以來的 50 年中，小洛克斐勒是父親的助手，然後全憑自己對慈善事業的熱情胸懷和眼力花掉了 82200 萬美元以上，按照他的看法用以改善人類生活。他說：「給予是健康生活的奧祕……，金錢可以用來做壞事，也可以是建設社會生活的一項工具。」

他所贊助的事業，無論是慈善性質還是經濟性質，都範圍廣大而深遠，而且在投資前都經過了從頭至尾的仔細調查。

「我確信，有大量金錢必然帶來幸福這一觀念並未使人們因有錢而得到愉快，愉快來自能做一些使自己以外的某些人滿意的事」。

說這話的人是老洛克斐勒，但徹底使之變為現實的卻是他的兒子小洛克斐勒。

對他來說，贈予似乎就是本職，就是天職，就是專職。

毫不誇張地說，在 20 世紀前 50 年的美國社會生活中，每一個新開拓的事業，都深深打上了洛克斐勒家族的烙印。

▌金錢塑造人格

再沒有比錢包鼓鼓更能使人放心的了，或者銀行裡有存款，或者保險櫃裡存放著熱門股票，無論那些對富人持批評態度的人怎樣辯解，金錢的確能增強憑正當手段來賺錢的人的自信心，想想吧，你只要錢包裡有一張支票，或幾扎美鈔，你就可以周遊世界，買任何錢能買到的東西。

實際生活中的許多事情告訴我們，隨著一個人財富的增長，他的自信心也隨之增強，所謂「財大氣粗」就是這個道理。錢，好比人的第六

感官，缺少了它，就不能充分調動其他的五個感官。這句話形象道地出了金錢對於消除貧窮感的作用。

口袋裡有錢，銀行裡有存款，會使你更輕鬆自在，你不必為別人怎麼看你而過多憂慮，如果有人不喜歡你，沒關係，你可以找到新的朋友。

你不必為幾百塊錢的開銷而操心，你可以瀟灑地逛商品市場，自由地出入大酒店。

常常感到拮据的人往往怕掌握他收入的人，有家的男人怕被解僱；當他為自己的某種嗜好花了好幾塊錢時，會有一種犯罪感。因為這筆錢對他的家人來說可以買到其他必不可少的東西，因缺錢而產生的壓力阻止他自己想做好的事，他的慾望受到壓抑，他被縛住了手腳。

如果你渴望自由，如果你渴望表現自我，就把它們作為賺錢的動力吧，這種動力也是強而有力的刺激源。有人曾這樣寫道：「讓所有那些有學問的人說他們所能說的吧，是金錢造就了人。」

● 債務：自由的反面

光是貧窮本身就足以毀掉進取心，破壞自信心，毀掉希望，但如果再在貧窮之上加上債務，那麼，成為這兩位殘酷無情監工的奴隸的人，注定失敗無疑。

只要頭上頂著沉重的債務，任何人都無法把事情辦得完美，任何人都無法受到尊重，任何人都不能創造或實現生命中的任何明確目標。

拿破崙‧希爾有一位很親密的朋友，他的收入是每個月 10000 美元。

他的妻子喜愛「社交」，企圖以 12000 美元的收入來充 2 萬美元的面子，結果造成這位可憐的傢伙經常揹著大約 8000 美元的債務。他家裡的每個孩子也從他們的母親那裡學會了「花錢的習慣」。這些孩子們現在已經到了考慮上大學的年齡，但由於這位父親負債纍纍，他們想上大學已經是不可能的事了。結果造成父親與孩子們發生爭吵，使整個家庭陷於衝突與悲哀之中。

很多年輕人的結婚之初就負擔了不必要的債務，而且，他們從來不曾想到要設法擺脫這筆負擔。在婚姻的新奇味道開始消退之後，小夫婦們將開始感受到物質匱乏的壓力，這種感覺不斷擴大，經常導致夫妻彼此公開相互指摘，最後終於走上法庭離婚。

一個被債務纏身的人，一定沒有時音，也沒有心情去創造或實現理想，結果是隨著時間流逝，最後開始在自己的意識裡對自己作了種種的限制，使自己被包圍在恐懼與懷疑的高牆之中，永遠逃不出去。

「想想看，你自己及家人是否欠了別人什麼，然後下定決心不欠任何人的債。」這是一位成功的人士所提出的忠告，因為他早期有很多很好的機會，結果都被債務所斷送了。這個人很快地覺醒過來，改掉亂買東西的壞習慣，最後終於擺脫了債務的控制。

大多數已經養成債務習慣的人，將不會如此幸運地及時清醒及時挽救自己，因為債務就像泥漿，能夠把它的受害者一步一步地拉進沼澤。

▌ 存款與成功機會的增長

對所有的人來說，存錢是成功的基本條件之一，但是在那些未曾存錢者的心目中，最迫切的一個大問題則是：「我要怎樣做才能存錢？」

存錢純粹是習慣的問題。人經由習慣的法則，塑造了自己的個性，這個說法是極為正確的。任何行為在重複做過幾次之後，就變成一種習慣。而人的意志也只不過是從我們的日常習慣中成長出來後一種推動力量。

一種習慣一旦在腦中固定形成，這個習慣就會驅使一個人採取行動。例如，如果遵循你每天上班或經常前往的某處地點的固定路線，過不了多久，這個習慣就會養成，不用你花腦筋去思考，你的頭腦自然會引你走上這種路線。更有趣的是，即使你在動身之初是想前往另一方向，但是如果你不提醒自己改變路線的話，那麼，你將會發現自己不知不覺又走上原來的路線了。

養成儲蓄的習慣，並不表示將會限制你的賺錢能力。正好相反——你在應用這項法則後，不僅將把你所賺的錢有系統地儲存下來，也使你步上更大機會之途，並將增強你的觀察力、自信心、想像力、進取心及領導才能，真正增加你的賺錢能力。

一個人要是負了債，而又想要克服對貧窮的恐懼，則他必須採取兩項十分明確的步驟：第一，停止借錢購物的習慣；第二，立即逐步還清原有的債務。

在沒有了債務的憂慮之後，你將可改變你的意識習慣，把你的努力路線重新引向成功之路。養成把你的收入按固定比例存起來的習慣，即使只是每天存一毛錢也可以，同時，還要把它當作你明確主要目標中的一部分。很快的，這個習慣將控制住你的意識，你將獲得儲蓄的樂趣。

如果在任何習慣之上建立起其他更為令人渴望的習慣，那麼原來的習慣將會中斷。「花錢」的習慣必須以「儲蓄」的習慣加以取代，以便取得財政上的獨立。

僅僅是停止一種不好的習慣，是不夠的。因此，這種習慣將會再度

出現，除非它們在意識中的原有地位已被性質不同的其他習慣所取代。

如果你決心獲得經濟上的獨立地位，那麼，在你克服了對貧窮的恐懼感，並在它的位置上發展出儲蓄的習慣之後，要想積聚一大筆金錢，並非難事。

這有一個冷酷的原理：在這個講求物質文明的時代裡，一個人就像是一粒沙子，隨時會被環境中的狂風吹得不見蹤影，除非他有躲避在金錢背後的力量。

對天才來說，他所擁有的天分可以為他提供許多好處。但事實上，天才若沒有錢把自己的天分表現出來，那麼，天才只不過是一種空洞虛無的榮譽而已。

愛迪生是世界上最著名及最受尊敬的一位發明家，但是，我們可以這樣說，如果他不養成節儉的習慣，以及表現出他存錢的高超能力，那麼，他可能永遠是位默默無聞的小人物，任何人都不會去注意到他。

一個人想要成功，儲蓄存款是不可缺少的。如果沒有存款，有兩種壞處：第一，他將無法獲得那些只有手邊現款的人才能獲得的那種機會；第二，在遇到急需現款的緊急情況時，將無法應付。

有位年輕人從賓州的農業區來到費城，進入一家印刷廠工作。他的一位同事在一家儲蓄公司開了一個戶頭，養成了每週存款 5 元的習慣。在這位同事的影響下，這位年輕人也在這家儲蓄公司開了戶頭。三年後，他有了 900 元的存款。這時，他所工作的這家印刷廠發生財務困難，面臨倒閉的噩運。他立刻拿出以小錢不斷存下來的這 900 元來挽救這家印刷廠，也因此獲得了這家印刷廠一半的股份。

他採取了嚴密的節約制度，協助這家工廠付清了所有的債務。到了今天，由於他擁有一半的股份，所以每年可從這家工廠裡拿到 25000 多元的利潤。

福特汽車公司成立之初，亨利·福特急需資金來推動汽車的生產及銷售。於是他向一些擁有幾千元存款的朋友求援，其中一位就是柯蒂斯參議員。這些朋友皆義不容辭地幫助他，湊出了幾千元，後來因此獲得幾萬元的紅利。

　　大財閥洛克斐勒，以前只是一位普通的簿記員，他想到了要發展石油事業，在那時候石油甚至還不被認為是一種事業。他急需資金，由於他已養成了儲蓄的習慣，而且也已被證明能夠維護其他人的資金，因此，他在沒有任何困難的情況下，借到了他所需要的資金。

　　洛克斐勒財富的真正基礎，就是他在擔任週薪只有 40 元的簿記員時，所養成的儲蓄習慣。

　　許多生意人不會輕易把他們的錢交給他人處理，除非這人能夠證明他有能力照料自己的錢，並能妥善地加以運用。這種考驗是十分實際可行的，但對那些尚未養成儲蓄習慣的人來說，可能就要經常感到很難堪了。

　　有位年輕人在芝加哥的一家印刷廠工作，他想開家小印刷廠，自行創業。他去見一家印刷材料供應店的經理時，表明了他的意願，並表示希望對方能讓他以貸款的方式買一部印刷機及一些小型的印刷裝置。

　　這位經理第一個問題就問：「你自己是否有些存款呢？」

　　這位年輕人確實存了一點錢。他每個星期固定從他那 30 元的週薪裡提出 15 元存入銀行，已經存了將近 4 年。他獲得了他所需要的貸款。後來，對方又允許他以這種方式購買更多的機器裝置。到今天為止，他已經擁有了芝加哥市規模最大、最為成功的一家印刷廠。

　　機會存在於各處，但只能提供給那些手中有餘錢的人，或是那些已經養成儲蓄習慣，而且懂得運用金錢的人，因為他們在養成儲蓄習慣的同時，還培養出了其他一些良好的品德。

已故的摩根先生有一次說：他寧願貸款 100 萬元給一個品德良好，且已養成儲蓄習慣的人，而不願貸款 1000 元給一個沒有品德且只知花錢的人。

如果你沒有錢，而且也尚未養成儲蓄的習慣，那麼，你永遠無法使自己獲得任何賺錢的機會。這真是一個不折不扣的事實。

我們再重複一次也無妨，幾乎所有的財富，不管是大是小，它的真正起點就是養成儲蓄的習慣。

把這個基本原則穩固地建立在你的意志中，那麼，你將走上經濟獨立之途。

一個男人因為忽略了養成儲蓄的習慣，以至於終生工作勞苦，無法擺脫。這是一個悲慘的景象。然而，在今天的世界上，卻有數以百萬計的人，過著這種生活。

生命中最重要的就是「自由」。如果沒有相當程度的經濟獨立，一個人就不可能獲得真正的自由。這是一件相當可怕的事。一個人被迫待在一個固定的地點，從事一件固定的工作，每週，每天要做上好幾個小時，而且要做上一輩子。從某些方面來說，這等於是被關在監牢裡，因為一個人的行動已經受到限制。事實上可能還比不上監獄中的「模範囚犯」，有時候甚至比一般囚犯還更可悲。因為，被關在監獄中的囚犯，至少不必再費神為自己去找個睡覺的地方，以及為自己找些吃的東西和穿的衣服。

要想逃避這種自由，被剝奪的無期徒刑，唯一的方法就是養成儲蓄的習慣。然後永遠保持這個習慣，不管你必須要做多大犧牲。

除了這方法之外，再也沒有其他方法可以逃避這種困境了，除非你是很少數例外中的一分子。

❙ 富翁的金錢用途探祕

　　對於已經發財的人來說，他們能用金錢買到什麼？或者說，金錢在富翁手裡會有什麼用途呢？

　　1971 年，一位名叫亨利・沙巴特的伊朗人，花了約 42 萬美金，買一張搖搖欲墜、屬於路易十六時代的餐桌，成為世界上最貴一件家具的主人，也創造了世上最無用家具的記錄。

　　喬治・范德比爾特 26 歲就發了財，在 1971 年，在北卡羅萊那州「阿許村」附近建了一棟法國文藝復興式的別墅，花了 700 萬美元。裡面有 250 個房間，設計和布置都仿「楓丹白露」和「凡爾賽宮」的氣派。

　　美國富翁通常愛把過去歐洲的光彩運過大西洋，使他們在加州或德州的房舍內增添一點進口的高階氣氛。

　　保羅・蓋蒂特別吝嗇，即使朋友打電話他都收費。有一次他在修女慈善會上只捐了 10 美金，但卻肯花 400 萬美金買下提香的《維納斯和阿多尼斯》，結果卻不准運出英國。

　　一幅維拉斯魁茲的《聖阿波羅尼亞殉難》則賣了 514.4 萬美元。花 7125 美元，可以買到 1929 年的大瓶（相當於普通的六瓶）「矛頓・羅斯契爾山莊」名酒，平均一杯要 170 美元。32 萬美元可以買到梵谷的花瓶靜物圖。

　　若能拿到銀行家的保證卡，證明自己有 250 萬美元，世界第三大未雕寶石「Sierra Leone」（970 克拉）被拍賣的時候，你就可以參加投標了。

　　大約花 25 萬美金你可以買到亨利・摩爾的銅像。2.3 萬美元可以買

一幅羅勃‧亞當設計的摩飛爾地毯，2 萬到 2.5 萬美元可以買到中國唐代的瓷馬。花將近 10 萬元，你可以住進「法蘭西號」最好的特等艙環遊世界。

這些都是富翁們常玩的遊戲。

20 世紀 30 年代，一切都比較便宜。你只要花 2.5 萬美金就可以進入美國政府的高層。這是喬‧甘迺迪捐給羅斯福競選基金的數目，他還借 5 萬美元給民主黨，又在朋友間募得 10 萬元。羅斯福當選後沒有立刻在行政體系中替他安插一個職位，他很不高興。後來，他確實得到美國駐英大使的工作。你若加倍付錢，就可以得到肯定的結果。糖業大王享利‧弗梅爾向美國工業委員會宣告，他習慣捐款給兩大黨派，這樣才能確定自己的利益得到保證。

如果你很有錢，就可以確定自己打網球或者其他遊戲一定會贏。也許大家都知道，報業大王赫斯特打網球喜歡贏，而且需要常常贏。但他到老年還堅持要贏，他的玩法不是自己跑來跑去，而是要球飛向他。他的對手真需要相當高的技巧才能保證讓他永遠贏球。

大富翁和別人完全一樣，只不過他們的玩具大些罷了。戈弗雷‧內勒爵士對一個手錶發生了興趣。據說那是世界上最貴的手錶。事後他說：「並非因為它是世上最昂貴的手錶，而是他們的說法若沒錯，這好像是世上最準的手錶……當然誰也不需要準到那種程度。我感興趣，其實是為了它的完美……」

他用錢的態度是，如果他僱用 100 個人來照顧他私人的需要──照顧他穿衣、洗澡、吃飯，那是不可原諒的奢侈浪費，因為會浪費金錢。

「但是，」他說，「我若出門花 2 萬英鎊買一幅畫，我只是改變一筆錢的位置罷了，不會浪費任何人的資源。」

花錢追求完美是富人傳統的運動。

當然，他們不必等待，金錢使他們可以說要就要，一切需要瞬間就會變成現實。

電影製片家奧圖‧里明傑有一次進入一家俱樂部，發現他想玩的橋牌牌桌上已經客滿了，就出 500 美元要其中一個人讓位，而不願等到有空位再上場。

富人可以要求別人配合他的計畫。他們若改變主意，就有很多人得變換時間表。一位商人說：「富有使你有權對人說『明天再來』。如果你搭飛機去赴約，覺得很累，就可以打電話說『我們改在明天吧』。」

富人對別人這樣，不會覺得不安。不管是商業活動或社交約會、宴會、晚餐、歌劇、舞會、婚禮、徒步旅行等，只要他們不想去，他們就會毫不遲疑地取消。

他們可以把日常生活上的挫折交給別人去應付。有一位女權概念很進步的人解釋說：「我的太太當然可以像我一樣，自由地追求職業或其他方面的興趣。」

當有人問他：「誰照顧家呢？」

「喔，我們請了一個女僕來管家。」他答道。

富人的生活成為一件藝術品，他們用金錢做畫筆。他們到哪裡避暑或避寒、如何重新布置房子、正餐吃的東西、身上穿的衣服、宴會上交往的賓客、他們嫁娶或共眠的人、他們的名犬、小孩和門徒等等，這些都是他們構思傑作所用的材料。史考特‧費茲傑羅曾提及「富人和其他的人不同」，其意思並不只是說他們有錢而已。

當然，在世人眼中，有錢人是很有誘惑力的。下面這一段高階生活的例子也許能證明這一點。

瑪莉西娜‧奧德斯卡奇王妃是義大利火柴鉅子的美麗女兒，她在一座樓閣中長大，由一位美國保母照顧，在瑞士受的私人教育。她住在羅

馬一棟 14 世紀的宮殿中，在城外 30 公里處有一座樓閣，在杜林也有一座，在可蒂娜有一間房子，巴黎有一間公寓。在羅馬，她常常躺在一張鋪有駱馬皮的大床上，一躺就是好幾個鐘頭，打電話給朋友和金融家，或買賣股票，或與內閣成員談話，或安排宴會或者安排赴宴的事宜。她做這些事的時候，有一個長得像麥斯米倫雪兒的年輕人侍候她。此人是她在法拉特山顛認識的，從此就一直跟在她身邊。她的王子丈夫不和她住在一起，他們是朋友。她解釋說，只是不住在一起，他們先講好的。有時候他們會在一家羅馬時髦茶店裡見面喝茶。她的丈夫住在一座伯尼建的宮殿裡，甚至比她的還要大。他在鄉間也有樓閣。他做些什麼呢？他好射擊消遣，打鹿、野豬和野雞。她和她的朋友們顯然都是一派人。他們支持法西斯黨，因為他們怕共和黨一來，整個生活就完蛋了。沒有了錢，沒有了頭銜（已經正式廢除，但是社交上還可以用），他們該怎麼辦呢？

「若沒有錢，我一文不值。」格林‧騰邦說。他是一位宣傳致富福音的美國賺錢家，專門販賣偉大的發財自修課。他教人每天早上站在鏡子前面說：「我好偉大，我好偉大，我好偉大……」直到自己相信為止。成千上萬的人花好幾千元去學，希望騰邦使他們有錢而偉大。他玩弄某一種人心中的感覺和恐懼。那種人常常說：「不要跟我談愛因斯坦教授的那一套廢話，他賺多少錢？我做生意一年賺的錢比愛因斯坦教授一生加起來還要多。」

在這種話裡，不難看出，一個被自己的渺小感嚇壞的人如何絕望地呼喊，拚命想反抗的心理，告訴自己能賺錢，也很偉大。

這種人覺得渺小，就需要財富治療。他相信有人具有真正寶貴的生命原料，那就是大膽向前的勇氣和變化性、創造性。他也許真正缺乏這些特質，所以，他不但要用錢買物質上的舒服，或者奢侈的生活，更重要的是，要用金錢買回自我感。

維多‧羅尼談起海夫納時說：「海夫納需要做名人。名聲對海夫納很重要，他希望所有的人都能認識他。我們花了 100 萬美金製作一個電視節目，生意不大成功，但是它讓海夫納有機會一週又一週地露面主持儀式，使他得到美國出版商前所未有的知名度。我的意思是說，享利‧魯斯如果還活著，如果在街上漫步，幾乎很少有人會認出他，但是海夫納和他的菸斗卻是家喻戶曉的。海夫納真的需要這種知名度。我有不少朋友是電影界的名人，他們具有特殊的品質，而且，他們有一股電力，並且還有性的吸引力。」

　　有錢有名的人不必解釋他的身分，因為大家都認識他。喬治‧沙克爾說他特別容易健忘，不但容易忘掉別人的姓名，有時連自己的名字都想不起來。「很高興的是，」他說，「大家都認識我，他們總會告訴我是誰。」

　　名人可以免掉人生中煩人的、填表式的一面。不必每次都正式劃分他是誰，對方是誰，誰該聽誰的。既然他的身分已經建立了，就不會有弄錯、發窘的危險，比如有人不知道他的真正地位之類等。

　　還有，為了平撫對陌生境況的恐懼，大家對一個家喻戶曉的人物總會更溫暖、更信任，他至少不是完全陌生的。反過來說，這種情況也使他很舒服，因為認識的微笑會傳達表面的溫情，他可以得到被人愛、受歡迎的舒服感覺。此外，認識你或自以為認識你的人會給你比較好的服務，因為他們已根據想像和你產生了一種關係。

　　有錢又有名的人受到的優惠就更多。旅館的門童、經理、侍者、的士司機、茶房、電話接線生、公共官員和其他各種人對他的態度，完全根據他們心中對他的印象而定。他們也許會聽信傳言，喜歡他或討厭他，但是碰到他的時候，幾乎都會把他當做重要人物來侍候。

　　因此，名聲就是對抗恐懼渺小的一種方法。內心缺少身分感的人，

將無情地拋棄和他身分相同的人，疏遠他一度欽佩、如今把他舉得高高在上的同類，盲目的恐懼使他根本不知道自己是誰，就只好求助於外。

用很多電影中熟悉的措辭來說，成名就是成為「某人」。使人確定自己的存在，很多電影明星只能從銀幕上得到這種感覺。也可以引用在私生活上，有錢有名的人需要廣告，以便他們可以看到有關自己言行活動的報導，知道自己還活著，而且近況還不錯。

錢當然也可以開啟門路，就連克里姆林宮的房門也為錢而開通。銀行家約翰‧洛克斐勒幾年前曾攜眷訪問蘇聯。赫魯雪夫在其到達的第二天下午，在克里姆林宮接見了他。兩個人談了很久。1973 年，洛克斐勒在莫斯科的卡爾‧馬克思大街一號開設了曼哈頓銀行的分行。

幾乎沒有人會懷疑金錢的作用。

戈弗雷‧內勒爵士說：「我記得在年輕的時候常常想到，誰若每年有 100 萬英鎊的資金要處理，那實在是太嚇人了。因為他會有很大的權力。」

今天，透過他的信託基金，瑞恩的職權恰好分配到這麼大的數目。

「一個人可以讓別人感受到他的意見，」他承認說，「我就可以從事一些個人的偏好。譬如我可以決定，買一幅塞尚的作品對國家畫廊很重要，我就能想辦法去做。但是，錢在英國不像在美國一樣，能給你直接的權力。美國的情形真嚇人，金錢威力發揮到最高的程度。」

知道水門案的人，誰也不會疑這一點。幾乎很少有人了解，金錢若以合法、高尚的方式來運作，對事情能影響到什麼程度。1962 年的美國眾議院報告指出，「福特基金會」用免稅的利潤直接和付稅的銀行競爭，以優惠的利率借錢給他們選中的公司，有一次曾經以 2.6% 的利率貸出 300 萬美元，為期 20 年。

就這樣，商業競爭的正常程式顯然受到了干擾。因為他們的同行必須以正常的利率籌款，貨物很可能要貴一點。像「福特基金會」資產達到數十億，僅僅金錢的動向就可以廣泛達成一個特殊的目標。

　　還有，接受基金會贈款的對象在意識形態上必須被受眾所接受。捐款給大學博物館、研究機構、醫院、調查團體的基金會，施主對於研究方向和人事任用都有重要的發言權。因此，錢能決定日後行動的廣泛趨勢。

　　憑藉贈款、補助金、私人捐助的途徑，個人的特殊偏好也可以實現。比如，中央情報局利用基金會來掩護某些特殊的金融活動，以促成特殊長期目標的實現。

　　金錢的積極用法要靠相當的技巧。傑魁斯教授反駁愚人也會用錢的論調，他認為花錢需要最高的能力。他說：「福特基金會要聘請全美水準最高的人物把錢捐出去。」事實的確證明，愚人可能會賺錢，但是花錢需要聰明人。

　　金錢好比肥料，如不撒入田中，本身並無用處。

　　對於個人來說，花某一數量之外的錢也是一項事業，而且是比賺錢更難的事業，需要更高的能力和智慧。

　　既會花錢，又會賺錢的人，是最幸福的人，因為他享受兩種快樂。

　　傑魁斯劃出了用錢和揮霍的區別。誰都會把錢亂花出去，罪犯最習慣這一套。要讓錢得到真正的效用可就難了。傑魁斯談到用錢的本質，他說：「一個人所擁有的錢，若遠遠超過他所花的錢，花錢就成了毫無意義的揮霍。」

　　對於樂透中獎的人而言，他們用 20 萬鎊去幹什麼呢？他們怎麼用法？他們很可能揮霍一空。於是他去買一艘 1500 多萬鎊的遊艇，然後要幹什麼？他們發現買一艘遊艇，必須知道怎麼樣僱人。你必須學會僱船

員。如果你這個僱主能力不及船員，你就會上當。這就是那些發橫財的人常有的遭遇。他們不會控制錢，他們不知道怎麼辦，所以會受騙。

相信任何人都有成為大富翁的憧憬，那麼如果美夢成真，成為家財萬貫的大富翁時，是否就能無憂無慮呢？這的確是值得探討的問題。假設任何人突然獲得一筆意外之財，屆時生活水準驟然提高，就會覺得終日提心吊膽，不知如何支配這筆鉅款，終日坐愁城。調查發現，暴發戶都是因為一夜致富而心中不安，不知如何處置，有的終日沉迷賭博，不能自拔，直到財產消失殆盡時，才悔不當初。稍微聰明的人，或許會把意外之財花在有用的地方。

每個人都有自己的想法與看法，這種自我認知的觀念是源於過去的生活體驗不斷累積而成。然而一旦獲得一筆鉅款時，就很難調整自己以往的觀念，從而不能冷靜地處理突發的事實。談得淺顯些，某人平日居陋巷，穿舊衣，吃粗食。有一天突然中了 1000 萬的大獎，在以前，他根本無法想像錦衣玉食的豪華生活，因此這筆意外之財與他原有的思想無法調和，便在內心產生衝突，破壞原有的生活步調。

理財專家建議，對於意外之財，最好先定期存款，暫時不要碰它。等過了一段時間以後，自己習慣了金錢增多的改變，不安感也消失了，再冷靜地思索用錢之道。

花錢能力高的人讓金錢有不少積極的用處，其中以支持文化活動成為最有價值的一種外在表現。佛羅倫斯的麥地奇家族等大贊助人充實了整個世界。三位維也納貴族供給貝多芬固定收入是功不可沒，因為音樂所賺的錢根本不夠維持大師的生活。

把錢用來交際，用來創造藝術、政治或社交的圈子，由特殊的社會交往培養出特殊的意念，這是男女名人比較有用的任務之一。有幾個例子顯示，這樣把錢花在宴會上實在是靈感的傑作。

錢還可以使有錢人免於對金錢的再追逐。美國的富豪總統富蘭克林‧羅斯福實行美國新政，使富翁們說他是共產黨，是共和黨的叛徒。

　　同樣，約翰‧甘迺迪擔任參議員的時候，也完全不考慮個人的金錢，一再投票違反自己的利益。石油及瓦斯議案就是一個例子。

　　有幾位這種型別的富人用金錢行為來造福人類，但是例子不多，因為財富和用錢的能力實在很難湊合在一起。

　　今天，被視為最典型的金錢用法就是把它當做成功的氣壓計。錢包的大小決定了獵財者的階級。「才智超群」也許是寶貴的優點，比起神奇的金錢成就可又黯淡了許多。

　　正如莎士比亞所說，金錢是個好士兵，有了它就可以使人勇氣百倍。但是，金錢可以成為人的奴隸，也可以成為人的主人；如果金錢不是你的僕人，它便將成為你的主人。因此，一個只會賺錢而不會花錢的人，與其說他擁有財富，倒不如說財富擁有他。

第三篇　實踐金錢夢想

賺錢的使命就注定要成功

● 賺錢使命：開啟財富之門

　　金錢在任何社會中都是非常重要的，儘管大多數人都認為金錢是萬惡之源。金錢成功者在創造個人財富的同時，也對他人和社會作出了重要貢獻。大體來說，財富意味著無盡的資源，供應個人渴望或需要的一切。

　　只有正視金錢的意義和價值，我們才能獲得成功，背叛金錢的人，金錢決不會成為他的僕人的。既然如此，金錢成功者的賺錢哲學都有哪些呢？或者說他們是如何實現金錢成功的呢？

　　在金錢成功者的心目中，金錢是一切愛的泉源。對他來說，錢就是掌聲、表白、讚許、命運寵愛的物質表現。他從金錢中得到的快樂，不亞於別人從戀愛、子女、上帝的愛、藝術、某一目標或職業熱情以及褒獎中所得到的感受。

　　阿爾佛萊德‧克虜伯生於 1812 年，死於 1887 年。他曾經使克氏家族的財富向前踏進最大一步，他屬於高估金錢的典型。溺愛他的母親去世時，他寫信說：「世上只有一樣東西能動我心，那就是金錢。」喪事和金錢根本扯不上關係，所以他立刻回到公司，監視新的湯匙生產線。

　　他太注重事業了，結婚的時候，竟然在鋼鐵廠中間為太太建了一個家。在這個家裡，他透過鑲玻璃的小孔，監視工人穿過工廠的大門，記下遲到的人員。不久以後，新娘的嫁妝就被油膩膩的煤渣和油煙弄得汙跡斑斑。但是，他正在賺大錢，那又算得了什麼呢？小屋側壁上的玻璃被重重的蒸汽錘震碎了，使得「花園小屋」搖搖欲墜。但是對克虜伯來說，這些刺耳的噪聲卻是甜美的樂聲。

有一次，太太要求帶她去參加音樂會，他回答說：「很抱歉，絕對不可能！我必須看著煙囪繼續冒煙，時刻聽到風箱的聲音。對於我來說，那才是音樂，而且比全世界上任何一個著名樂團的演奏都要完美。」

金錢成功者的本質就是熱愛金錢。陷入金錢情網的人把自己看成商業冒險家、石油大王、棉花大公、帝國建造者，最差的也是一位盜賊王子。

加拿大籍的報業大佬華佛・布魯克爵士曾表示：「一個人若想做大商業家，就必須連胃腸裡都能感受到交易所帶來的滿足。那些交易一定要能震撼他的生命纖維，就像藝術家被畫面的構想震撼一樣。在現代世界裡，會賺錢的頭腦才是最高智慧的頭腦。為什麼？因為最多人追求的東西會產生最尖銳的智慧競賽。」

描寫美妙金錢夢想的最好小說，乃是史考特・費茲傑羅的《大亨小傳》。它的主題是愛情與金錢的混亂。小地方來的窮少年蓋茲比愛上了黛西的聲音，因為那聲音「充滿了錢味兒……就是它所帶來的無限魅力，它的叮噹，它的謳歌……她是高踞在白色宮殿裡的國王愛女，金色的少女……」。從一開始，愛情和金錢彷彿就可以互換。蓋茲比認為，若他賺了大錢，就完全可以贏得黛西的愛慕。

為此，夜晚躺在床上，最怪誕、最好笑的狂想常在他眼前出現。一個不可名狀的豪華世界在他腦中迴轉……每天晚上他都增添了新的幻想內容，直到瞌睡蟲結束某些生動的畫面，他昏昏睡去為止。

當你對金錢充滿了無窮的想像，能清晰地描繪出金錢成功的未來；一旦你專注於金錢，即熱愛金錢，你的大腦就會為你的成功找到各種途徑。

《閣樓》的創辦人兼攝影師，生於布魯克林的鮑伯・古喬內，他是一個把不可名狀的豪華夢幻世界變成現實的人。他白手起家，幾年之間就

建立了價值 7500 萬元的事業，而且驕傲地宣稱一切都屬於他自己，因為他沒有銀行貸款，沒有後臺老闆，沒有股票。

他的雜誌在美國銷路超過 200 萬份，是美國出版史上成長最快的出版品，而且這種盛況是在不到 3 年的時間裡造成的。創刊 20 年的《花花公子》每出 5 本，古喬內的雜誌就銷了 3 本。

金錢成功者不認為自己是頭腦死硬的賺錢商人，而是肩負賺錢使命的人。不管是開拓新的貿易領域，殖民新的疆土，供給世界越來越好吃的漢堡，或者是提供性疾病的治療服務，無論他從事哪種行業，他是注定要成功的。

古喬內不無驕傲地斷言：「世人買奶頭，商家就賣奶頭，這是某些商業者的態度。我可不是這樣。正因為我的賺錢態度，所以我成功了，他們失敗了。

下列的話正好表明他的信條：「我盡量領先市場，我盡量站在進步的一邊。我具有同行中別人所沒有的美學觀念。我沒有股東，我獨身一人。金錢對我只是成功的氣壓計。我是建築家、創造家，我是帝國開山祖師。我賺的錢一輩子也花不完，甚至我孫子也花不完。但我還要繼續下去，只因為我永遠不滿足。我要擁有無線電臺，我要擁有電視臺，我要擁有報社。因此，我要繼續建造，建造，再建造。」

金錢成功者把金錢作為自己的心愛之物，他把自己的所有激情都轉移到金錢上，把賺錢看成自己的使命感。這種人注定是要金錢成功的。

在日常生活中，我們都承認金錢並不是萬能的，但沒有金錢是萬萬不能的。因此，任何一個人都沒有必要因熱愛金錢而感到羞恥。所有金錢成功者，都能以正確的態度對待金錢──熱愛金錢，把賺錢看成自己的使命。因為，金錢是個喜怒無常的傢伙，不但喜歡背叛，而且憎恨背叛者。

致富者的必備素養

繼承大筆財富，最主要的缺點在於，經常會使繼承者變得懶惰並失去自信。有這樣一件事：玫克林夫人生下了一位男嬰，據說，他將可繼承上億美元的財富。當這個小嬰兒被放在嬰兒車中，推出去呼吸新鮮空氣時，四周擠滿了護士、助理護士、偵探，以及其他各種僕人，他們的責任就是要防止這個小嬰兒受到任何傷害。從那時到現在已有很多年了，但這種警戒情況仍然繼續維持著。任何僕人能夠做的事情，皆不准他自己去動手。他已經 10 歲了。有一天，他在後院玩耍時，發現後門並未關上。在他一生中，他從未獨自一個人走出那個後門，因此，很自然的，他心裡希望能夠這樣做。就在僕人們未注意到他的那一瞬間，他立刻從後門衝了出去，向著街道跑去，但還未衝到馬路中央，就被一輛汽車撞死了。

他一向使用僕人們的眼睛，以至於忘了利用自己的眼睛，當然他如果早點學會相信自己的眼睛，它們必然會為他提供服務。

拿破崙‧希爾曾擔任某位大富翁的祕書。那位先生將他的兩個兒子送到外地上學。拿破崙‧希爾的工作之一就是，每個月各開一張 100 美元的支票給他們。這是他們的「零用錢」，可供他們隨意花費。後來，這兩個人帶著他們的文憑回家了，他們還從學校中帶回了文憑以外的其他東西——久經訓練的好酒量。因為，他們每人每月所收到的 100 美元，使他們不必去為生活奮鬥，也因此使他們有機會去好好訓練他們的酒量。

幾年之後，他們的父親破產了。他那棟豪華大住宅，已經公開拍賣

出售。兩兄弟中，有一人死於精神錯亂，另一人現住在精神病院中。

並不是所有的富家子弟都有如此悲慘的下場，但是，事實仍然如此：懶惰會造成畏縮，畏縮會導致進取心及自信心的喪失，一個人缺乏這些基本的優點，終其一生都要在不穩定中生活，就如同一片枯葉隨風飄蕩。

許多人能夠在這個世界上功成名就，主要是因為他在生命初期即被迫為生存而奮鬥。許多做父母的因為不知道從奮鬥中可以培養出進取心，所以他們會這樣說：「我年輕時必須辛苦工作，但我一定要我的孩子能過得舒服。」真是既可憐又愚笨的人呀。生活過得「舒服」，通常反而會害了孩子們。在這個世界上，還有比被迫勞動更悲哀。但被迫工作，以及強迫自己作最好的表現，並使你培養出節儉、自制、堅強的意志力、知足常樂及其他一百項以上的美德，這些都是懶惰的人永遠得不到的。

如果你只是從事你的報酬份內的工作，那麼你將無法贏到人們對你的有利評價。但是，當你願意從事超過你報酬價值的工作時，你的行動將會促使與你的工作有關的所有人對你做出良好的評價，而且還將進一步建立起你的良好聲譽。這種良好的聲譽，將給你帶來更多的報酬。

卡洛・尼斯起初是汽車製造商杜蘭特的助手，後來成為了杜蘭特手下一家汽車經銷公司的總裁，他談晉升過程時說：

「當我剛去替杜蘭特先生工作時，我注意到，每天下班後，所有的人都回家了，但杜蘭特先生仍然留在室內，而且一直呆到很晚。因此，我也決定在下班後留在辦公室內。沒有人請我留下來，但我認為，應該有個人留下來，必要時可對杜蘭特先生提供任何他所需要的協助。

「因為他經常在尋找某個人替他把某種公文拿來，或者替他做個重要的服務，而他隨時都會發現，我正在那兒等待替他提供任何服務。他後

來就養成了呼叫我的習慣。這就是整個事情的經過。」

卡洛・道尼斯的「任勞任怨、不計報酬」既鍛鍊了自己的工作能力，又贏得了老闆的好評和信任，最終被提升到很好的職位，這些都是「不計報酬」而帶來的報酬。

拿破崙・希爾有一次被一所學院邀請去講學。他受到從未有過的熱烈的歡迎，並遇見了許多可愛的人士；從他們身上得到了許多珍貴的教益。他說此行不虛，因此婉言拒絕了學校付給他的 100 美元報酬。

第二天早晨，學院院長對學生動情地說：「在我主持這家學院的 20 年期間，我曾經邀請過幾十位人士前來向學生們發表演說。但是這是我第一次知道有人拒絕接受他的演講酬金，因為，他認為他已在其他方面有所收穫，足以彌補他的演講酬金。這位先生是一家全國性雜誌的總編輯，因此，我建議你們每個人都去訂閱他的雜誌。因為，像他這樣的人，一定擁有許多美德及能力，是你們將來離開學校，踏入社會時所必須用到的。」

不久，拿破崙・希爾所主編的那家雜誌社收到了這些學生 6000 多美元的訂閱費。在以後的兩年當中，這所學院的學生以及他們的朋友一共訂閱了 5000 多美元的雜誌。

請問，你能夠在別處以其他方式投資 100 美元，而獲得如此大的利潤嗎？

有一句俗語：吃小虧占大便宜。比如百貨公司熱情接收顧客的退貨，不僅促使他們改進工作，而且會獲得廣大顧客的信賴，購物者因此更多，這難道不是很大的便宜嗎？

A 先生是一個樂天知命的商人，不論治談生意成功與否，臉上常掛笑容，走起路來昂首挺胸，「不怨天，不尤人」，朋友都很喜歡與他為伍。

B先生則為人悲觀，對顧客沒精打采，一遇困擾就愁眉苦臉。受他的影響，他的員工工作熱情平平，上下關係緊張。

由於A、B兩人處世的態度不同，做事的方針便有差異。A先生樂觀積極，員工也活躍起來，遇有新構思、提議，也樂於同A先生分享，公司上下充滿於勁，富有進取精神。B先生的公司恰恰相反，員工們受他的影響，悲天憫人，公司上下缺乏闖勁，這家公司無疑難以發展。

會賺錢的人肯定是A先生的同路人。因此建議朋友們抬頭挺胸，談笑風生，用快樂感染周圍的人。保持活力的形象有助你賺錢。

另外，你找朋友也要找樂天派，從他們的身上感受積極向上的情緒，你也會跟著積極向上。

我們經常在電視上看到這樣的鏡頭：「一個上了年紀而精神不錯的男人手臂上挎著一位妙齡女郎。這位男人往往是位成功的男人，在他身上仍有年輕人精力充沛、旺盛的影子。所以，人們看到這老少一對，並不會產生不協調的感覺。有時候，他們往往會今看到他們的年輕人汗顏。

一個人只有精神力充沛，才能對所從事的事業鍥而不捨。這裡不妨對你說，健康的身體才是賺錢的本錢。因為身體不佳，對於自己，對於世界都會失去希望。

隨著年齡的增長，不但要保養好你的身體，而且要永擦一顆年輕的心。如果你憂鬱寡歡，多愁善感，毫無自信，失去了追求和目標，你的身體也會隨之快速衰老。讓你的生理年齡（貌齡）和心理年齡，都大大小於你的實際年齡，你將更吸引人，特別是異性。

因此，每天愉快地生活吧，不要太勞心。

越謙虛的人，越能賺到錢。

擁有客氣的態度，對於生意人來說具有特別的意義，即所謂和氣生財。對顧客要低姿態，是生意人的根本。

美國石油大王洛克斐勒說：「當我從事的石油事業蒸蒸日上時，我自始至終晚上睡覺，總會拍拍自己的額角說：『如今你的成就還是微乎其微！以後路途仍多險阻，若稍一失足，就會前功盡棄。切勿讓自滿的意念，攪昏你的腦袋，當心！當心！』」這句話的意思也是勸說人們要謙虛，尤其在稍有成就時應特別當心，不要驕傲。

人們大都會有這麼一種想法：愈是謙遜的人，你愈是喜歡找出他的優點來推崇；愈是把自己的所作所為看成了不起，孤傲自大的人，你愈會瞧不起他，更喜歡找出他的缺點，加以全力攻擊。洛克斐勒正是明白這個道理，才說出這番話，並且從中獲益的，因為經過一番警惕後，因小有所成而引起的過度興奮的情緒，便可平靜了。

樂極就會生悲，過度興奮就會出差錯。就像打麻將一樣，胡了一個大牌就會心慌，接下來如果情緒不穩定就會出錯牌。

金錢就像流水一樣，由高處往低處流，愈到下游，覆蓋的面積愈大，土地也愈肥沃。賺錢的情形就是這樣。採取低姿態，謙虛、滿懷感謝之心的人，金錢會順流向他而去。愈是有涵養、穩重的君子，態度愈謙虛；相反的，毫無內涵、輕薄的小人，態度愈驕傲。

愈是賺大錢的人，態度愈謙虛。想要賺錢你就要有謙虛的態度。如此，金錢必會像水一樣，不間斷地向你湧來。

拿破崙‧希爾曾向一家公司董事長推薦一位具有相當水準的朋友。他是個賺錢的料，能力非常強。假若這位董事長能重用他，對公司一定有很大幫助。

這位朋友備受董事長的信任。他所設計的商品，推出後沒多久，就受到大眾的歡迎，賺了一大筆錢。

可是，賺了錢的董事長卻沒有將紅利分給這位朋友，他得到的仍是固定的月薪而已。

這位朋友很快就被另一家同行公司「挖」走，這位朋友對那位董事長也疏遠了，由此，失去了這位朋友，這位董事長也失去了很多賺錢的機會。

　　這位董事長是位典型的具有獨占利益觀念的人。也許他也想到這樣的不好，可是原始的戀財之心使他原諒了自己。這位董事長既有能力又有經驗，只是他的獨占之心限制了他的事業發展。

　　有些人在還沒有賺錢之時，也許有這樣的想法：「等賺了錢。我一定要好好回報他們。」「要是賺了錢，我一定把其中幾分之幾拿出來，分配給大家。」可是一旦錢賺到手，想法則完全變了，稍有良心的，只拿出少之又少的一部分來「犒勞」大家。這樣的人，太貪心，最終結局一定是眾叛親離。

　　就如同男女之間性生活一樣。男方一味地考慮自己，每次想的是自己的滿足，而不顧女方是否與他一同分享快感。如此長久下去，這對男女走的必是分離的道路。

　　越是富有的人，越不會鋪張浪費，揮金如土；而錢少的人則往往喜歡打腫臉充胖子來擺闊氣。

　　就以旅行為例，真正的大富翁每次全家出外旅行時，穿的都是輕便的牛仔裝、球鞋。他們並沒有感到寒酸或丟人現眼。可相反則是，每次出外旅遊的觀光者們，經常是穿金戴銀的，好像唯恐天下人不知道他（她）很有錢似的。殊不知，這樣一來，這些遊客正好成了扒手們最好的行竊對象。

　　事實上，越是有錢的人。往往不在乎使用廉價物品，而沒有錢的人卻怕生活使用廉價物品會降低了他們的身分。這種心態可以說是人類的一種悲哀。

自信：加速賺錢的關鍵

商場上千變萬化，不管發生什麼事，金錢成功者自我理想化的能力都是一樣的，他把任何生意都化成十字軍的聖戰，而且，高尚的情操不容干擾到賺錢的事業。

在汽車公司老闆多納‧史托克眼中，他的利蘭汽車公司和前英國汽車公司的合併是為了國家的利益。他用魔鬼的手段排除了擋路的人，而且一點也不受良心的責備。

英國汽車公司的首腦喬治‧哈里曼爵士就這樣慢慢地陷入無法防守的境地，然後被「趕出去」的。在投降的那一刻，即將簽約放棄權力和地位的時候，被挫敗的汽車頭子生病了，被送到了倫敦診所。血壓高得嚇人，醫生要他完全休息兩週。第二天，在診所裡，他在半昏醒的狀態下終於簽了字。

在日後變成爵士的史托克的人生哲學裡，這種商業技巧是為了大英工業的更高目標，所以並沒有什麼不妥。

今天，很多的環境汙染和資源匱乏，都是 19 世紀中期到 20 世紀中期的金錢成功者假借擴充人類知識領域、利用地球能源、創造財富或發揮人類探索行動等藉口造成的。

伯尼‧康費爾曾在瑞士坐過牢，他在服刑的時候寫信告訴他的推銷人員：「不要自以為是業務員或商業代表，而要自視為傳教士、博愛主義者或政治家。」

在美國的大商業傳統中，曾有不少強人為傑出的銷售數字而狂歡、哭泣。公司的團歌使總經理感動得為公司賣命，就像軍人甘願殉國一

樣。高談闊論、盛大的開幕典禮、地位的象徵、漂亮的祕書、嚴肅的哈佛助手、安慰戰士休假的應召女郎，這一切進展和交易的陷阱都是用來鞏固賺錢的浪漫肖像。

「業務員變成了獵人，」有一份 ISO 的報告談到最後階段的銷售競爭時說，「1216 位獵人圍攻最後的林區，獵財史上從來沒有這樣轟轟烈烈的叢林哨音。」

金錢成功者假如沒有自我理想化的技巧，幾乎沒有幾個成功者敢面對自己。無論做什麼，他必須使生意迷人、有價值，否則，他怎麼會產銷美國食品藥物管理局判定沒有衛生效果、甚至可能有害的陰道除臭劑，而且每年在美國銷售業績達到 5000 萬元呢？終年生產、銷售香菸的人又怎麼會安心活下去呢？

當一個人的產品沒有多大用處，或者對人有害，賺錢的浪漫神話就將取代創造和服務他人的正常滿足與歡樂。

米爾頓在《失樂園》中描述一群被「財魔」教壞的人：「……用不虔誠的手掠奪他們大地母親的內臟，尋找蘊藏的財寶。」

對自己隱瞞金錢動機，他只注視迷人的大計劃，而且會不擇手段。如果尋找「傳說中的寶城」需要如此，那他就勇於冒最大的風險。

大財富的渴求最初起源於嬰兒對無窮外在資源的渴望。因此，我們可以斷言，金錢成功者是曾經認識這種資源、從此就一直幻想再得到這種資源的人。

記憶中的完美情況屬於他過去支配一切的時光，那時他曾經擁有供應一切的資源。豐富的胸脯屬於他，而且充滿奶水，他簡直富到極點。

就在這個貪婪、占有慾極強的任性小孩身上，未來富翁和獨占家的特質都已有了先兆，往後的侵占技巧也許會文雅些、進步些。

但是，在生命最初幾個月，這種個性卻非常粗野，想要擁有並控制無數

的資源，堅信自己有力量如此，他的力量就是利用靈巧的舌頭，無情地摧毀敵對者，把自己和母親胸脯的特殊關係美化成偉大的傳奇。餵得這麼飽，這麼受縱容，一定有一個很慈愛的母親，而先決條件一定是自己要可愛。

由於曾經獲得如此完美的愛，使他成為一個完美主義者，永遠渴望無窮的資源。又因為世人不可能達到這一點，所以，他通常在金錢中尋找滿足。這種人必須一直收穫豐富的報酬，才能有被愛的感覺。他要在世上尋找那份報酬，而且為他的行動加上最高的動機。

挖掘石油、瓦斯、銀、金、鈾，或者開發出橫掃市場的產品，或大撈一票，都使他覺得很快樂，不管這種成功有沒有真正的價值。因為在他眼中，這些都是慈愛命運垂憐的報酬。

他尋求的不是有錢的狀況，而是富足的經驗，因此他勇往直前，他要使公司擴充成更大的單位，他要增加利潤，他要開啟新的貿易領域。

他堅信自己肩負一項使命，無論是推廣一種南方炸雞也好，還是用刮鬍膏使世界成為更芬芳的居所也好。他的摩天大樓改善了天際線，他那空空的辦公樓區是他的紀念碑，就算面對他所積聚的一大堆過剩的財富，以及他所製造的無用物品，他認為自己的財產仍然不算多，正如沒有人嫌愛多一樣。

金錢成功者是非常自信的，認為他的要求都可以得到。他不僅在思想上如此，而且會把這種大信心和大權威用在行動中，用在日常關係中。於是，他內外統一，渴求的財富當然會來了。也可以這樣說，勝利成為他生活的常態。在人類歷史上，無數事例證明，優柔寡斷的人根本無法贏得真正的成功。因為他沒有信心下決定。一個沒有自信心的人，會有金錢流向他嗎？

不管是喜歡空想的發明家，還是拓荒的企業家，金錢成功者都確信自己可以得到巨大財富。

● 熱情：金錢遊戲的基石

金錢成功者儘管極度渴望金錢，但他們否認金錢有刺激感官的力量，宣稱一切金錢活動都只是數字遊戲而已。

有些大公司負責應徵的人曾經到美國幾所大學和幾百位學生面談。令人驚訝的是，居然沒有人問起待遇的問題。

這些嚴肅的青年人有一個共同的特點，他們不允許錢的問題成為選擇職業的先決條件，即使他們要進金融界，情形也毫無差異。

幾年前《財富》雜誌發現，金錢已不再是努力工作的最大驅動力了。今天的商界頭子，也就是總裁、副總裁、財務經理和各部門主管等高階職員，都紛紛發現了實驗心理學和很多聖人早已知道的一點：

金錢不是一切。

《財富》雜誌概括說：「他們真正需要的，一是成就的認可，二是職位的尊嚴，三是經營的自治權，四是酬勞假。」

在這份清單上，金錢根本不算什麼。令人不解的是，這個人需要全心全地為公司和股東賺錢，才能換來那份職位上的尊嚴或休假。

在金錢成功者的心目中，獲得財富是他們畢生的動力。但是，他們也認識到金錢汙穢不堪的一面。他們猶如一個收洗禮錢的法國神父，鈔票從左手換到右手，彷彿沒事一般，只有財富的膨脹才讓他們興奮不已。

有一次，某企業研修負責人邀請外面的專家前來演講，但不知演講酬勞該訂多少，於是他請問那些專家希望酬勞多少，可是他們都回答

說：「隨便多少都沒關係，您自己斟酌吧！」後來這位負責人就自己訂了價碼。然而演講結束後，卻聽見專家們在外批評說：「那家公司請我去演講，才給那麼一點點錢，真不懂行情。」這位負責人猶如啞巴吃黃蓮，有苦難言。既然專家們事前已被詢問過希望待遇，事後實在不該責怪對方支付的酬勞太少。然而，實際上專家對酬勞總難以啟齒，因為每個人都怕在無意中傷害了自己。倘若自己說出的價錢比對方預想的還低，那就傷了自己的自尊心，等於自取其辱一樣。為了怕有這種情形發生，即使是正當合理的報酬，也不好意思從自己口中說出，尤其在東方社會中，談報酬似乎是一件頗為尷尬的事。

因此，理財專家建議，一方面可以僱請祕書，讓祕書站在第三者的立場，代替自己交涉財務問題；另一方面，如果在任何人際關係中，想大大方方接受應得的報酬時，不妨透過熟識的第二者轉達，再從第二者手中接過金錢，或由對方直接匯入銀行亦可。務必要擺脫人情的束縛，採取公事公辦的態度。此外，對於交情深的親友，接受禮物比接受金錢較為容易。

對很多人來說，公司是一個與自己分開的實體，即使實際上是他們構成了公司的全部，情形也不例外。公司是他們身外的某一樣東西，因此公司也就成為一個有用的替身，能容納個人所不喜歡的感覺。

在他們的心目中，公司是一間客房或化身。他不敢為自己能力要求過高的代價，然而借公司名義他就能說得出口。討厭推託金錢問題的人可以說「公司永遠不會付的」，這和「我永遠不付」可謂大同小異了。

假如要付一大筆款項，這種人認為由公司付款就好受多了，事實上，有時候他們自己就是公司的主人。他們可以簽出幾十萬元的公司支票，但是絕不掏自己的口袋付一張餐廳的帳單。有些富人老闆身上一文錢都不帶，常常向公司員工借錢，要他們記在公司的帳上。

餐廳老闆阿爾‧瓦羅說：「大家忍痛付出他的用餐費，然而卻是簽帳單，叫人到公司收帳，有時候其實是單人組成的公司，但是就算如此，公司付帳也還是不一樣，當然免稅也有關係，不過不足以解釋一切。」

無論是付錢還是收錢，其中的各種焦慮和擔憂都可以藉公司來緩和，個人並沒有完全捲進去。

公司變成私人所歡迎的模擬品。躲在公司後面，他覺得比較安全。和錢有關的危險、羞恥情緒都轉給公司了。勝利是很危險的，因為怕失敗者的報復。如果勝利歸於公司，挫折和災禍也歸於公司了。就這樣，金錢排除了個人的色彩。

個人的金錢動機可以完全掩藏在公司這個替代品之下。一位英國大工業家的話可以證明這一點。雖然他靠自己的努力組成了現在巨大的聯合企業（接收的企業超過 900 萬鎊），而且對效率顯出殘忍的忠心，他公開表示：「我並不很想積聚個人的財產，我並沒有打算這麼做（雖然已經辦到了）。我寧願自己寫出《聖馬修的熱情》，也不願成為現在的自己，擁有我已獲得的一切。基於性格，我寧可大家不知道我的名字。」

他是一個特殊的人物，感染到賺錢的某一種道德狂熱。他的辦公室是他控制 20 萬人的組織基地，他整理得有條不紊，桌面很乾淨。他的態度從容不迫，只有一箇中年的祕書隨時聽候他的差遣。絕對沒有什麼「氣氛」，也根本看不見大的戲劇性表現。他說大部分都是例行公事，主要就是坐在辦公桌前看報告，他必須大量吸收情報，才能做出決策。

談到他自己和他的成就，往往謙虛到自貶身價的地步。在特殊機會出現的特殊情況下，人總不致於完全不利用其中的優勢吧。只有談到這個話題時，他才透露出一種金錢的熱忱：

「事業是活的機體，它可以永遠地繼續下去。任何人都知道事業會比個人壽命更長，它有自己的生命，它必須被看成分離的東西。事業不應

該被當做某人性格的延伸，更不是自我的延伸。」

「商業活動的目標是迎合大家的需要、匱乏和願望。我的工作就是滿足那些需要、匱乏和願望，而且是以大於生產成本的價格供給顧客。從這一觀點來看，利潤正可以量度出我的活動有多少創造性。」

「創造財富就是以高於服務成本的價格去滿足接受服務的人。」

從這些金錢成功者的身上，我們不難看到很重要的一點，地就是工作的熱忱。這是參與金錢遊戲的基礎。任何人缺少了工作的熱忱，身體裡就缺少了成功的活力。

利用外部資金的智慧

致富，就是借用別人資金的事，沒有什麼難的。

是的，金錢成功的確很簡單，透過借用別人的金錢使自己的荷包鼓起來。亨利・凱撒、亨利・福特、華特・迪士尼、康拉德・希爾頓、威廉・立格遜等一干人，都是靠借貸而致富的。

下面，我們來看看雷克萊靠借款而成功的故事。

1947 年，雷克萊從英國陸軍退役下來，回故鄉巴勒斯坦遊玩了一趟，接著攜妻子定居在美國。一開始，他給別人做工來餬口。不久，他便聲稱，10 年內他將賺到 10 億美元。

他的計畫是這樣的：首先透過短期貸款把一個公司控制權取到手。接著用取得的公司資產去換取另一家公司的控制權。

一般他都採用第一種手段。你應重視他的這兩種辦法。倘若機會恰當，成為幾十個甚至上百、上千個公司的經理也不是什麼難事。

事實上，他的目標在10年並未能完成，再延長5年後他才達到目標。

那時，他在霍伍德證券交易所工作。後來他迷上了速度電版公司，即專門生產印刷用的鉛版和電版的公司。

那時公司的業務不是可觀，廠房裝置儘管都是一流的，但尚未有多少出色的業績。儘管也有股票，但價位始終不高。

雷克萊經過多次調查後，決心爭取到它。但若想將股票控制到手，只有讓這家公司股票形成強烈賣勢，從而取得控制權。

他將速度電版公司的歷年所有數據進行了仔細地研究，得出其中的經濟形態規律：公司內部的經濟效益整體還不錯，外部因素肯定和近期鉛價上漲有關。也就是說，公司客觀條件很好，但負責人水準太低。遇到意外，肯定會慌亂。如果動搖他們心理防線，加之從內部進攻，一定能成功的。

他利用在股票交易所認識的該廠股東——伍德，用很巧妙的方式從他身上開啟一個缺口，最後以20萬美元短期付款的方式從伍德手中取得了百萬元的股票。接著，他用到手的股票，將小股東們的股票收到自己手中。當該公司股票炒熱時，他已擁有該公司53%的股權。因此，他理所當然地成了該公司的董事長，並改公司名為「美國速度公司」。

不久，他又將美國彩版公司收歸旗下。

在一年中，他從小職員一躍到大公司董事長，的確讓人感到佩服。

他的主要策略就是利用別人的資金擴大自己的企業。

初試成功後，他決定到紐約去開拓事業。他到紐約後，為了提高知名度，在猶太商人間將他的「連環套經營法」公布於眾。沒料到招來紐約工商界的反感和批評。由於過去曾有人用過此法，但沒有成功。

雷克萊和李斯特進行了一次深刻的長談，這讓他意識到公眾和報紙的不贊成反而宣傳了他的知名度。於是在李斯特的介紹下，他成了MMG

公司的一員。他在該公司的發展可以說是沒有任何挫折。當該公司主要負責人退休時，他趁機將該公司買了下來，放到美國速度公司之下。就這樣，他在紐約有了創業的基石。

不久，他透過向該公司的另一股東轉賣 MMG 公司股票而控制了聯合公司。實際上也就是非直接地把兩家公司都收歸到他的旗下。

聯合公司的控制人之一格瑞是他下一個目標，因為和格瑞有聯繫的是 BTL 公司。雷克萊經過精確分析後，決定向 BTL 公司投資，這樣就能夠將它的控股權弄到自己的企業中。

然而 BTL 公司的規模是很大的，要想輕易地獲得它的控制權並非易事。於是他故伎重演，讓人們感覺該公司勢力弱，再大量購買他人拋售的 BTL 公司的股票，並且抵押上聯合公司的財產，把全部財力都投進了 BTL 公司。最後，雷克萊控制了 BTL 公司。

雷克萊自從控制了 BTL 公司後，名氣大振。1959 年《財星》上一篇文章這樣評論雷克萊：「雷克萊高明之處在於他先控制美國速度公司，接著透過它控制 BTL 公司，再透過 BTL 公司控制聯合公司，最後透過聯合公司控制 MMG 公司。」

雷克萊的目標不在於 BTL 公司，他又有新的經營之道。他把這些公司進行合併，即把 BTL 公司、聯合公司和 MMG 公司的各個銷售網進行合併，形成一個巨大的銷售系統。在這個連環套似的系統中，MMG 公司被雷克萊當作銷售主幹。這一系統的目的主要是為了把控制的渠道縮短，以助於管理。過去他透過 BTL 公司和聯合公司來控制 MMG 公司，現在，他透過控制 MMG 公司而間接控制 BTL 公司和聯合公司。

由上我們可以看到，雷克萊的「連環套經營之道」發生了重大變化。由以前的單線控制改為了現在的雙線或多線控制了。

雷克萊的遠大目標——大帝國式的集團企業——已具雛形，所以他

的野心更大了，他把視野由紐約而擴充到了全國，只要他認為哪個企業有利可圖，他都會參與進去，亂插一腳。1960 年，他的 MMG 公司以2800 萬美元買了俄克拉荷馬輪胎供應店的連鎖網。又過了不久，雷克萊又收購了經濟型汽車銷售網。

雷克萊儘管進行了多角式經營，並且也收購了兩個大規模的連鎖銷售系統，但這還不能讓他滿足，這與他的「10 億美元企業」的理想還有差距。1961 年，名為拉納的商店由於在經營上出現了嚴重問題，其老闆打算讓出經營權。這可是不容錯過的好機遇，拉納商店可是美國最大一定成衣連鎖店。因此他親自洽談了這件事，最後雙方以 6000 萬美元的價格達成協定，拉納歸屬雷克萊。

雷克萊早已習慣「不使用現款」的策略，他的下屬企業像滾雪球似的越滾越大，其發展速度也加快了很多。短短幾年中，他又收購了處於紐約基層零售連鎖店主導地位的柯萊百貨店和頂好公司，還買下了生產各種建築材料的賈奈製造公司和世界聞名的電影公司——華納公司，還有國際乳膠公司、史昆勒蒸餾器公司。上述這些公司都由 MMG 公司控制。雷克萊的基地公司美國速度公司也飛速壯大。在很短的時間裡，他不斷收購了很多的公司，都由他自己來控制，其中很有影響的有：全美最大的成衣企業科恩公司和李茲運動衣公司。而到最後，當雷克萊把李斯特的格倫‧艾登公司也收購為己有時，雷克萊的企業已經達到了他的理想目標，他的總資本也已經超過了 10 億美元。

雷克萊憑藉「低契」的方法擴大企業的規模，其中包括合約書和抵押權狀，經歷了嚴峻的考驗，即他在擴充合併來增大企業規模的道路上也很坎坷。不是一帆風順的。在吞併的過程中，兩次大的危機差點沖垮掉他苦心經營的基業。

1963 年，由於謠傳，市場受到很大衝擊，股票價格發生大幅度的變

動。恰好那時還有一家頗具影響力的雜誌批評雷克萊的企業結構——倒金字塔式——有很大的問題，使敏感的投資者感到恐慌，他們就像驚弓之鳥，其中有一些人開始大量拋售雷克萊的股票，造成股票價格的大幅度下降，這大大影響了雷克萊集團企業的生意。幸虧雷克萊在商場上有很好的人緣，當他的股票價位大幅度下跌時，至少有兩家實力雄厚的大企業集團全力支持雷克萊，用巨資收購買進雷克萊的 20 萬股股票，總算沒有使雷克萊亂了陣腳，也穩住了股民的心。

然而禍不單行，又有新的危機持續地襲擊他，而且這危機都是他企業內部產生的。股票風波剛剛平息之後，雷克萊又有新的計畫。當時他急需一大筆現金，於是他打算先把拉納商店賣給格倫·艾登公司（當時雷克萊還沒有收購格倫·艾登公司）。但他的股東們都不同意這項措施，從而使這個提議失敗。這倒沒什麼，最多是不進行這項計劃，糟糕的是不知道誰把這個訊息給透露出去了，使 MMG 公司的生意受到衝擊，股票價位大跌，也影響了其連鎖企業——美國速度公司——的股票價位。

這次雷克萊又陷入新的危機，因為計劃夭折，使他沒有現金能夠動用，整個系統瀕臨崩潰的邊緣。儘管雷克萊擁有龐大的企業系統，但卻沒有幾千元現款來償還債權人，他只有向債權人低頭，因為他提款的所有渠道都被銀行大廠們封鎖了。同時，雷克萊集團企業中的大股東們和分支機構的上層人物都在頻頻地召開會議，商議雷克萊是不是有能力繼續充當集團企業的總裁。內部壓力很大，外面的情況也不是很樂觀，好多敏感的投資者對雷克萊的股票都表示不滿意，對他很失望，都爭著拋售雷克萊的股票。

然而雷克萊作為億萬富翁的成功者，當然不會被一個困難輕易地擊倒。這點小困難只能鍛鍊他，不會擊垮他，他以他的智慧，很快擬定了

一個整頓計劃，然後提交董事審議。經過股東們認真稽核，股東們都一致認為雷克萊的方案切實可行，能給整個集團企業帶來好處，因此仍由雷克萊主持公司的事務。

雷克萊的企業發展道路坎坷不平，它剛剛步入正軌還不到 2 年的時間，又有一次打擊不期而至。

1965 年，MMG 公司向銀行貸款的期限到了，而貸款的銀行因雷克萊幾次風波的影響對他失去信任，不同意雷克萊的延期支付。這次對他的打擊非常大，使他驚慌失措。這個大企業剛剛步入正軌，經營剛正常化，要想馬上支付銀行的鉅額現款，這是無論如何也辦不到的。然而更嚴重的是，銀行的貸款一撤回，會導致其他債權人對雷克的懷疑，他們都會紛紛向雷克萊索要借款，這種雪上加霜的行為無疑使局勢更加嚴峻。

雷克萊四處託人打通關係，企圖渡過難關，但是所有努力均以失敗告終。幾位銀行家企圖清理他的企業。在債權人大會上，那些銀行大廠想讓李斯特來接替雷克萊，宣稱他們將全力支持李斯特，因為李斯特的格倫·文登公司資本最雄厚，並且經濟狀況不壞。但出乎人們的意料，李斯特不僅沒有答應，反而一口回絕了這項提議，而且還作為債權人在大會上給了雷克萊有力的支持。大家對此都表示不解。這使得銀行家們的企圖破滅了。到後來也不知是出於什麼原因，李斯特還自願將格倫·艾登公司賣給雷克萊，這又是意外之舉。就這樣，雷克萊的聲勢大大提高了，銀行大廠只有放棄擠垮他的打算。

經過雷克萊苦心經營，公司初具規模。美國速度公司和 MMG 公司，這兩個大系統控制的企業也有 20 多個，並且每個企業都擁有自己的龐大的連鎖銷售網；但是雷克萊並不滿足於「實現 10 億美元」的夢想，他有更遠大的目標。好比山外有山，這山望著那山高，他想經營一個全

美最大的只屬於猶太人的集團公司。

1967 年，雷克萊又想擴大企業規模，他把格倫・艾登公司的股權作了抵押，買了美國一家頗具名氣的制酒公司——史肯勒公司 20% 的股權，史肯勒公司是一個年營業額高達 5.5 億美元左右的大公司。雷克萊在收購這家大公司的時候，遇到了很大的麻煩。當時勞拉德菸草公司正打算與史肯勒公司合併，這樣雷克萊就碰到了這個強而有力的競爭對手。雷克萊為了控制史肯勒公司，加大力度影響該公司，他只有增加對該公司股票的購買。然而由於勞拉德菸草公司的介入，雷克萊未能如願以償。不過，雷克萊卻用了短短 10 天左右的時間，淨賺 200 多萬美元。

借用他人資金是金錢成功的重要手段，然而你必需明白幾條原則：

第一、你個人要正直、誠實和守信，行動要合乎道德標準。

第二、你要按時把別人的借款和利息還清。

第三、你要時刻記著，借用他人資金成功是有一定週期的。

借用資金的策略

「商業？這是十分簡單的事。它就是借用別人的資金！」小仲馬在他的劇本《金錢問題》中這樣說。

是的，商業是那樣的簡單：借用他人的資金來達到自己的目標。這是一條致富之路。

借用「他人資金」的前提條件是：你的行動要合乎最高的道德標準：誠實、正直和守信用。你要把這些道德標準應用到你的各項事業中去。不誠實的人是不能夠得到信任的。

「借用他人資金」必須按期償還全部借款和利息。

缺乏信用是個人、團體或國家逐漸失去成功諸因素中的一個重要因素。因此，請你聽從明智而成功的班傑明‧富蘭克林的忠告。

富蘭克林在 1748 年寫了一本書，名為《對青年商人的忠告》。這本書討論到「借用他人資金」的問題：「記住：金錢有生產和再生產的性質。金錢可以生產金錢，而它的產物又能生產更多的金錢。」

富蘭克林又說，「記住：每年 6 鎊，就每天來說，不過是一個微小的數額。就這個微小的數額說來，它每天都可以在不知不覺的遭遇中被浪費掉，一個有信用的人，可以自行拉保，把它不斷地累積到 100 磅，並真正當作 100 磅使用。」

富蘭克林的這個忠告在今天具有同樣的價值。你可以按照他的忠告，從幾分錢開始，不斷地累積到 500 元，甚至累積到幾萬元。這就是希爾頓做到了的事。他是一個講信用的人。

希爾頓旅社公司過去靠數百萬美元的信貸，在一些大機場附近為旅客建造了一些附有停車場的豪華旅社。這個公司的擔保物主要是希爾頓經營誠實的名聲。

誠實是一種美德，人們從來也未能找到令人滿意的詞來代替它。誠實比人的其他品質更能深刻地表達人的內心。誠實或不誠實，會自然而然地展現在一個人的言行甚至臉上，以致最漫不經心的觀察者也能立即感覺到。不誠實的人，在他說話的每個語凋中，在他面部的表情上，在他談話的性質和傾向中，或者在他待人接物中，都可顯露出他的弱點。

雖然這裡似乎只是論述如何借用別人的資金，但它也強烈地提出品德問題，誠實、正直、守信用和成功在事業中是交錯在一起的，一個人具備了其中的第一種——誠實，就能在他前進的道路上一獲得其餘三種。

威廉·立格遜是另一位有信用和誠實的人，他的書特別指出如何在不動產的領域中利用你的業餘時間，借用他人資金賺錢。他在《我如何利用我的業餘時間把 1000 美元變成了 300 萬美元》一書中說：「如果你給我指出一位百萬富翁，我就可以給你指出一位大貸款者。」為了證實他的說法，他指出了一些富人，如亨利·凱撒、亨利·福特和華特·迪士尼。

我們還願意指出：查理·賽姆斯、康拉德·希爾頓，威廉·立格遜等，都是靠銀行家的幫助，靠貸款致富的。

銀行的主要業務就是貸款。他們借給誠實人的錢愈多，他們賺的錢也愈多。商業銀行發放貸款的目的是為了發展商業，為了奢侈的生活貸款是不受鼓勵的。

銀行家是你的朋友，這一點是很重要的。他可以幫助你，因為他是那些渴望見到你成功的人中的一個。如果你的銀行家很內行，你就要傾聽他的忠告。

一個通情達理的人絕不會低估他所借到的一元錢或者他所得到的一位專家的忠告的價值。正是使用了他人資金和一項成功的計畫，同時加上積極的心態、主動精神、勇氣和通情達理等成功原則，才導致一個叫做查理·賽姆斯的美國孩子變成了鉅富。

德州東北部達拉斯城的查理·賽姆斯是一位百萬富翁。然而他在 19 歲時，除去找到了工作和節省了點錢以外，並不比大多數十幾歲的孩子更富裕。

查理·賽姆斯每星期六都定期到一家銀行去存款，這家銀行的一位職員便對他發生了興趣。因為這位職員覺得他有品德，有能力，並且又懂得錢的價值。

所以當查理決定自行經營棉花買賣的時候，這位銀行家就給他貸了款。這是查理·賽姆斯第一次使用銀行貸款。正如你將看到的那樣，這並不是最後一次貸款。於是他領悟到——你的銀行家就是你的朋友。並且從那時起，他的這個看法一直在受到證實。

這個年輕人成了棉花經紀人，大約過了半年以後，他又成了騾馬商人。成功使他深刻地領悟到一個人生哲理——通情達理。

查理當了騾馬商人幾年之後，有兩個人來找他，請他去為他們工作。這兩個人已經贏得了卓越的保險業務員的良好聲譽。他們來找查理，是因為他們從失敗中取得了一個教訓。

這兩位業務員成功地推銷人壽保險單達許多年之久，他們受到激勵，自己創辦了一個保險公司。他們雖然是出色的業務員，但卻是彆腳的商業管理員，因此，他們的保險公司總是賠錢。

人們常常認為要想在商業中取得成功，只有依靠銷售。這是一分荒唐的見解，拙劣的經營管理賠錢的速度比賺錢的速度更快。他們的苦惱就是他們倆人中沒有一個是優秀的管理人員。

但是他們取得了教訓。他們在見到查理時，其中的一個對查理說：

「我們是優秀的業務員。現在我們認識到我們應當堅持自己的專長——銷售。」他猶豫了一會，審視著這位年輕人的眼睛，又繼續說：

「查理，你有良好的經營知識，我們需要你。我們合到一起就能成功。」

他們就這樣合到一起做起來了。」

幾年以後，查理·賽姆斯購買了他和那兩個業務員所創辦的公司的全部股票。他怎樣得到這筆錢的呢？當然，他是向銀行貸款的。記住：他很早就領悟到，應把銀行家作為自己的朋友。

在當年，這個公司的營業額就幾乎達到了 40 萬美元。就在這一年，這位保險公司經理終於發現了迅速發展的成功途徑，而這個途徑正是他長期以來一直在尋找的東西。他從芝加哥一家保險公司應用「提示」成功地發展銷售業務中受到啟示，找到了成功的途徑。

那時有些銷售經理業已多年應用所謂「提示」制度來開拓新的業務。銷售員如果有了足夠、良好的「提示」，就常常能夠獲得巨大的收入。那些對某種業務有興趣的人所提出的詢問就叫做「提示」。這種「提示」一般是由某種形式的宣傳廣告而獲得的。

也許你根據經驗已體會到，由於人的天性，許多銷售員羞於或害怕向那些他們所不認識或以前沒有個人交往的人推銷東西。由於這種恐懼心理，他們浪費了大量的時間，他們本來可以用這些時間找到可能成為顧客的人。

即使是一位很一般的銷售員，如果他獲得不少的「提示」，他就會因受到激勵而去訪問那些提出詢問並可能成為顧客的人。因為他知道：當他獲得良好的「提示」時，他就能找到合適的銷售對象，銷售就可能成功——即使他本人也許只受過很少的銷售訓練，或者只有很少的經驗。

如果無論什麼樣的先決條件都沒有，一個人被迫去銷售，就會感到恐懼，但如果這個人有了「提示」，他就不會那樣恐懼了。有些公司就根據這樣的「提示」而制定整個銷售計劃。

廣告是用以獲得「提示」的方式。但是登廣告費用很大。

查理·賽姆這樣正直、有計畫而又懂得如何執行計劃的人正是屬於這個銀行的業務範圍。

確實有些銀行家不肯花時間去了解他們當事人的業務，而州立銀行的職員凱特和其他職員卻願意這樣做，查理向他們解釋他的計畫。如

果，他得到了貸款，用以透過「提示」系統，建設他的保險公司。

正是由於這種信貸制度，查理・賽姆期在短短的十年期間把保險公司營業額從 40 萬美元發展到了 400 萬美元以上。正是由於他在投資活動中能借用他人獎金，所心他擁有對若干企業利潤的控制權。

斯通曾經用賣方自己的錢買了價值 160 萬美元的公司。

斯通曾介紹這筆買賣的經過：

「那時是年底，我正在從事研究、思考和計劃。我決定了下一年我的主要目標是建立一個保險公司，並使它能獲准在幾個州開展業務。我把完成此項計劃的最後期限定在下一年的 12 月 31 日。

「現在，我知道我需要什麼了，達到這個目標的日期也定了。但是我不知道怎樣去達到這個目標。這實在不是很重要的事，因為我知道我能找到這個途徑。因此，我想我必須找一個公司，它要能滿足我的兩個需要：它有出售事故和人壽保險單的執照；它能允許我在各州開展業務。

「當然，還有資金問題。但是，我想那個問題我會有辦法解決的……

「當我分析了我面臨的問題時，我認為，首先應當讓外界知道我需要什麼從而才會得到幫助。（這個結論並不違背希爾在《思考致富》中所提出的一些原則，在那本書中，他說：你要把你的確定的目標保密，除了對那些給你出謀劃策的人。）當我發現了我所想要購買的公司時，我當然要遵循他的建議，把雙方的協商保密，直到我結束了這筆交易為止。

「所以當我遇到工業界中能給我提供資訊的人時，我就告訴他我在尋找什麼。

「超級保險公司的吉伯遜就是這樣的人。我只是偶然地見過他一次。

「我以飽滿的熱情迎來了新年，因為我有了一個巨大的目標，並且

我已著手去達到這個目標。一個月過去了，兩個月又過去了，六個月過去了，十個月快過去了，但我還沒有物色到一個能滿足我的基本要求的公司。

「在十月的一個星期六，我坐在我的書桌旁，檢查了今年我實現目標的時間表。除去一件——重要的一件，一切都完成了。

「我對自己說：只剩兩個月了，有辦法的。雖然我不知道這是什麼辦法，但我知道我會找到這個辦法。因為我絕不會想到我的目標不會實現、或者它不會在特別限定的時間內實現。我相信：天無絕人之路。

「兩天後，奇蹟終於發生了。我正在書桌旁工作時，電話鈴響了起來。我拿起聽簡，一個聲音說道：『喂，斯通，我是吉伯遜。』我們的談話很簡短，我將不會忘掉它。吉伯遜十分急促地說道：「我想我這裡有一個你聽了會很高興的訊息：馬里蘭州的巴的摩爾商業信託公司將要清償賓夕法尼亞意外保險公司，由於它遭受了巨大損失。你當然知道：賓夕法尼亞意外保險公司歸巴的摩爾商業信託公司所有。下週四信託公司將在巴的摩爾召開董事會。所有賓夕法尼亞意外保險公司的業務已經由商業信託公司所屬的另外兩家保險公司再保險。商業信託公司副總經理的名字是瓦爾海姆。」

「我向吉伯遜道了謝，又問了兩個問題，就掛了電話。我突然想到：如果我能制定一個計劃，提供給商業信託公司，他們以此計劃比按照他們自己所提出的計畫可以更快、更有把握地實現他們的目標的話，那麼，說服董事們接受這項計劃是不會太困難的。

「我不認識瓦爾海姆先生，因此為該不該打電話給他而猶豫不定，但是我覺得速度是非常重要的東西。是這樣一句自我激勵的警句迫使我行動起來：

「如果一件事做不成不會有什麼損失，而做成了卻會有巨大的收穫，

你就一定要努力去做。立即行動！」

「我不再遲疑，立即拿起聽筒，打長途電話給巴的摩爾的瓦爾海姆。『瓦爾海姆先生，』我開始說，聲音帶著微笑，『我有好訊息要告訴你。』

「我作了自我介紹，並解釋道：『我聽說商業信託公司對賓夕法尼亞意外保險公司』有可能採取措施。我想我可以幫助你們更快地達到這個目的。』我當即約定第二天下午 2 時到巴的摩爾去見瓦爾海姆先生和他的助手。

「第二天下午，我的律師阿林頓和我見到了瓦爾海姆先生和他的助手。

「賓夕法尼亞意外保險公司滿足了我的需要。它有一張執照，獲准在 35 個州開展業務。它沒有保險業務了，因為別的公司已經給它的業務作了再保險。商業信託公司把這個附屬公司出售之後，就可更快、更有把握地達到它的目標。此外，他們還收到我為這張執照所付的 2.5 萬美元。

「現在這個公司有 160 萬美元的資產，包括可轉讓的股票和現金。我是怎樣弄到這 160 萬美元的呢？靠借用他人資金。事情的經過如下：

「『這 160 萬美元的資產怎樣辦呢？』瓦爾海姆先生問道。

「我已經準備好了這個問題，我立刻答道：『商業信託公司有貸款業務，我將向你們貸這 160 萬美元。』

「我們都笑起來了，接著我繼續說：『你會獲得一切，而不會有任何損失。因為我所有的一切包括我現在正在買的價值 160 萬美元的公司，都可支持這筆貸款。此外，你們有貸款這項業務。還有什麼能比你們將賣給我的這個公司更好的抵押品呢？而且，你們還將收到這筆貸款的利息。『對你們說來，更重要的是：這種方式將更快、更有把握地幫助你們解決問題。』

「瓦爾海姆先生又提出另一個重要問題；『你打算怎樣歸還這筆貸款呢？』

「我也準備好了這個問題。我的答覆是：『我將在 60 天內償清全部貸款。『你知道，我在賓夕法尼亞意外保險公司所獲准的 35 個州的營業範圍內創辦事故和健康保險公司，並不需要超過 50 萬美元的資金。『當這個公司以後全部歸我所有時，我所必須要做的第一件事情就是減少賓夕法尼亞意外保險公司的資本和餘款，把 160 萬美元減少到 50 萬美元，於是我就能把餘下的錢用來歸還你的貸款。』

「接著，另一個問題又向我提了出來：『你如何償還那 50 萬美元的差額呢？』

「我說：『這應當是很容易的。賓夕法尼亞意外保險公司擁有大量資產，包括現金、政府公債和高階擔保品。我能向那些一直與我有往來的銀行借這 50 萬美元，以我在賓夕法尼亞意外保險公司的利息作擔保，並以我的其他資產作為保證歸還貸款的額外擔保品。」

「當天下午五點鐘，這筆交易就談妥了。」

這個事可用以說明一個人透過借用他人資金達到自己目的的步驟。

雖然這個故事說明借用他人資金能幫助一個人，但是濫用貸款和不按期償還貸款則是有害的，它們是造成憂慮、挫折、不幸和虛偽的主要根源之一。

美國有些最聰明的投資者，今年還擁有財富，到了來年股票市場急遽下跌的時候，便喪失了財富，因為他們缺乏週期的知識，或者他們雖有週期的知識，卻未能像那位銀行家那樣，立即行動起來。

各行各業，包括從事農業的人，由於他們的財富是透過銀行的信貸而獲得的，所以都失去了自己的財富。當他們的擔保品的價值上升時，

他們就借更多的錢，買更多的擔保品、耕地或別的資產。而當他們的擔保品的市場價值下跌、銀行家被迫向他們收回貸款時，他們就無力付還信貸，以致破產。

週期是定期循環的。所以在 1970 年的上半年，數以千計的人再度失去他們的財富，因為他們未能及時出售他們的部分擔保品，還清他們的信貸，或者因為他們沒有自行限制，還在購進新的擔保品，負上新債。當你借用他人資金時，你一定要計劃好怎樣才能向借款給你的個人或機構還清貸款。

重要的是：如果你已喪失了你的部分財富或全部財富，仍要記住：週期是循環的。要毫不猶豫地在適當的時候重新奮起。今天的許多富人也是曾經喪失過財富的人。但是，由於他們沒有喪失積極的心態，他們有勇氣從自己的教訓中獲得教益，結果，他們終於獲得了更大的財富。

在商業中，有幾個數字在開啟成功之門的暗碼鎖中是非常重要的，如果你失去了其中一個或幾個數字，你就不能開啟這把鎖了，直到你重新找到它們為止。

借用他人資金是那些原來貧窮的誠實人致富的手段。資金或信貸是開啟商業成功之門上的密碼鎖的一個重要密碼。

● 累積財富的捷徑

金錢成功者對一大串二進位制的數字有一種真正的熱情，他們喜歡看數字膨脹、加倍，喜歡金錢發生單性生殖，喜歡看到自己的金錢在一串純金融運作中繁衍。

金錢的繁殖力在於它能孳生利息，就是錢能生錢的事實使人們覺得

它特別對胃口，並且熱愛這種完美的自我繁殖力。

對於所有夢想金錢成功的人來說，儲蓄是成功的條件之一。

費迪南‧倫伯格在《富翁與超級富翁》中寫道：「有些古老的波士頓家族投資 1 億美金在免稅的政府公債上，利息 3%，每年有 300 萬利潤。但是他們並不把這筆錢當做收入，他們再把這 300 萬拿去投資，靠其中的收益來生活。這樣他們的本金每年不只增加 300 萬元，永遠不怕用光，甚至不必動用。這些人的生活，就說一年用 9 萬元吧，比起他們的財富，這已算是相當節儉了。」

這類人基本上都是穩健的富翁，他們只允許自己擁有小遊艇，開保養得不錯的舊車，習慣穿第一流、古舊而昂貴的衣服，所以看起來很邋遢。

他們對於金錢能帶來華麗的服飾不感興趣，也不看重它影響問題的威力，也不看重購買奢侈品的歡樂力量，更不看重它腐化別人的能力。

對於金錢的各種用途，他們沒有絲毫興趣，唯獨喜歡擁有它，也就是喜歡金錢的所有權。若從這一點來看，紙上的數字已經是一大滿足了。

在這種形式中，金錢具有抽象的美感和清白。在一系列的金融活動中，它在電腦內部悄悄地完成了它天然的任務，誰也不會看到可恥的行為，只有增加的數字證明一切曾經發生過。

一般談到儲蓄祕訣的書籍，都是提到顧客先存 20 萬元再談其他，這就如同一下子要購買數萬元以上的商品，會捨不得拿出手的。有「金錢之神」的邱永漢先生曾說：「20 萬元的數額彷彿一塊金磚，實在不忍打破，在這種心理下，只要先存了 20 萬元，往後再增加存款就易如反掌了。」

然而，一般人總是尚未存到一定的存款數額，就提出來購買其他零

星物品，心想：反正以後能存就行了。可是很遺憾的是，這些人以後往往無法履行諾言。如果能稍微克制自己的慾望，先存到 20 萬元再說，你就會發現存一、二萬元實際上與零元無差。一旦你存了 20 萬元，那種充實感就截然不同。屆時你即使想提款購買幾千元的物品，也會覺得可惜，從而打消提款的念頭。

從一無所有到一、二萬，再從一、二萬到一、二十萬，這期間的差距是很大的。如果你能有不想破壞整數存款的念頭，自然而然就會提高儲蓄的慾望，等到存款到達一定數額時，又會對金錢產生執著，再也不會輕易揮霍了。

對此，理財專家建議，當你想存錢百萬時，先以 10 萬為存錢目標，而且要試著在尚未達到目標之前不要提款。等目標達到了，再朝百萬努力，最後終能達到自己的理想。如果從一開始就把目標訂為龐大的 100 萬，或許短期內可激勵自己更努力存錢，可是後來就會覺得，無論多麼緊衣縮食，頂多隻能剩餘幾千塊，而如此微薄的數字與百萬目標的差距實在太大了，久而久之，便會失去存款的慾望。甚至覺得存一百萬對自己而言是永遠不可能辦到的事，因而放棄存款念頭。因此，欲存 100 萬，不妨先把目標訂在 10 萬元。

對於保守的敏感人士來說，這種枯燥情緒的起源說法特別難以接受，也許簡直令人驚訝。

「佛洛伊德最驚人的發現，」歐內斯特‧瓊斯寫道，「而且引起最多不信任、厭惡和反對的，就是他發現某些成人性格特點可以說是嬰兒肛門區興奮經驗的結果。對錢的態度便是最重要特徵之一。」

但是這種理論是如何產生的，有什麼證據呢？

佛洛伊德所預料的人類文明大動力，原本都是身體的力量，而且起源於身體的需要。因此，身體的功能既然都很粗俗，那麼基本目標也很

粗野，而且大家都是一樣的。由不斷提升自己的本質來看，它們和文化昇華（商業、藝術）的關係難免就顯得很嚇人。佛洛伊德不肯盲目地接受優越性的欺騙，提出了「肛門性格」說，這是現代心理學的里程碑，也正式說明瞭大家對錢的興趣。

和往常一樣，他先注意到人類學的數據、神話、童話和通俗的迷信。這些似乎都符合他對病人的夢境和潛意識思想過程所做的探討：金錢和糞便的聯想。

「眾所周知，」他研究之後說，「魔鬼給情婦的錢，魔鬼走後就變成糞便。而魔鬼只是潛意識本能力量的化身。」

他也發現，有些迷信傳說把寶藏的發掘和通便聯想在一起。西方有《排洩金幣的人》的故事；在東方神話裡，金錢往往被視為地獄的糞便，巴比倫人稱閻羅王為財神，還有「臭錢」這個詞，均是很怪的說法。但是，如果從金錢象徵排洩來看，一切就解釋得通了。

根據這些數據，佛洛伊德和其他臨床心理分析家都在追尋其中的關聯，支持這個說法的證據愈來愈多。這個理論是 1908 年首次提出的；10 年後歐內斯特·瓊斯又發揮了一番。他指出通便是生命早期兩大個人興趣之一，後期的傾向都受早期經驗的影響。這項嬰兒的興趣和快樂是最先遭到壓抑的本能。心靈力量隨著那個區域有關的願望和感覺幾乎完全被排斥到其他方面。

嬰兒的糞便是他最初的產物。如果形狀正常、次數不多的話，往往會受到母親的讚許，因此嬰兒很看重它。母親對這很高興，於是這成為送給母親的禮物。而且，糞便的動作也使括約肌有快感，有些嬰兒就延長動作，加以儲存。

匈牙利心理分析家，佛洛伊德的朋友山鐸·費倫奇曾表示，這是最早的儲蓄。數量觀念由此產生。

小孩子會驕傲地說：「看，我拉了好多。」或者慚愧地說：「我拉得不多。」

個人生產的數目也就是利息的來源，因此引出最早的幾種計算形式。

同時，因為排便牽涉到肌肉的用力，又產生出可觸、可見的成果，使小孩有一種威力感。大人又都警告說不要碰它，因為它很危險或很骯髒，這使效果更加強了。

就這樣，小孩覺得自己的肛門能產出強大危險的東西，使大家害怕，同時卻又很受重視，便看成是一大祕密。

有一個小病人一直幻想全世界都在他的肛門裡。小孩子普遍認為嬰兒是從肛門鑽出來的。

排便也是嬰兒用來控制別人的工具之一，藉著括約肌的排洩或保留，他可以讓父母等候至他下決定的時候。某些普遍的滑稽話詮釋了這一點，例如把廁所說成「寶座」等等。

心理分析家卡爾‧亞伯拉罕指出，大便的西班牙文就是「治理肚子」。

我們可以意識到，這項自然功能具有很多一般意識所不能接受的意義。費倫奇追溯嬰兒對糞便的執著到成人對財物執著之間的一步步轉變。他解釋說：「當小孩開始覺得糞便氣味很難聞的時候，興趣就發生了第一次的修正，這時他把興趣移到同樣溼、黏、髒卻不臭的代替品上，那就是泥土。但這個替代品也同樣受到頻頻的忠告，結果又被替換，換成比黏土、沙土等較受讚許的東西。最後，玩沙也被認為不清潔，因為小孩一直想恢復原來的興趣，在沙裡挖洞，然後灌水進去。等不玩沙子了，就對石頭有了興趣。這時兒童變成蒐集家，他在海灘上找到圓石，積了一大堆，裝滿口袋帶回家，並且把它視為珍寶。德國的措辭「石頭

財寶」就指出了這種遊戲和日後資本家儲蓄的關係。積存石頭的好處是石頭代表了一個不能顛倒的變形階段，它不能加水，不會弄得髒兮兮的。因此到此時為止，從興趣轉變這方面來看，原始的意義已經完全被趕到潛意識層去了。興趣由石頭再轉向彈珠，它的好處是亮晶晶的，蒐集起來會有很大的樂趣。接下來硬幣引起孩子的興趣，然後是郵票。」

至此，儲存糞便的興趣經歷了這麼多激烈的修正，孩子已變成良好的集郵家，深得父母讚許，不再蒐集無價值的髒東西和廢物了，轉向金錢的過程已接近完成。實際上郵票沒有價值，卻因為別人也有蒐集的狂熱而變得非常值錢。在大家的共識下，一文不值的紙票變成蒐集家非常珍愛的物品之一。郵票兼具有價值和無價值的兩種特性，把蒐集狂的原始目標和最後昇華合併於一身。集郵便成為轉移過程的倒數第二階段。

下一步就是金錢。現在沒有價值的一面已經完全摒棄，意識中已換上絕對有價值的東西，只有在不太合理的情形下，比如某些拋棄金錢的情況，近似排洩廢物的例子，才顯出它沒有價值。

「腸內物的快樂，」費倫奇認為，「變成金錢象徵的享受，那只是無味、脫水的汙物。」

整個轉變過程的動力是渴望擁有一件原始財產（糞便）的潛在意識，不過卻要經過淨化的東西。

到此為止，我們完全可以推斷出為什麼某一種人會覺得金錢無聊或可恥，不願意談它，盡量把它化成絕對抽象的數字。這些人是金錢蒐集家。

卡爾·亞伯拉罕覺得：「對自己的郵票深感不足的集郵家和一般人眼中數字算金子，與喜歡金子的吝嗇鬼沒有多大的區別。」

我們也會想起一個為某一家公司沒有併入自己公司系統而皺眉的公司總裁。各種金錢蒐集法，不管是存在銀行、購買產業，或放入保險箱

中，似乎都來自於肛門的起源，還有所謂「緊守」的趨向和完全荒誕的節省行徑也屬於此範疇。

亞伯拉罕有一個病人，他是一位富有的銀行家，他教導兒子們盡量保留糞便，到萬不得已時再排洩出來，以便從食物中汲取最大的營養。

洛克斐勒有一次和家人在一家飯館吃飯，最後侍者送來帳單，他發現帳單上有兩隻雞的價錢，而他堅信只吃了一隻，就叫侍者把盤子端回來，仔細計算雞骨頭，以確定端來的雞到底是幾隻。

金錢成功者具有「孵化」財產、看它繁殖成長的傾向。這也暗示了金錢的自然功能。使金錢長期閒置不動，是違反貨幣的本性的，貨幣是要經常地流通的。

但是，儲蓄並不違反金錢的自然功能，而且也不限制金錢擁有者的賺錢才能。與此相反，這恰恰是金錢成功的條件之一，因為儲蓄能防患於未然，能增加成功的機會。

財富自由的三大特質

在佛洛伊德所描寫的正統「肛門型」人身上，可以發現三大特性，過度有條理、節儉和固執。金錢成功者也有這些特性。

首先，金錢成功者以條理清晰而著名；在公事上，他們最看不慣工作亂糟糟、缺乏效率的團隊成員，所以很樂意為條理而犧牲人情的體貼。

人類工作愈接近絕對可測量的機械程度，這種人就愈高興。他們對效率的熱情完全在生產線上實現，人類的行動化為旋轉螺絲等幾個簡單、可控制的動作。

福特公司的員工抱怨道：「工作很煩人，令人沮喪、退化，只因為薪水還不錯，我們才勉強忍耐。」

公司經理則說：「假如一切都化為簡單、重複的動作，一次不到一分鐘，就可以訓練每一個人來做，錯誤的可能性就可減到最低程度。」

美國曾有人試圖將工作時間降到 15 秒，使過程更簡單。

另一方面，有人則打算放棄生產線，認為把人變成自動機器太不人道了。問題並不在於利潤，因為事實證明，考慮到人性尊嚴，增加工作的滿意度，會收到無數產業上的利益。

真正的問題是，生產線對於有條有理的「肛門型人格」具有很大的誘惑力，這種人是董事會補充新血的對象。

現代商業領袖不贊成未知、不可控制的因素，他們希望每一個偶發事件都能測量、預測。這當然是錯誤的觀念。請假、罷工、裝病和健康崩潰最能破壞時間表，使很多預測變得毫無意義。

劍橋教授伊弗・米爾斯說：「強調不斷增長的效率最違反自然法則，工人受到太大的壓力就會生病，或者使用罷工來消除緊張。社會對人類自然的反效率行動，若能更容忍，一定會有更好的效果。」

不過，「肛門型」的人會告訴自己說，就因為他的桌子整潔、報告最新、統計和圖表都詳細規劃出一切，因此萬事就順利了，至少他相信如此。這些人成為效率狂，永遠在做算術，也就是把他們特殊的成本分析表用在每一個行動上。一切都變成成本效率性的問題。

這看起來似乎很合理，至少財務上如此。但是，卻忽略了個人所承受的副作用以及累積的後果。

當然，這種性格也有幾個明顯的優點。在很多行業裡，有條不紊是最重要的，如果我們經營銀行、保險公司和投資所，就要「肛門型」的人來掌權。其他人絕對不適合這種枯燥的工作。

正如一位著名的工業大廠所說：「高層管理者的工作無論多麼重要，總是例行公事，著迷於突然狂歡的人是做不出來的，必須由靜坐來思考事實和數字，並只憑這兩點來決斷策略。」

金錢成功者還具有我們社會認為很有用的一個優點。歐內斯特‧瓊斯發現，這種人若有一分責任感，就會把一切行動賦予道德力量。他們也把這一點帶到賺錢事業上，所以它就變成一種肯定性的責任了。

大家都見過這種人，頻繁地在電視和報紙上用最高尚的語調論談國家所面臨的處境，個人必須接受的稅款負擔，大家所面臨的經濟需要、唯一的選擇，否則就會遭致可怕的現實等等。這種人具有強大的「事情應當如何」的感受，而且不容爭辯。

在他小時候形成個性的環境裡，他培養了「他必須」或者「他不可以」等等的習慣去做自己應該做的事情。他心裡把秩序看成一種最必要的規則，因此也要求別人必須有條理。

在他對責任、事情慣例和原則的信念中，我們可以看出他小時候一定受過道德的教育，灌注了最早的紀律。他會告訴你，世上有對有錯，他從小就學會了正確的行徑。這也使他喜歡強迫別人，而且自以為是。

金錢成功者的第二個肛門型特質是固執，這種人在賺錢場上有各式各樣的表現，比如頑強、堅毅、穩固和保守。這些特性在某些固定的金融交易和機構中都有它們的用處。

老牌的保險公司管理大筆的鈔票。1969 年「精打細算公司」有 20 億資產，投資的事業每星期又有 200 萬的進帳。處理這些錢的人自然要有堅毅的把持力，否則他就會把這一大筆錢拿去做冒險的投資，這對於靠穩定的利息過退休生活的人來說，可能是一大災難。因此經營這些公司的人應該向保險客戶談談他們的責任，他們的信託任務。

他們通常都盡量不從事工業上的大競爭，雖然他們往往是決定股權

的投資人。他們完全根據資產負債表和股票的所得率來決定他們的行為和投資。他們保守而緩慢的行徑平衡了神童和暴起型的人物。這種人的缺點是不願意做以前沒做過的事情。也可以這麼說，這些固執者不敢離開已定的格局。

金錢成功者的第三個肛門型特性是節儉。例如，保羅‧蓋蒂在英國蘇頓城的家中設了一個電話費付款箱便是一個例證。卡爾‧亞伯拉罕曾治療過一個守財奴的病，他不肯扣上西裝鈕釦，怕釦眼磨舊，也許他還有別的動機。不願意出錢的心理在一般不肯付帳的行為中可以看出來。這種人一定要債主再三地催討，無論他們有多少錢，總是不願意放走一分一毫。

他們的節儉已經到了尖刻和吝嗇的地步，所以比「肛門性格」的其他特徵更明顯地源自神經系統。其他特徵則較易被我們的社會組織所接受，認為合情合理。

亞伯拉罕指出，通常有丈夫嚴厲反對妻子提出的某種消費要求，拒絕的原因是負擔不起，然後卻「自顧」付出比妻子要求更大的數目。於是一道曲折的合理化過程發生了，比如他說服自己現在這筆費用可以付，因為最後反而會省錢等等。

有人買一大堆牙膏和肥皂，只因為是大跳樓的價格。有人是「消費報導」狂，一年四季都在計算最划算的買法，他們心中有各種比價的表格，能立刻找出一個暗藏的價目，比你說出奸商的姓名還要快。

在某些人的心目中，生命問題可以立刻化為數目。他們把一切歸納成數字，相信自己的行為絕對明智合理，因為他們不容自己受印象、行動、廣告或包裝所動搖。他們已經透過計算找到事實的核心。

無論某些金錢成功者的節儉行為多麼讓人無法認可，但誰也無法否認節儉對金錢成功者的積極作用。因為沒有節儉就沒有累積，沒有累積就談不上金錢的成功。

人脈即金脈

金錢成功者是現實主義者。他了解生命的基本統計數字,不會愚弄自己。他也知道美國一種新事業的平均期望值是 6 年;20 世紀前 40 年新事業的失敗率是 85%;在一個如此強力的追求成功的文化裡,大多數人的經驗卻是失敗。他也知道,世上沒有所謂大眾的資本主義。

假如將美國所有的私人財產平均分配給 1.03 億成年人,則每個人大約只擁有 1 萬元的日常物品,也就是幾件家具、一部舊車、衣服和幾樣私人財產而已。這是世界上最富國平均分配的結果。

即使沒有機構統計這些數字,成功者也天生曉得這一點。而且他還知道,現在的富翁比以前任何時代都多。

根據美國財政部的權威統計,1965 年百萬富翁的人數大約有 9 萬人。聯邦後援會和戶口調察局說,1962 年,資產 50 萬元以上的家庭有 20 萬戶。想想過去 10 年來的通貨膨脹率,現在百萬富翁一定不只 20 萬名。1953 年,美國的百萬富翁有 2.7 萬人,這表示 20 年來,有 17 萬左右的家庭登上神祕的富翁榜,每年平均有千名左右。

這份統計比失敗率更令成功者動心。如果有近千人辦得到,他也可以辦到。金錢不是公平分配的東西,你若想分配到多一點,你只有自己努力爭取。

每一個成功的人之所以成功,是因為他有很好的人脈,即有別人幫忙與肯定。可以這樣說,人脈就是錢脈。這就是金錢成功者的態度。

18 世紀到 19 世紀,這種情況在貴族的沙龍中開展得異常活躍。也就是所謂的打入社交圈。

現在我們看看道格‧黑伍德的故事，他已成為倫敦最時髦的男裝設計師，也是該城最好的餐廳俱樂部股東。

道格‧黑伍德來自工人家庭，父親是名汽鍋清理員。他20出頭的時候，擔任一家裁縫店的管理人，突然想到：「你若要成功，就必需玩富翁的遊戲。」

他曾經瞥見過富翁的生活，因為他的大姨子嫁給了公司的一位董事。他有時也應邀赴宴，大家偶爾和他說話，但是根本沒有人注意他說些什麼。

就這樣，他決定自創事業，使自己成功。首先，他改變自己的工人階級口音，他一心一意模仿他在董事家中遇到客人的舉止。他也學習談吐方式和該談的話題。比如，談到在馬爾摩爾開業（當時他確實在那裡），但是不要提及店面只是6尺見方、沒有窗戶的地下室小房間。

模仿成功者，也是追求成功的人不可忽略的一個方面。很明顯，黑伍德非常清楚這一點。

有一次，黑伍德透過朋友介紹，被召到一位古怪製片的套房中。這時他閱歷已深，知道要成功必須顯出成功的樣子，卻又不能顯得太成功。他了解大人物施惠的慾望。

大製片的塑造情結不僅僅局限於演員，裁縫當然也有被塑造的可能，因為製片自以為可以栽培富翁。拒絕讓別人滿足他內心的渴望，這是成功者應忌諱的一點。

黑伍德成功了，他的顧客多起來了。他替電影明星做衣服。他學會了討好人。他從來不叫客人到他店裡去，因為地下室小房間會露出馬腳，但卻堅持要去拜訪客人。他也知道客人到裁縫店去量身很不自在，在他們自己家裡，對談淺酌一番之後，情況就會有所不同了，他們很可能一訂就是五、六件。

後來，他的生意非常興隆，他又開了一家餐廳俱樂部，讓那些找他做衣服的名人去吃飯。然後又開了一家理髮店，理髮的還是那些人。

黑伍德成功的哲學在於他體會到：「在遊戲的團體中，非常好的衣服和馬馬虎虎過得去的衣服並沒有太大的差別。重要的是隨時誘惑別人才是最重要的。我們生存在大家崇拜端正面孔的時代。其他裁縫也許很偉大，也許比我做衣服好，但是他沒有那麼多機會。我發現了空隙，而且知道如何取得成功。」

一旦你進入情境，就是「在恰當的時間說該說的話，在恰當的時間出現在適當地點」的問題了。

現在黑伍德賺錢速度很快，他的生意利潤已變成其他企業性的投資。他說：「只要你熱誠、活躍、一絲不苟，你的生意就可以維持……」

道格‧黑伍德以鋪設人脈的本事起家，並知道該如何繼續成功。

顯然，金錢成功者都是非常了解現實的人，能夠理智地對待生存狀態，沒有因命運的不公而哭喊或仇恨。只有坦然地對待這些，你才能心平氣和地面對現實，併發揮自己的潛能。這是追求成功的人應該謹慎對待的一點。

● 善於掌握花錢時機的成功者

人類發展的歷史雖然很漫長，但每個人的生命歷程卻非常短暫。在你的征程中，機遇與成功密不可分，而且時機的把握完全由自己決定。

說句頗為誇張的話，生命現實可以化為機會主義的意識。只要抓住機會，成功是非常簡單的。否則，你沒有把握住萬分之一的機會，這個

挑剔的傢伙就會從你的後門溜進來，而從你的窗戶溜走。

　　有時也許我們的道德本性很難認可他冷靜而大膽的作風，但是這種作風同時也激起我們對他們潛在的愛意。我們違反了自己的理智判斷，忍不住欽佩德國克虜伯軍火王朝的創立者阿恩特·克虜伯等人。

　　400 年前瘟疫橫行埃森，大家都想盡快逃離這座城市，阿恩特卻冷靜地買下逃亡者的土地，他們當然要不到什麼好的價錢。這樣得來的土地至今仍掌握在克虜伯世家手中。

　　倫敦大爆炸的時候也有類似的情形發生。這個人後來變成百萬富翁，他當時常常在一夜大爆炸之後打電話給經紀人說：「脫下外衣，挽起袖子，出去買吧。你沒聽到昨夜的爆炸嗎？今天早上一定有幾筆廉價的買賣。」

　　這種交易須具有殘忍而出色的膽識。趁火打劫實在不值得效仿，但是我們也忍不住佩服這位瘋狂大買廢墟的人。他的理論是，若國家贏了，爆炸區會具有很大的重建價值；如果國家不贏，反正一切都要失去。

　　戰爭一結束，這種人變成找機會的天才。如果政府不發新建築執照給危害公共安全的舊建築，他馬上肯定自己的建築危害公共安全。如果必要的話，甚至在地區測量員召見的前一夜就帶斧頭去搞自己建築的破壞。

　　每當私人收益和公共利益相牴觸，政府就會劃出一套保證大眾利益卻又不危害個人利益的制度，但總有人尋找到這個制度的漏洞。

　　最成功的建築商並不是最會設計房子、造成我們生活格調深遠變化的人，而是那些熟悉法律和規定且能夠避開它們的人。

　　新英格蘭場所用的新建築中，容納人數超過地方計劃當局認可密度的一倍。分割槽規則所許可的建築與地坪之比是 7：2，該地的比率卻達

到 7：1。開發商只是和其他許多人一樣，利用舊樓可擴大體積的條款。

這則條款的原意是古老建築空間多半浪費，例如寬樓梯、高天花板、大房間，頂上可以加百分之十的空間，重建卻使原有的密度增加了一倍。

這只是成功者用合法方式賺錢的許多例子之一。有一位建築師很擅長這一套，所以計劃當局說，他們要等他找出空隙，再去填塞漏洞。

有人靠這種聰明卻能大賺一筆。例如在美國，你可以用「稅金錢」來鑽油，即石油出產人可以把 27.5% 的收入列為「消費許可」，當然少不了某些附件。也就是說，100 萬元的收入中，27.5 萬元可用各種方式免稅。鑽到乾井的費用可以完全扣除。如果你收入很高，你就碰碰運氣，試試所謂的「稅金錢」辦法。有一個經紀人解釋說：「稅金錢就是在正常情況下該繳給國稅服務處的錢。」

用金錢鑽油的人，每 1 塊錢就有 2.75 角免稅。再加上其他正常的減免，結果投資人每 1 塊錢就有 3.5 角免稅。如果他不投資在石油上，規規矩矩繳稅，只有十分之一獲得減免。如果投資失敗，挖到乾井，一切損失，包括無形的費有，全部從總收入中扣除。對任何一個高稅額的人來說，這是政府補助的賭博。

實際的結果可以由 1957 年伊利諾州參議員保羅・道格拉斯的議會演講上看出來。他列出 10 年間 27 家石油瓦斯公司的所得數字和他們付給聯邦的稅款。有一家公司淨收入 2100 萬元，付稅 125 萬元，也就是 5.9%，而一般稅率是 52%。另一家公司 1951 年淨收入 450 萬元，只付了 400 元稅金。

參議員指出，這些公司的稅金錢比一對總收入 5600 元、有三個親屬要扶養的夫妻繳的稅還要少。還有一家公司賺 1250 萬元，不但不必繳稅，還拿到 50 萬元的稅金款。

要想靈活地運用機會的手腕，就必須有尋找機會的興趣。有人喜歡那樣，也有人根本不喜歡。

喬治‧西屋和尼古拉‧特斯拉這兩位投資人所發生的故事，正好表明了性格上的差異。兩個人都有特殊的才華。當時唯一的電力就是愛迪生的直流電，用電力源頭送電只能輸送到很短的距離，特斯拉發明了他的多相交流電系統，可以輸送 1000 倍的電力，而且輸送距離可以很遠。

愛迪生看不出特斯拉的交流電有什麼優點，但是西屋卻看到了。他聽說這個發明，立刻跑去找特斯拉，花 100 萬元買了下來。在 1887 年這已是很大的數目。此外，每產生 1 馬力電力，德拉斯還可以得到 1 元錢。特斯拉不是生意人，他把專利權賣掉，後來還同意放棄他的特權。

不過 100 萬元看起來還是很優厚的。但是他的傳記家約翰‧奧尼爾計算說，放棄這份特權，特斯拉損失了 1200 萬元。後來他竟然窮困潦倒而死，今天他的名字也很少有人記得了。但是西屋卻在冰箱和其他電氣用品上永垂不朽，而其商業價值就是靠特斯拉發明的交流電系統建立的。

大家對西屋的作法欽佩有加，因為靠別人的腦汁發財是很聰明的。聰明是我們大家自許可以做到的事情。天才卻不同，一般人都不會自以為是天才。

這是成功者聚集財富的精華，他所做的事，我們覺得只要有機會，我們也完全可以做。

一位美麗的加州女政論家所做的事，我們完全可以做。英國開始成立商業電視的時候，大家對它的前途都很悲觀。但是蘇珊娜‧華納確信其前途不可限量，就去勸說一位戲院經理盧‧葛萊德。其實她只告訴他，如果他能賺 100 萬鎊，她可以籌 200 萬鎊來推動這個計劃。

中國有個古老的成語，名為「朝三暮四」。敘述了一個人養了一群

猴子，有一天他對猴子說：「因為我最近不太寬裕，所以以後每天早上3個橡實，晚上4個橡實。」猴子聽了，個個勃然大怒，吵鬧不止。於是養猴人又說：「這樣好了，每天早上4個，晚上3個。」猴子們都高興了，拍手稱好。雖然總數沒變，但感覺上卻有些不同，這完全是短視近利之故。

一般借錢時，無論是向朋友或銀行，總覺得自己是很卑微的。尤其是向銀行借錢時，總是徹底調查身家，還需找人作保，令人大傷自尊。相反地，地下錢莊卻對顧客禮遇有加，恰與銀行作風大相逕庭。人們在高帽子的迷惑下，即使錢莊利息比銀行高出幾倍，而人們也偏往陷阱裡跳，原因主要是錢莊擅於利用人性的弱點——虛榮心。

理財專家建議，在向地下錢莊借錢時，最好考慮是否划算再借不遲，切勿被錢莊迷惑，從而和猴子一樣，犯下短視近利的錯誤。

快樂的華納小姐當時只有20多歲，她怎麼有辦法籌200萬鎊給葛萊德？原來，華納小姐認識一位很受歡迎的醫生，他的顧客中有一位是華伯格商業銀行的大股東。

華納小姐是一個聰明的人。她透過醫生的介紹，去找那位銀行家，她的計畫極有說服力，使銀行大股東相信英國的商業電視前途似錦。她又找了範巴內爾及李特勒王子，由此產生了最大的新電視公司——ATV。最後，華納小姐抽出創始人的股份，她因此賺了一筆不小的財富。

幾年後重發執照，一位更有能耐的經紀人大衛‧福洛斯特打電話給奇異公司總經理阿諾‧韋恩史多克，不透過介紹（名氣大，不必要）就建議他設立財團，申請一條商業線路。韋恩史多克幾乎沒做什麼思考，就參加了。有了一位後臺老闆上場，大衛又去找其他的人。有人回絕了，但是這種人不會輕易受挫。

最後，他得到帝國菸草基金、巴底銀行團、珍珠保險、倫敦合作協會、馬利亞學院、牛津大學、出版商維登費爾和尼可生、紙張團體和波威特公司等團體和個人的支持。

就這樣，錢很快就累積起來，湊足了成立公司所需的 650 萬鎊。後來 ITA 接受了財團的申請，變成倫敦週末電視公司。大衛並沒白忙活，他個人在公司的股分突然由名義上的 7.5 萬鎊升到 40 萬鎊左右。

機會是不會上門來找人的。如果你沒有去尋找它，即使機會上門了，它也會從空隙中溜掉的。這就是金錢成功者的機會精華。只要抓住機會，人人都可以金錢成功的。

愛的「磁性」與吸金術

在現實生活中，有這樣一種人，他們把賺錢看成玩賽鼠——利用打擊別人的方法來賺錢，潛意識的含義就是用非法或不道德的手段謀生，用侵略性、非法的手段賺錢。在這類人的心目中，賽鼠是不得已的生命狀態，周圍的人都是鼠類，除此之外，別無他法。

這類人是最優秀的叛徒，他們早已忘記了自己原來的皮毛是什麼樣子。

這種性格源於何處呢？從他們榨取的手法來看，我們可以推測，他在嬰兒期一定是假裝沒吃而要人餵兩次的惡魔，否則就是想辦法讓適用別人的規則不用在他身上。他兒時一定用厚臉皮、魅力、諂媚和狡猾等方式達到自己的目的。

他之所以用這些方法，是因為這是唯一的途徑。這表示他已意識到

不能靠別人的愛心來支持他，也許他自己對他們也沒有感情。

　　也許他的環境真正缺乏愛，那麼他用詭計和小聰明來求生就可以歸於外部因素了。他一再發現生命的基礎是互相利用，在他的心目中，世上根本沒有利他主義，沒有人做事是不要代價的。既然大部分人都以這些原則來建立（他並不是唯一的騙子），他很容易就會找到人物和環境來證明他的理論，所以更堅信自己必須比別人奸詐才能生存。

　　他對別人的恩惠很難信賴，因為他自己不仁慈，也無法相信別人的善意。在這種情況下，他把一切信念都寄託在金錢上，那是他唯一信任的東西。至少錢可以買到他需要的部分物品，而且他已證明了它的功效。

　　至於生命中更美好的東西，他承認金錢也許買不到，但是有一天等他賺夠了，他就要脫離鼠賽，專心追求他現在無法接觸的美好事物。他要多花一點時間來陪家人，他要旅行、退休、教育自己、聽音樂、進入政治圈，改善腐敗的制度，以免別人再重蹈他的覆轍。

　　然而，這些理想不斷延擱，不知怎麼搞的，他永遠也賺不夠。即使賺了一座大金山，他還是催促自己賺下去。既然一切已犧牲，他輕易罷手是很困難的。好運當頭，他不能輕易放掉。生命如此短暫，他永遠找不到這麼好的機會了。於是一切仍都繼續下去。

　　錢既然有這麼大的用途，能帶給人富裕的生活。很顯然，為了錢什麼都能做。就這樣，他們愈來愈粗魯了。

　　現在不只是出現和受歡迎的問題，而是取代別人的問題了。因為一個人爬上去，就一定會有人敗下來。一位美國商人與一個實力雄厚的投資合夥人的例子可以證明這一點。

　　有一次，一個商人去找投資家，並徹底檢視了對方提出的有價證券，他馬上看出了對方的大概性格，這是投資策略便可感覺到的。他也

看出他股票上所反映的愚蠢和錯誤，立刻決定不再與他合作。但是他很喜歡投資家的房子，問他肯不肯賣。那個人說他不肯賣，但是若達到某個程度他就願意。價格太高了，商人沒有出價；他太太說她實在很想要那棟房子，也許他們可以出得起那個價錢。他答道：「我們會以我們的價格得到這棟房子的。」

6個月後，他以合理的數目買到了那所房子。他事先怎麼會知道呢？他解釋說：「我由他的有價證券看出他會有困難，那麼他就不得不賣房子了。等他需要賣的時候，他會回來找我，並對我出的價錢感激不盡。」

於是，這位仁兄買到了理想房子，和妻子、家人快快樂樂地住進去了。尖鑽家不會為別人不幸、自己獲利而難過。因為他認為對方也會同樣對待他，並以這一點來安慰自己。

比賽愈來愈粗野了。有成就力量的人自以為可以稱王，要別人替他們服務。其他人則無爭辯地接受，因為大王丟給他們免費的醇酒、女人和金錢。

利用自己的地位並沒有什麼特別之處。這個手法人人會用。大時代美國閒話專欄的創始人瓦特‧溫吉爾曾經用這樣的手法壓迫別人，比如要女孩子陪他睡覺，換取他在專欄中提一提她的名字。他隨心所欲地捧人或砸人，只因為那份報紙很暢銷。有很長一段時間，他始終是世上最高薪記者。他活在尖鑽世界的顛峰，他不但記錄這型別的人，而且也是這種人的典型。

這種人以現實主義者自居，認為事情就是這樣。當然，從他們的觀點可知，生命就是那個樣子，並且一切都證明這一點。他們肯定自己活在叢林社會裡，不是詐人就是被詐，只有傻瓜才白白做事。

事實上，他們創造了自己的世界，並隨時帶在身邊。毫無疑問，他們所信仰的一切都像靈驗的預言。

對於活在尖鑽世界裡面的人來說，那一定就是整個世界、整個人類了。因為最基本的法則是，你會吸入自己撥出的空氣。如果你把空氣變酸了，你聞到的一切都有酸味。佛洛伊德寫道：「自我把造成痛苦的東西都推到外在世界去了。」

這是投射的基礎。換句話說，人們會把他們所不能忍受的自我推到別人身上。這是心靈投射的技巧，把內在的危險向外釋放，移開遠一點就會覺得不那麼危險了。

這是將內在無形威脅幻化成外在形體的方法。被自己殘忍本性所威脅的人，把這一切都推給他所居住的無情世界，然後設法比「他們」更無情，以保衛自己。

當他使自己成為他們所害怕的人物，他自己就覺得更可怕。於是，他又不得不把這個內在的大恐懼投射出去，世界變得更加可怕了，更具威脅、更無情了。為了應付一切，他不得不更加殘忍。

假如大多數人都這樣做，大家就可以了解鬼魅為什麼能變成真的，為什麼很多人會同時看見鬼了。如果被自己無情本性所威脅的人把這種本性投射到他人身上，就會有一場大鼠賽，而且連續不斷。如果你不夠殘忍，根本贏不了，因為根據經驗，只有比別人殘忍的人才能獲勝。這種人一定要殘忍到極點，他又不得不把一切都投射出去，從而使世界更加殘酷。

然而，對於有能力使空氣變甜的人來說，空氣確實是非常甜美的了。個人若不把無情的殘忍心靈投射到外面，而是容納它、忍受它、改善它，就不覺得自己活在無情的世界中。他接受了較溫和的外在現實，他的內在情境也會變得安全些，他的殘忍就可以受到修改或限制了。

最終，這類人是很不幸的，他們難免不會被淘汰掉，因為總會有更加卓越的大王出現。即使他們能賺到金錢，他們也不是真正意義的成

功。因為真正的金錢成功者具有仁慈、愛等特質，他們只會把空氣變得更甜，而不會使其發酸。因為只有充滿真愛的日子才叫生活，只有充滿愛才能享受生活。愛他人，愛周圍的環境，愛社會，這也是金錢成功者不可或缺的特質，否則，他決不會積聚到更多的金錢。

現代致富的新趨勢

在過去 20 年的時間裡，各階層的人在市場裡叫賣貨品已經成為一種規範。任何人都不能再輕視這一套了。大家都在叫賣，你不叫就沒人注意你。無論你要賣什麼、提出什麼，現在都必須展現出來。換句話說，大家多多少少都陷在不擠就過不去的境地了。

醫生、律師、作家、改革家、革命家、宗教領袖、道德家、先知、科學家、學者，必須在市場上和妓女、皮條客、賭徒、貨郎、掮客、廣告員、汽車業務員、政客和打胎人一起推銷。不引人注意的人自然會受到冷漠。維持紳士的腔調毫無用處，再高貴的語調也沒有人聽得見。

我們可以了解這種現象的成因。在通俗文化中，即大部分東西過剩，市場內充滿物品、汽車、唱片，大家不可能親自嘗試每一樣東西再決定要不要。然而可試的東西太多了，而且大家也沒有專門知識來選擇不同的汽車引擎、冷凍術、哲學概念或政治方法。

可選的愈多，就愈難下判斷。即使可以選擇，比如選擇結婚對象吧，選大家最歡迎的一型，或今年最流行、已有好評的一型，會容易很多的。所以大體上來講，年輕人會找最接近廣告中人見人愛型的少女、汽車、洗碗機、道德、政治、宗教。

真有東西想供應出來的人，發現自己不得不在多樣選擇的現實情況上下功夫，就知道他至少要用一部分時間努力推廣，否則就只能表示無能或沉默。

20世紀50年代，在諾曼‧梅勒發表《北非海岸》和《鹿園》的時候，幾乎沒有人注意到這兩本好小說。他當時就面臨這個問題：接受命運偶然的宣判，容許自己的名譽與人生由大家的心情和意見來決定，從而使別人的心情和意見偏向他。

梅勒也許天生好鬥，也許沒有其他辦法，便採取了大膽推銷自己的途徑，他以前也這麼做過。

「拯救你的作品，找更多讀者，」他寫道，「只有推銷自己，從海明威沒有寫成的『父親談小說家出頭辦法』中偷取你最喜歡的一頁……」

但是，這些技巧並不是可愛的，無論它多麼必要和難免。真有東西可賣的人會覺得把它當廢物來推銷實在是自貶身價。梅勒記得，他給海明威寫信希望他為《鹿園》寫幾句好話，認為他的話會帶來大突破，而不僅僅是小成功。但是他同時也責備自己「偷用好萊塢的伎倆」。也許因為自己好惡相剋，他得到的效果很糟糕：

「——但是你若不回信，或用你答覆業餘作家、馬屁精、諂媚者之類的態度來回信，那就去你的吧，我永遠不會再寫信給你。我懷疑你比我還要自負。我最好警告你，本書第353頁曾提到你，你也許喜歡，也許不喜歡。」

這封信毫無效果，因為吃文字飯的他不肯用必要的技巧，不肯委屈自己，不能忍受被拒或被人迴避的情境，所以他弄得一團糟。10天後他的書被退了回來，上面寫著「地址不詳——退回寄件人」。

他的自尊心受到打擊，但他還是把書寄給另外10多位作家，包括葛拉翰‧格林，西瑞‧詔納利和亞伯特‧莫拉維亞。只有相識的莫拉維亞

回信給他，但是梅勒不願意利用他認識的人，所以寫信給莫拉維亞說，他不要他在專欄上寫評論。結果就沒有採用莫拉維亞公平的推薦。

「所以，那次推廣自己的所有努力宣告失敗，」梅勒說，「那份告白永遠為我壯膽，現在我常常想到它，我一定會把那段回憶當做無言的羞恥，過一陣子才能進入大膽言論、半完成作品、不平衡主角和我自己選擇的古怪名人的世界中。」

不擇手段獵取金錢的人，如果在幾年時間內闖不出名堂來，那就變成另一型的諷刺人物，他永遠徘徊在那兒，對你小聲談論可發的大財、可結交的要人、新的交易、收入、機會、公式、發明和設計，甚至有些可以實現。但是最終卻像大喊「狼來了」的少年一樣，大家不再相信。一個沒財可發、永遠在叫「有了」的人，充其量也只是靠別人行動的餘威過日子。

另外一種可能則是，他接受其他適合的職業，變成仲介、掮客、經紀、助理或發達者的跟屁蟲，他變成別人的工具。或許他比現在操縱他的人聰明，但是他可能缺少一份狂勁兒，或者是幻想的力量，這些比聰明更重要。

如果他成功了，那份成功往往也摻雜苦辣的滋味。為什麼他不能全心享受呢？主要是因為他的一切都建立在五花八門交易的流沙上。

他放棄一切喜好，不管是人、物、原則、行事程式或享受的形式，都為賺錢而犧牲了。他自由行動的報應就是永遠沒有根底。他內在不太結實，因為他不委身於任何一樣東西，所以他在哪兒都沒有立足的地方。結果他內在的情境只是一團交易的瘴氣，他的才略分割離散。在某些時候，他竟像一個外籍傭傭兵，沒有祖國可以捍衛。

「任何無情的人，」心理分析家艾裡克‧布蘭門說：「都自以為心裡面有一個無情的超凡自我，於是就聽它擺布。」外在世界必須做的事在

心裡又重演一遍，自己就成為犧牲品。前進的驅動力造就被驅趕的人。

倫敦的查林十字醫院曾做過一項研究，斷定某些心臟病是病人工作和緊張狂熱造成錯亂的結果，他們會一步一步地毀滅自己，而且堅持生活在這樣的環境中。

研究員下結論，冠狀動脈病人感受到大量的敵意和侵略性雖然常常能壓下去，但對時間的壓力非常敏感。他們認為這很正常，他們似乎分不出行動和過勞的差別。調查報告說，他們寧可繼續生病，甚至冒猝死的危險也不肯暫時修改生活方式。

這種狀況令人想起尖鑽家。在個人屈服於鼠賽壓力和緊張情況下，我們可以相信他崩潰的原因就是貪婪的自我擴大本性和另一方面超我的嚴格要求之間產生了衝突難於分解，致使他心神分裂。他的處境和《王子復仇記》中的克勞帝斯一樣，他總是發牢騷說他的思慮都留在下界，口號卻飛上了天堂。

壓力病非常普遍，但並不是因為生活的步伐已經加快，而是因為我們活在疏遠自己良心的狀況中，行事的方法不能和我們的正義感相吻合。像克勞帝斯一樣，希望得到「邪惡的大獎」，同時又希望得到原諒。

如果我們順應道德，我們就會被內在的騙子本能所嘲笑，它指責我們膽小、沒種、不敢用比你神聖的生命原料來玷汙雙手。如果我們任意去做，不顧別人，就發現外在世界的冷漠無情也在心裡出現，導致我們無法關心自己，結果就和我們上面所說的一樣。

當然，有人會說情況並不永遠如此，也有人逃過了。很多為富不仁的人長命百歲，但純真的人卻會生病、夭折。這句話的意思並不是說金錢動機在人格的締造中占有決定性的力量，而是在某些情況下，它可以成為很重要的一個因素。若是如此，則一切，包括健康，都會受它影響。在個人環境中，偶發事件中，體質元素中，有很多變因可以為逃開

報應的人做解釋。但是整體的畫面，社會學的證據，歷史的剖視和心臟病的病例都指出，狂熱追求金錢和精神崩潰關係密切。

▌致富的灰色地帶

對於偷竊，如果有人問我們的看法，我們會說犯罪問題必須解決，小偷必須遏止，加重刑罰、心理治療、社會改革等等。無論我們喜歡哪一種辦法，原則上我們都是一致的。

偷竊是違反道德的行為，是社會所不容許的。不過在電影院等公認非現實的地方，我們會縱容自己的道德標準，與影片中的盜賊產生共鳴，感受攔劫的刺激、逃脫的危險，為搶劫的收穫而歡欣鼓舞。自然，若被劫的是我們的錢，我們的感受就會完全不一樣。若不是，我們便能欣賞那個故事了。

如果我們思索一下自己真正欣賞的東西，就不得不斷定，偷竊在我們的本性內並不如我們公然反對犯罪態度中所表現的那麼陌生。以前的好萊塢法典規定，不能同情罪犯，犯法的人都該受罰。但現在大家已經不再費心管這一套。《教父》等電影不在乎我們和罪犯合而為一，它壓倒性成功表明我們似乎很願意這麼做。

當然，這只是電影罷了，碰到虛構的情節，我們不必為自己的感覺負責任。就是因為這樣，我們讓故事影響我們，而不會過度責備自己。我們欣賞銀幕上好看的劫案故事，如此而已。果真如此嗎？

事實證明，在電影院的黑暗中，我們不必把心中的偷竊行動局限在祕密生活裡。實際上，是我們把偷竊帶入日常的世界，讓它在可敬的外表下，使它的胃口逐步放縱。

想想這樣的景象：這個人到處出現，認識每一個人，他進入高階的餐廳，領班的侍者對他鞠躬，店主熱情地擁抱他，門僮恭敬地為他停好車子，酒保謙虛地徘徊左右，不知道他要喝什麼開胃酒。我們這位時髦的客人早已習慣了前呼後擁的氣派。他優雅地和其他貴賓打招呼，把衣冠楚楚的身子往後一靠，考慮要先點什麼。他告訴夥伴不妨來點牡蠣、法國蝸牛、地中海大龍蝦和魚子醬。他的樣子顯得小心而豪氣、溫和而熱心，任何人看到他，都會說他是世上有地位的人。他最後簽帳的肯定態度，再加上二成的小費，更使人覺得他是一個出手大方的豪客。誰也不會把他當做小偷，而他真是小偷。他大方簽下的帳單，永遠也收不到錢。

　　1971 年，倫敦一流的阿里度沙俱樂部登出了 1 萬英鎊的呆帳，類似的情況也出現在其他的飯店裡。有些不付帳的顧客是真的遭到了困難，但是很多是賴帳的人物。

　　我們那位文雅的客人也不支付裁縫費。如果裁縫師寫信給他，威脅採取法律行動，他就回信說西裝不合身；或說，在他光顧的裁縫師中，他做的衣服最糟糕，如果裁縫師真正重視顧客，就該自己花錢賠這些敝腳的衣服，不該魯莽要錢。

　　裁縫通常都不會告顧客，怕搞壞了名聲。飯店的欠款又太少，不值得告到法庭，根本不夠訴訟費的開銷。因此我們這位文雅的小賊就逃過去了，下次他再去飯店，仍然會受到熱情的歡迎。

　　餐廳老闆說：「當他到達店裡的時候，我對事務所和顧客之間發生的事一無所知。我依照禮貌相迎，我對欠錢的人要用另一副嘴臉嗎？我怎麼知道誰只是付得晚一點，誰健忘，誰出國剛回來，誰又是賴帳的賊子呢？我不知道，所以我必須用同樣的態度對待他們。」

　　根據這個處事標準，大家都不提欠帳的事，有些人就把一大疊帳單

永遠不付了。如果受害人不登出，騙子寧可宣布破產，也不顧願付帳。

當然，破產有破產的法規。但是一個人的財產若列在妻子名下，法律也會感到無可奈何。在英國，你若擁有一家私人的負債公司，法律規定，它和董事、股東都是兩回事。

「你沒有失敗，是公司失策。」金融作家威廉‧戴維斯說：「如果你有財產的話，你的債主有權要你的財產。但是真正成功的破產，通常誰也動不了你絲毫。」

不過，我們也不必太同情餐廳老闆的遭遇。有些老闆加重大家的帳目，早已彌補了預期中的呆帳，甚至還有餘呢！這可能造成下列的情況。有一位大主顧在一家特殊的夜總會中欠下了相當的帳款。他是一個永不查帳、立刻簽名的人。夜總會主人一再催討之後，終於在辦公室中和這位豪客對質，出示一大疊帳單，總共欠了 1000 英鎊。

「我告訴你，」這位豪客說，「我出個價，付你 750 英鎊。」夜總會老闆同意了，但這是偷盜行為。

豪客說：「事實上，我只是偷回你亂敲我的數目罷了。」

這是任何地區都流行的制度。一種盜賊亂收費，另一種盜賊就賴帳。但雙方都維持著可敬的尊嚴。此種手腕一切精華在於曖昧不清。偷一條麵包的人毫無疑問是小偷，但敲竹槓或賴帳的人卻在個人行為無法明顯判斷的可疑地帶行事。

要了解他整個人格、一切交易，才知道他是不是盜賊，但很少有人能看到整個人的人格。因此，在大多數人眼中，這一型別人始終保持著可敬的面目，只有少數親友真正知道他的卑劣行為。

有人受騙好多年，不一定是對方採用很微妙的託辭，或者他很會隱藏自己的本性，甚至也不是別人好欺負，只是偷竊在曖昧的情況下，不使對方陷在扯破臉的窘境中，一切都當做制度的一部分。只要你的行為

有爭辯餘地，沒有人會把你當做盜賊。他們也許會這樣說你，但也只是口頭說說罷了。

金錢借貸中，即使是對等的人際關係，也會產生優位、劣位的關係。向人借錢的一方，總覺得自己是居於劣位，因而產生一股自卑感，對於貸方，即居於優位一方的言語行動非常敏感，即使對方是無心之言，也會覺得深深受到傷害。正如有句名言所說：「當你借錢給朋友時，你失去了金錢，同時也失去了朋友。」

這種優劣位的微妙關係很容易體會到，而處於劣位的人在下意識中卻想扭轉這種地位，於是優方有什麼小過失，都會加以誇張，進而貶低對方的人格來平衡自己的劣勢感。所以當借錢給別人時，尤其是自己親近的人，也就越難處理得好。

因此理財專家建議，在借錢給別人時，千萬不要有貶低他人之心。而且為了避免友情破裂，最好能摒除私人情感，採取商業之間公事公辦的態度。

例如，電影事業中，戲院老闆「少報」票房的收入（因為他們必須分幾成給影片發行人），雖然被認為是「溫和的欺騙」，卻是無法避免的現象。

同樣，影片發行人習慣把用在別處甚至私人開銷上的錢，報在某一部賺錢的影片上，也被視為理所當然。叫人「記××的帳」是大多數公司每天都有的，例行欺騙也不必三思而行。

個人靠有錢公司免費旅行，並且隨意處置公物，吃喝玩樂，以優惠的條件購買公司產品如汽車、房子、彩色電視，或者把個人的需要當做完整服務的一部分，這一切都被認為是有實力的重要大人物應有的權利。但這些也應該算是溫和的偷盜吧！

美國奈委員會調查紐約警察貪汙案時發現，僅次於黑手黨的最大賄

款來自「合法事業想在城市公告和規則中順利過關」。此項調查報告指出，個人送禮給警察，是希望警察給予特殊或較好的服務，放過小小的違法行為。

每當某人靠職位的便利可以對別人有所幫助時，類似這些警察的情形就發生了，而且情況大同小異。留心一份好關係不一定是賄賂，但是也接近，比如商店購貨員定期接受推銷代表的禮物，城市官員收到商人的「小意思」等等。

這種情形很少是某人為一件特殊的恩惠而直接收到的賄賂。既沒有那麼赤裸，也沒有那麼明顯，只是在幫忙的偽裝下進行。當一個受到大方款待的人接管某一家和他「公共關係」很不錯的公司事務時，他就盡可能幫幫忙。交易的本質埋藏在適當的婉轉措辭中。業務網包括幾十個甚至幾百個這樣的關係，其中一方欠另一方的人情債，必要的時候就有「義務」幫忙。

雖然沒有人精確討論過這個問題，但是某人收禮欠下人情債，以至於他最後不得不幫忙，他必須為「朋友們」避開一些麻煩。請幾頓飯，聖誕節送幾瓶蘇格蘭威士忌，只要還還禮就行了。但是，他一開始就接受重禮，比如旅行費、顧問費、半價買東西，他只能委身於他的施主了。

事實上，這種事情隨時發生著，從自動的「接觸服務」到比較專門關係的建立，樣樣都有，每次接受奉承的人都不知道自己陷得有多深，也許直到他壓力臨頭，對方說：「看哪，你可不能眼看著我們完蛋吧！」他才知道自己放棄了自由，成為別人的工具了。即使到這一刻，他好像還不容許自己停下來，想想就知道他做了什麼。

只能分開商業關係和私人友誼，考慮大方朋友的利益和買來的效忠，以及公益和權利之間的分別，才能找出真理。大多數隱藏在這種情

況下的人根本不費心思去想。直到這種關係和安排在無私的調查中出了毛病，才發現一切都是騙局，他們才感到萬分恐懼。

在培養關係的偽裝下，這種制度在大部分時間顯得很可敬。為自己的活動、產品計劃造成有利的氣候，在某種情況下是相當合理、清白、誠實的，何時超過那個度，往往很難分出來（禮物什麼時候才算賄賂？）。

對此，倫敦《泰晤士報》的一位金融作家說：「……所謂替公司股票促成有利的市場氣候，應該和不應該之間並沒有明顯的界限。在天平的一端，過程算是明顯的欺騙，但在另一端卻是合法的策略，這是大家公認的，也許對工業和經濟組織都有利。」

華爾街幾家深受大眾歡迎的商行常替一個他們深知境況很差的公司發行股票。金融顧問總是嘲諷地告訴客戶兩種可能的選擇：「要嘛你就一敗塗地，要嘛就公開發行。」

英國一位工業鉅子說：「生意可以在白色、黑色、灰色地帶進行。白色地帶絕對誠實，黑色地帶絕對不正當，灰色地帶可以合法，也可以不合法，而且大量生意都是在灰色地帶進行的。」

在這個不確定的灰色地帶活躍著很多人。每個人都知道自己這一行所容許的騙局。國立健康服務處的專家們通常把昂貴的醫療裝置和藥品用在他們的病人身上，當然他們會收一筆費用。他們很討厭被人叫做盜賊，因為他們都是最受敬重的人物。餐廳的侍者總是循例把一些酒食帶回家去，這種偷竊事實上是列在預算裡的。

餐廳老闆說：「你永遠希望員工誠實。但是，從另一方面，他們若貪汙一點，你也不在乎，等他們貪汙太多了，你才會插手。假如我每週末的利潤比例正確，他們可以邀請每一個人來。我要的是 30%。如果他們能賺 35%，花掉 5%，或者放進私囊，那就算他們好運吧，我完全可

以理解。他們愛吃什麼，喝什麼，悉聽尊便。但是數目必須正確。如果飲料本錢用了 450 英鎊，那麼就該有 1000 英鎊現金或帳單，因為在餐廳的經營中，飲料的本錢是買價的 45%。如果每週盤點的時候，達不到這個數字，就表示員工貪汙得太多了，經理就會下達命令：『先生，你需要換換空氣了。』」

因此，偷竊必須局限在有限的範圍內。誰都知道侍者會偷，經營好幾家飯店的人不可能一一監視。因此，無法避免的事情只好心照不宣。

同樣的制度也適用於消費帳。某一種程度的開銷被認為是工作上適宜的用費，唯有超過那個程度，才會有人查詢。在規定的限度內，做假是容許的。

公司頭子定期收緊開支，帳目查得詳細些，有人被叫去問話，大家都要小心一點。但是，從來未聽過誰真正告發過消費帳的真假，這個行為已變成制度的一部分。

有一個最明顯的例子。美國國會批准喬治・華盛頓贏取獨立戰爭的費用時，雖然有些帳目非常模糊，他們還是不追究任何詳情。總數是 8284 英鎊。當時革命軍的兵士月薪只有 25 便士左右，少將則不到 6.4 英鎊，可見華盛頓並沒有虧待自己。有一天，華盛頓記上 330 英鎊，約等於 50 個少將的月薪。他整齊的字型寫道：「現金付馬具店，買一個信箱、地圖、眼鏡等等。」

在帳目上「等等」是最有用的符號，華盛頓很會用這兩個字，其他「雜貨」、「勘察」和「祕密服務」的目標下也有同樣的字眼。有些則只寫「付給李先生」和「付給梵先生」，沒有進一步的說明。

據內部人士透露，這些錢是購買馬德拉白葡萄酒用的。國會當然問也不問，就支付了第一任總統的開銷。

今天重視經理才幹的公司，也不會俗氣地查問帳目中「等等」或

「雜貨」的真實內容。通常只有笨拙的急進份子才會提出這些問題，他們本身可能不喜歡消費帳的便利。

依照傳統，人們的廉潔在某一標準下是不必懷疑，也不必調查的。除非醜事爆發，或者扒糞的新聞記者挖到什麼不能見光的訊息，或者私人檔案落入反政府的記者辦公室中，大家才明白這種愉快的假定是多麼不合理。

法國人發現總理從 1966 年到 1969 年沒有繳所得稅，1968 年還有一筆退稅款。後來發生了一陣喧鬧，這件事被提出來公開審查，沒有人發現他實際的非法行動。但是，他不久就丟了總理的官位。

這個案件受注意的結果是，大家都了解到最著名、最可敬的法國公民也可以運用賦稅制度，不必違法，就逃過稅金的徵收。就是利用法國的一個制度，個人投資的收入可以獲得稅金債權。根據公司已付稅的原則，投資人可以用這筆收入的比例來平衡他自己的稅金，有時甚至達到 50%。事實上，手段高明的人可以弄到足夠的債權來抵銷他所有的稅金。

另外一個辦法就是買下歷史遺蹟中的建築物，加以復建。這種情形下，國家會付 50% 的復建補助金，另外 50% 從稅金中扣除。

就法律上而言，這些技巧完全合法。個人的所得若高過某一限度就應該繳稅，逃稅即使不犯法，實際上也掠奪了那些繳稅人的權益。

但是，可敬的奸詐鬼自有一套制度，不從這個觀點思考事情。他一心注意要求權、許可、抵銷和稅金債權，根本看不出自己的作為雖不違法，其實卻是偷竊。既然連總理都利用這個機會來為自己謀利益，一定有很多名流顯貴也這樣做，而且根本不覺得自己作弊取巧。

美國的西方聯合公司年年賺錢，卻連續 8 年沒有繳稅。他們用最有利的簿記手法，在報稅帳本中加速廠房及裝置的折舊，把利息開支當做費用，在財務帳上卻歸於本金。英國紡織業鉅子克陶德也利用類似的方

法來逃稅，包括把集團中所有世襲的財產化成租借，然後將微不足道的業主保留權益轉到一家子公司，以造成資本的損耗。這是其利潤由 4200 萬鎊升到 4500 萬鎊那一年的事。

有一位評論家說：「柯陶德證明一個公司報稅用的帳本和展示給股東看的帳本有天大的差別。」

另外一個約定俗成的制度是「靠開銷過活」。有人買什麼都不必花錢，樣樣都記公帳。有一個商人說：「我口袋裡帶一張 1 元的鈔票，往往兩星期還沒有動用。公司付我 3000 鎊的年薪，只要繳稅、繳房租、吃早餐就行了，其他的一切都是記公帳。」

既然他幹休閒業，他想做任何事情都可以算是業務開支。身為餐廳經理，他吃飯的帳單都算業務開銷。如果他必須在自己的餐廳吃飯，了解到一切才能監督員工。若他必須在其他飯店吃飯，是想看看同業在幹些什麼。當然，他不得不穿氣派一點，所以他的衣服也記公帳，何況他的某一家子公司還經營男性服裝店呢！

有一種賺錢的方法違犯了保守的感情，就是把女郎介紹給男子，或把男子介紹給女人，一方面做生意，一方面享樂，而你收取利潤。做這種事的通常都是下流的皮條客。

20 世紀 60 年代初期，一位社會名流史蒂芬‧華德醫生被人發現，他曾把女孩子介紹給著名的貴族和政治家，並且發生性關係，女方接受金錢報酬，而他曾向女孩子收錢，於是他被捕受審訊。當時這算是很大的醜事。華德不願意面對這麼丟臉的罪名，於是自殺了。

很少有人注意到，華德拿的錢簡直少得可憐。他是一個永遠手頭緊、隨時向人拿錢的傢伙。他輕易向妓女或紳士討錢，也許有點放浪，但是這和職業皮條客不可相提並論。但是事情被曝光，無論是看起來還是聽起來，那都很汙穢了。

今天的電腦撮合中心大量做華德偶爾犯下的事情，賺取大把鈔票，公開廣告，卻被認為是可敬的。沒有人把電腦撮合中心的經理當做皮條客，儘管他所提供的某一項服務是介紹人們從事色情交易，而他也收取費用。但是在曖昧不明的區域內行事，電腦把兩個興趣相同的人安排在一起，他們實際上幹什麼，可不關經理的事。

這種奸詐的風氣並不只限於私人行動，在大規模的事業上往往有最荒謬、最賺錢的結果，比如雷利「偷 100 萬永遠不算犯罪」的金言。

很多罪過，其中包括某些技術上犯法，並不會報應在犯罪者身上。獨占權的建立就是最明顯的例子。它也許不合法，但是在資本主義的社會中，沒有人會因為你是壟斷家就退避你，不讓你進門。

美國司法部控告 IBM 公司濫用非法的獨占力。但另一方面，卻又指派公司的一位首長阿瑟‧K‧沃森為美國駐法國的大使。

大多數社會都不容許壟斷，只因為這是掠奪人民的方法，就像「強盜頭子」一般。但是社會上並不輕視這種掠奪。同樣還有一大串商業罪名也不會受到道德的指責。

下面這些生意手腕都是犯罪的，但均被廣泛使用。例如，蓄意用兩種會計，對稅務調查員和投資人各有一套說法；廣告不實；分量減少，用包裝來讓人以為他們買到的比實際的多；為搖搖欲墜的公司建立有利的市場，感覺使用低於標準的原料；在合約中亂用措辭，實際上以後才能實現；工業間諜；產品的標籤或描寫不正確；降低安全度以減少成本；定價不實；捐錢給政黨基金或計劃，從事鉅額的賄賂，操縱特別的慈善基金以推廣自己的生意或妨礙競爭者的業務；偷取工業過程和公式；空氣汙染；過度掠奪天然資源；製造不安全的商品，製造侵略、虐待和壓迫的武器；把工人安置在有害健康的場所下。

這些情況確實有人提出過控告，也宣判當事人有罪，懲處罰金，但是，犯了這種罪對社會地位不會有任何損失。

第四篇　金錢的哲學

金錢是維繫社會平衡的砝碼和槓桿

男性魅力與金錢的運用

有一種女孩，別人都說她一定會嫁富人，她就真的嫁了。對此，她解釋道：「我並不是為錢而嫁他，只是碰巧他很有錢而已。」

從某一種意義來看，她說的也是真話。她心中的金錢動機已和情感動機交織在一起，在腦海中根本分不出來了。她只愛有錢人，就像其他女人只愛頭腦好的人，或者年長的人，或者高高壯壯的英俊男士一樣。這件事的深度遠遠超過謀利的打算。

莎莎嘉寶說，她唯一為錢而嫁的男人就是康拉·希爾頓。然而事實證明，她生命中許多有錢男子絕不是偶然的巧遇。

這並不是說莎莎嘉寶是淘金狂，而是她和許多別的女人沒什麼差別，似乎見了錢就興奮，錢簡直就像是挑逗她性慾的媚藥。

最風流的神明天帝宙斯把自己化為天鵝來征服莉達，化為公牛來強擄歐羅巴，化為一陣金雨來引誘丹奈伊，這些都說明宙斯是很了解自己男性角色的。

用現代的觀點來看，最後一次的風流手法是最聰明的。因為不論是口袋裡錢幣的叮噹聲，還是從一大疊鈔票中抽出幾張，多給侍者小費，或用飛機載她去阿姆斯特丹，舞弄金錢總被公認是挑情儀式的一部分。

亮出鈔票是男人施展男性魅力的方法。

戀愛中的女孩子希望對方為自己花錢，一頓昂貴的晚餐當然比一個牛肉餅更具有情感上的價值。這也許把女人看得太低了些，但是若不如此，所有的海誓山盟都會消失。

調查顯示，婚後的人們就不太有興趣到昂貴的地方。一個上流豪華餐廳的老闆說：「90％的客人都是為生意而請客或帶情人外出。」

為女友花錢的特殊愛情效果可以由相反的情況得到證明，小氣會驅逐性感。為帳單討價還價、斤斤計較的人，幸福正走向悲哀。

女孩子為什麼喜歡人家為她花錢？她不見得是貪財，因為昂貴的晚餐不會增加她銀行的存款，他給侍者或門童的小費對她也沒有絲毫意義。

難道是他的財產激起了她的貪念？不是完全如此。因為女人就算知道對方花不起那麼多錢，但看他們為自己而花錢仍然會感動的。

傳統追求女孩的方法是接二連三地送禮物。奇怪的是，意圖雖然很明顯，卻往往很有效。一個已有一個幼兒的已婚婦人回憶她被陌生男子追求的經過：

「那是一種轟炸，鮮花不斷送來，一大簍一大簍的。我對這陣不尋常的花發生了興趣，我感到異常興奮。然後是一瓶瓶香檳、一罐罐橘子水，因為他知道我愛喝香檳和橘子水。我真被那些東西炸昏了。他的『勞斯萊斯』車整天都停在門外。然後是一罐罐魚子醬，可以大匙大匙地吃。這是很迷人的揮霍法。我想，他一定有很多錢，除非他很有錢，否則不可能一天送10打紅玫瑰。然後是貂皮大衣，不過我退回去了。這樣過了3天，他才親自出現在門口。他說他是信差，但是我由他身上漂亮的羊毛衣和剪裁合度的絲絨運動衫判斷出，他不是送信的人。她發現他很迷人，很有趣，但是同時我又看不起他的錢，他只能給我這些。禮物太重了，我就退回去。我想我高興的是自己對他有魅力！」

但是，看不起歸看不起，她卻沒有打發他走，最後還跟他上了床。她想不出為什麼，其實，他只不過是個粗俗的騙子，她所愛的丈夫卻是資產家。體格的吸引力也不大。她有點困惑地說：「我不知為什麼就陷進去了，然後就無法自拔。」

這個女人很動人，生活圈子中似乎常常有人追求她。之所以被這位追求者征服，無疑是被他慷慨的大手筆迷住了。雖然她不需要他的錢，卻被他的金錢煙霧彈打倒了。我們推想，她正像丹奈伊和其他無數的女士一樣，因為金錢而獻上肉體。

花錢，送禮，大送皮貨，包含的意義當然很明顯。但是許多人都願意接受這種諂媚，可見大家都了解其中的象徵意義。除非禮物太貴重了，才被認為是一種買賣。貂皮大衣被退回，因為接受會損害名譽。

對任何人來講，每天 10 打攻瑰都嫌太多，可見這陣轟炸的目的不是討好對方，而是炫耀送花人的財力。若不出意外，受禮的人也斷定，只有富人才送得起這麼多花，當然誰也不需要這樣闊法。

也許誇張的攻勢意味著強大的效能力，一擲千金的男人為自己創造了女人，看來很有暗示的作用。「豪客」一詞就承認這種雙關的意思。

● 女性消費是一種性本能

女人在花錢時，往往是突然間胡花亂用。從文雅的一面來看，這通常是壓抑性情緒張力的結果。在一陣揮霍結束之後，才發現買來的東西根本沒有用或不需用。花錢的那一刻，有一種不顧一切的得意感，一種解除財政限制的輕鬆感，以及「我才不在乎」的金錢本能放縱感。

女人通常會說，這種行為使她們脫離了情緒的低潮，解除沮喪，使她們更有信心。典型的例子就是有些女人出去買一頂新帽子，好使自己振作起來。但是這樣的解釋還不充足。花錢的狂歡還有一個特徵，事後總帶來自責和悔意。

心理分析家卡爾・亞伯拉罕在很多病人身上都見到這一類行為。他發現這些女人一出家門就有花錢的慾望。在一位女士的病例中，他發現她走出家門若感到焦慮，就花各式各樣的冤枉錢來解除內心的煩燥。

卡爾・亞伯拉罕把這一點和女人共有的「街頭焦慮」狀況聯想在一起，起因是潛意識的賣淫狂想，而且有時候是自覺性的。

「在潛意識裡，她們想對自己遇到的每一個人屈服，但是，意識層的焦慮使她們生命力只能做出最狹窄的轉移。」亞伯拉罕下結論說，「本能和壓抑做了一番妥協，病人在反抗的心理下，不消耗性力，卻使用貨幣來代替。」

花錢也有動情、性慾亢進的過程情節。表現的方法就是花冤枉錢，一樣一樣地亂買。揮霍時除了花錢的狂歡，只有漫不經心、不顧一切。

根據電話費調查可以看出，女性使用電話的時間遠比男性為長，尤其一些初為主婦的女性，比例尤其高。家庭主婦平日在菜場斤斤計較，終日為家庭開銷精打細算，為什麼還有閒暇及金錢打這麼長的電話呢？

根據此項調查顯示，喜歡長談的主婦們也都想到電話費的問題，可是她們總將這種花費與丈夫應酬用的錢或煙錢進行比較，認為這實在是小巫見大巫。由此可知，她們原本認為這是一種浪費，經過反省之後，馬上推翻了原有的想法。

人類即使明白自己的行為是不對的，但在尚未反省或後悔之前，往往會為自己辯護，替自己自圓其說，甚至攻擊他人。因為要背負認錯的包袱，在精神上的確是一大苦意。因此潛意識中，往往尋找似乎是正當藉口的理由，使自己後悔的念頭或不安的情緒有所紓解。這也是為什麼那些家庭主婦會以先生的花費為攻擊對象，原因正是在掩飾自己電話打太久的錯誤。另一方面，先生又以公司應酬，或慰勞員工為說辭，把自己的浪費視為一種正當用途。也因此，他們從不自我反省，總認為自己

的行徑是對的，所以世間女子永遠養不成長話短說的習慣，而世間男子也永遠有應付不完的飯局。

面對這種家庭浪費，理財專家建議，與其浪費後再三反省，不如改變自己的觀念；與其浪費後責怪對方，不如提供改變良策。而對於生性浪費的人，最好的方法就是讓他手操經濟大權，令其自覺責任重大，不敢再任意花錢，從而收到意想不到的效果。

在揮霍的一刻，她們有得意洋洋的自由感，這和她們所做的事情完全相駁，但是若從潛在的意義來看，就很容易理解了。她們暫時振作起來，因為在不受控制、大花大買的時刻，她們覺得自己違抗了性自由所遇到的嚴格限制。

中產階級的婦女最常依賴這種代表「性」的行為，因為她們的性自由通常被限制得最嚴。揮霍所帶來的狂喜狀態更表明了其中的性意識。事後，女人往往不明白自己做了些什麼。

「我不知道中了什麼邪。」她們總是如些解釋。

花錢代替性的衝動，是因為花錢所要表現的性慾具有很強的虐待兼被虐成分。用心理分析的名詞來說，花錢在潛意識中是指以肛門虐待狂的方式來「排洩」。

此女來勢洶洶，問東問西，很霸道，把人支來喚去，愛吵嘴，轉進轉出，往往很不禮貌，故意用購買力來欺壓店員，把他們當做僕人、奴隸，叫他們替她拿東西，叫的士，尋找拿不到的物品。若反對她的專橫，她就發脾氣，叫經理，威脅說要他們丟飯碗。

虐待狂的心理很明顯。被虐的成分則表現在對丈夫或自己承認亂花錢，說不定還想回去求自己剛才苛責的店員能否准許她退回亂買的東西。

金錢可被當做虐待的工具，在莫拉維亞《空白的帆布》中表現得淋漓盡致：

「我把西西莉亞猛拉過來，吻她，這時她卻偏過頭去，我的吻落在她的頭上，我塞兩張鈔票在她手中……她的身子放棄了抵抗，我看見她垂下眼瞼，彷彿就要睡著了，這表示她接受了我的撫愛，準備享受一番。我占有了她，她沒有脫衣服，這使我比平時更憤怒了，更狂暴，因為我彷彿覺得，她的身子已變成了一個比武場，我不得不和演員比試精力和耐力。我默默地占有了她。但是在亢奮的一刻，我對著她的臉罵句『婊子！』。也許我看錯了吧，她唇上好像浮起了一絲微笑，我說不出她的笑是因為快感還是因為我的侮辱。」

● 情感與金錢的隱祕遊戲

脫離了妓女賣淫這個特殊的領域，赤裸裸的金錢所扮演的角色就曖昧多了。

在情愛的買賣中，送禮和收禮通常是珠寶、大衣、車子、房子，很少是現金，一切都按慣例進行，使雙方都不必承認禮物的用意。

除非事情的程式出了差錯，某一方得不到預期的東西，心照不宣的意思才在互控的言語中明說了出來。那時，大家才嚴格追問潛在的涵義和企圖。

幾年前，有一位美麗的名媛，我們就叫她愛蜜莉吧。她當時是一個富翁的太太，前往法國南部她父母的別墅度假。她接受一位百萬富翁的邀請，到他的遊艇上吃飯，我們就叫他亞歷山大吧。愛蜜莉談起她婚姻

的挫折，亞歷山大非常同情她。第二天，也是遊艇上，他們談起他婚姻的挫折。他們愈來愈親密了。

一個月後，這位名媛和她母親光臨這位富翁的加州別墅。幾小時後，亞歷山大送給愛蜜莉價值 1.4 萬英鎊的珠寶。她非常感謝他，認為是最慷慨的禮物。

在送禮的時候，愛蜜莉的母親曾暗示亞歷山大，一旦結婚，他應該為她女兒設想一些獨立的保障。亞歷山大不太高興，因為他覺得他又不是「收買」愛蜜莉。但是他很愛她，覺得需要安全感的話也不算過於離譜。

所以，過了不長時間，他就送給愛蜜莉一個值 6 萬鎊的「訂婚戒指」，她只在收禮那天戴過一次，因為雙方都還沒有結婚，戴起來實在太過分了些。其他禮物接二連三地送到，其中包括一棟倫敦的房子，價值 4.4 萬英鎊；一個 2.5 萬鎊的鑽石當作生日禮物。愛情還沒有定局，一切都不太明顯。

幾年後，事情稍有點不對勁，亞歷山大就直截了當地說：「我要收回珠寶，事情吹了。」

愛蜜莉可不像詩歌中的少女，沒有立刻叫他收回去，她要保留。

在法庭訴訟中，亞歷山大宣告禮物是有條件的，是送給他要娶的女人。愛蜜莉說不是，禮物是完完全全送給她的。

6 天惡毒的辯論花了 6 萬英鎊的訴訟費，法官還沒判決，雙方不得不和解了。愛蜜莉同意退回大部分禮物和那棟房屋，只保留大約 5 萬英鎊的珠寶。

此案揭露出那種生活通常不公開的一面，就是花錢多少的問題。愛的表徵在法庭上受到尖刻的盤查，送者和受者的意圖成為反覆查詢的目標。

在這個標準中，金錢全靠預設的基礎來行事。當然，對於心照不宣的事，就留有懷疑的餘地。

總的來說，情婦並不直接或立刻就被要求做什麼，但是最後她被錢控制了，只要她做了對方不滿意的事情，禮物就會被收回去，因此，當時沒有說出口的用意就是要她聽命行事。

當時看起來不像如此，愛蜜莉的某些昂貴珠寶實是繫在聖誕樹上的。但是隨著時間的推移，就看出禮物是有條件的。什麼條件？答案是婚姻，亞歷山大一案中，法庭上的回答是如此。但是其他情況下，就看送禮要什麼條件了。

在《空白的帆布》中，莫拉維亞描寫主角想激起女友的拜金狂，以便能占有她。他每次與她做愛，就許諾拿錢給她，讓錢變成一種期望。然後他不給錢，看她有什麼變化，或者說什麼。她好像沒什麼反應，他覺得很生氣，因為她若不愛錢，他便不能用錢控制她了。這些錢是他由闊媽媽手中要來的。她拿錢給他，他覺得：「我母親想用錢控制我……」同時，他的女友西西莉亞則把情人給她的錢，送給另一位男友。

每一個例子中，他們都自覺或不自覺地想藉著金錢這種媒介控制自己所愛的人。「我寧可知道西西莉亞貪錢，而不願她太神祕，」主角說，「知道她貪財，會給我一種擁有感，而神祕卻無法控制。」

金錢束縛取代了大家唯恐不足的情緒和性愛束縛。在情夫情婦關係中，金錢的主要任務是綁住或控制某一位人物，否則他（她）就會太自由。這當然也表示不信任其他的約束力，結果強調了金錢的束縛，其他的約束注定要減弱。

在這幾椿事中，女方的貪財和男方的富裕形成有用的互補條件，因為其中包含了有效契約的基礎。雙方可以做一個安排，以相互需要保障雙方的利益。女孩子如果不貪財，不十分在乎金錢，關係就徹底崩潰

了，因為男方對她就失去了控制權，安全感也得不到保障。女方需要錢，比她需要情人的愛更被視為雙方關係可靠的基礎。

這種對錢比對愛更強的信心，必須追溯到最早的控制需要，那是肛門性格的特點。這種人不容許別人有行動的自由。他們想決定親人生活的每一細節，因此他們很適合養情婦。他們付了公寓的房租、女傭的工錢和一切帳單，就可以不斷控制、細查對方的活動。他們有權，因為她花了他的鈔票。

願意屈從這一類肛門控制的女人，幾乎都是騙子，她當然會和年輕的愛人一起騙她富有的保護者。唯有騙子型的人才肯假裝屈從這種控制，並接受有條件的禮物。別人會公開反抗的。因此，控制者若愈來愈專制（他有權力如此），他的情婦則會愈來愈狡猾。

捲入此種關係的人最後通常只談鈔票。他們之間的一切都用錢來表示。情感的愛情砝碼化成錢的多少，脫離關係也變成錢的分析問題。

錢可以用來占有或控制別人，那麼抵禦、反抗也是金錢的動機。如果甲想用有條件的禮物來控制乙，一旦某些條件沒有實現，就可以收回禮物，那麼乙方就會千方百計地用魅力和性本領來使禮物變成無條件，從而解除甲方對她自由的束縛。

對於擅長這種愛情和金錢遊戲的人來說，一切步驟都和下棋一樣熟，並多多少少有點自動化了。他們變得非常精明。討厭被人掐荷包的富翁更會對在女人身上花的錢立下嚴格規定。

《花花公子》的大廠維多‧羅尼絕不送女孩子大禮物。他說：「海夫納和我討論過，他很有錢，但一個人若有錢，就常常想用財富來誘惑女孩子上床，不過這樣就失去了她看上你本人而上床的樂趣了。現在你本人是富翁，這就是魅力的一部分，這一點不能被抹殺掉，我也不會花時間去考慮吸引的問題而折磨自己。但她總不是為一輛車、一隻手錶或豪

華的禮物，而這麼做的。我不願意送高價的禮物，而且是我故意不這樣做。是的，我會送禮，一份小禮，窮人也買得起，一瓶香水之類的。」

於是遊戲手腕複雜了，每一步驟都有適當的防禦。

「有一種淘金型，」羅尼說，「我想立刻會感覺得到。怎麼說呢？你本能上就有這種感覺。我是說，你看得出女孩子是不是看重錢，我完全可以感覺出來。我就退開了。有女孩向我要過錢，但只是百元錢左右。有人曾來往於貴婦圈中，她們要 1 萬元。但是我曾碰過這種事，也因為拒絕得太多，根本就記不得了。對於要小錢來度過難關的人，我答應借錢給她們，我要她們寫借據。我不會逼對方還債，但是借據本身已足夠讓她們不敢再來要。這也是為了她的尊嚴，我不是真的付錢，是她欠債嘛。」

面對這種銅牆般的防禦，必須有反擊的方法。

妓女直等到男人和她上了床，他非常興奮的時候，才提高價錢。情婦則用比較婉轉的手法，如果男方太吝嗇，她就找理由說她這一夜或那一夜不能見他，她必須和某人談工作、差事的問題，或者要見某一個答應出錢給她做事業，比如一間小服裝店、一家餐廳之類的人，不然就是到攝影師那兒當模特兒兒兒賺錢，否則就是晚上出去當女侍。

「我不讓你去做。」男人看到自己的束縛鬆了，別人對她有了權威，就如此說。

「但是我要賺錢給我母親治病。」女人說。於是男人會說：「好吧，我給你錢，讓你給你母親治病吧。」

母親的病癒來愈嚴重，治病的錢當然也一天天加大。一旦開始給她錢，不給就表示：「你不再愛我了！」所以不能停，因為他若不再愛她（愛她就不會這麼小氣），她為什麼不能見別的保護者呢？她會生氣地說：「我又沒嫁你，對不對？我也要為將來打算打算。」

這都是此類關係的陳腔濫調。男人挫敗、茫然，心裡很難受，就說：「我們總是為錢吵架。」

她說：「因為你太吝嗇了。」他說：「永遠都是錢，錢，錢。」

她說：「對你是沒什麼，我才是一無所有的人，為你犧牲一切青春和機會。」

就這樣繼續下去。最後經濟上必須有一番調整，否則關係就瓦解了。

很顯然，同樣有錢、同樣窮，或者完全不在乎金錢的人，不會發生這種情況。萬一如此，一方就不能控制另一方了，而控制權是某一種人所必須擁有的。

羅尼堅決表示，他不用錢誘惑女子上床，卻承認年齡若使男人別無他法的時候，那又是另一回事了。他只希望自己魅力減退時，慾望也相對減低。否則的話，老年時只好用錢來追求性愛安全感了。

所有關係中一旦有金錢介入，不管多麼迂迴，還是不容忽略的。莎維拉·荷蘭德說某一種婚姻是消極的賣淫。男人去找她時說：「我每年給太太1萬元，得到了什麼？6次差勁的交合！我還不如每次花100元找你。」

人們一旦使用金錢價值系統，就會用金錢來估量一切：我得到了什麼，我有沒有取回那筆錢的代價？結論是划不來。

另一方面，「免費的愛人」會突然說：「嘿！我白送人家。」但她看到其他女孩「為此而得到的報酬」，覺得自己不這麼做，實在太傻了。這些女孩拿出鑽石和皮貨給她看，她就會想：「他只送給我一個差的牛肉餅。」於是金錢就以消極的方式插進來。女孩子覺得很不滿，自己竟那麼廉價。不久他要溫存的時候，她就消極抵抗了，於是他受到壓力，不得不送些摸得到、看得到的愛情象徵物。

　　阿瑟・基斯特勒在他的自傳《藍箭》中曾經對巴黎的妓院大表懷念，他用特有的理性風格列出其中的優點：

　　「巴黎的合法妓院，既不是罪惡城，也不是小說中描寫的詩意場所，只是性愛去除了神祕、當商品來買賣的商場。把人類功能當商品來販賣當然是墮落的過程，但是出賣擁抱，和政治、文學、藝術等只是程度上的差異，不是種類的差別。我們較恨前者，表示我們對身體比精神看得更嚴重。在商業化的社會中，希望最有能力者的性衝動能逃避商品化的過程，未免太荒謬了。」

　　關於為什麼不能完全免掉金錢的考慮，另外還有一種看法。意思是說，一項有力的性衝動很難和其他衝動分開。錢既然是我們生活中非常重要的部分，把它推離某一特殊的領域，未免太矯情了。現實對於現狀的認可，表示它除了在浪漫的姿態中不能立足外，並沒有完全受到拒絕。

　　我們若不談道德，換句話說，不考慮應該如何，只看實際是怎麼樣，就不難了解這個事實，使金錢介入性關係，結果是使部分性驅力「金錢化」，部分金錢驅力性感化。

　　在某些情況下，這種內在的機制是處理脆弱感情的唯一可行辦法。懷有賣淫夢的中產階級主婦胡亂揮霍金錢，比獻身給妓院的舞男更能被社會所接受；商人在妓院的面具戲中滿足被奴役或支配的需要，也比在外面世界豢養情婦更能得到社會認可。

　　徹底的本能自由在社會中根本不可能實現，金錢扮演變壓器角色，減輕了負擔。大家都注意到其中的感情損失，動力變成金錢而不是生殖欲，性愛就失去了某些熱度（有時候甚至到無能的地步），但是有人確實喜歡這種較冷淡的關係。

　　金錢的積極面是現鈔的硬度，它具有某些令人滿足的真實感。把事

情的紛亂性和複雜性化成數值多少的問題。它便利了情感的存廢，一切都不必牽涉到更高的情感法庭，只要按照慣例、實事求是就成了。單說機械化就是一大解脫。

金錢的位數把關係化成極微細的一面，實現了日常的人類需要。這也許不是生命中最高的任務，但不可否認，它也自有它存在的用途。

家族與金錢的永恆繼承

把錢留在家族裡是一個很保密、很原始的衝動，通常能抑制家庭的紛爭和仇恨。血緣關係和金錢關係並織在一起，構成了家族團結的約束力。杜邦、克虜伯、洛克斐勒、甘迺迪、西敏公爵、羅斯柴爾德、梅隆等大金融王朝就是這樣興起的。

杜邦家族的故事最能證明其中的經過。1803 年，他們以製造軍火起家，資金是 3.6 萬美元。杜邦公司在 1812 年戰爭期間混得很不錯，南北戰爭期間生意更好。

1872 年，市場上堆滿了戰後的剩餘軍火，公司營業不佳，曾想賣掉股分。但是阿佛烈一世，也就是後來著名的「杜邦救世主」帶進了另一派系的兩位姪兒。他們又推薦兩個弟兄。這種加速的族閥主義使他們獲利匪淺。

根據現在《財富》雜誌猜想，有 4 位杜邦子弟財產達到 600 萬到 12 億。還有 246 位杜氏富豪構成了家族財富的中流砥柱。

當然，還有不少小杜邦，雖然不那麼出色，卻也混得不錯。其中有人在「杜邦公司」、「通用汽車公司」、「美國橡膠公司」、「美國煉糖

公司」、「美中石油公司」、「聯合水果杜邦公司」，這還只是少數的例子。他們還經營 18 個基金會，並且花 1.225 億美元來維持以前的杜邦大廈、公園、地產、公共博物館和植物園。

有些財富只是時間和環境造成的。湯瑪士・葛羅斯維納爵士在 1677 年娶了瑪莉・戴維斯小姐為妻，她帶來了平凡的嫁裝——幾片土地。

1972 年，一位剛滿 25 歲的青年，葛羅斯維納伯爵，也就是西敏公爵五世的兒子兼繼承人，繼承了他份內的家庭產業，價值約 1100 萬英鎊。他擁有這麼巨大的遺產，只因為瑪莉・戴維斯的草坪剛好就座落在後來的梅斐爾和貝爾格拉維亞兩大高階住宅區。

據說葛羅斯維納家族的財產是英國最大的私產之一，也是金錢傳奇家族中最完美的例子。現在的西敏公爵由他堂兄的遺囑中繼承了 25% 的餘產。現任公爵的兒子葛羅斯維納爵士則繼承了 15% 的一份。但是他伯伯公爵四世 1967 年過逝，沒有繼承人，因此葛羅斯維納爵士又繼承了 30%，總共是 45% 的財產。

這可以說是英國上流社會以滲透獲得財富的方法。希臘人可不這麼被動。富有的船王史塔洛・李凡諾有兩個女兒，即丁娜和尤金妮。

25 年前，一位新起的船王史塔洛・歐納西斯愛上了丁娜，但是被拒絕了。丁娜嫁給了另一位船大王亞里斯多德・歐那西斯。歐納西斯就娶了丁娜的姐姐尤金妮。

幾年後，歐那西斯對歌劇演員瑪麗亞・卡拉斯發生了興趣，丁娜和他離婚了。同時，尤金妮去世。歐納西斯有了再婚的自由，便娶了丁娜。不管發生了什麼事，錢總留在親族中。

「一個人可以積聚財產」斐迪南・倫柏格在《富翁與超級富翁》中說，「但是財產若要完整無缺，就必須有繼承人。建立財富的人如果是單身漢，或者不能成家，財產就會消失在基金會或學會的贈款中。因

此，繼承人對財富和貴族頭銜一樣重要。美國人的大部分財產，多達70%，今天都留在繼承人手中。」《財富》雜誌列舉 1957 年的世襲財產中，有 42 個人擁有 7500 萬到 10 億的財產。

研究大財富或中等財富者的族譜，可以證明人類把錢留在家族裡，使它永垂不朽是一種本能行動。即使一生的收穫很少，還是想傳給自己的後代。

有些老太太為了留東西給富有的兒子，還憂心忡忡呢！大多數人買房子或購置屋裡的財物，除了造成當時居家的功能，或者賺利潤之外，也想留一些東西給自己的孩子，日後可傳給親族。

幾乎所有遺囑都偏向立囑人的家族。大家往往寧願選一個素未謀面的遠親當遺囑受益人，也不選很親密的朋友和同事。對於這一點很難解釋，只能說留錢給親族比較自然，即使非常討厭財產的繼承人，但結果仍然不例外。

在很多情況下，人們不但這樣冷冷地忠於家族，甚至還有積極的計畫，規定家族的錢必須為家族利益服務。甘迺迪家族就是典型的例子。如果這種態度占了優勢，複雜的信託辦就成立了，連鎖的防範失敗措施使外人根本不可能控制家族的財產。遺產稅的用意是阻止財富一代一代愈積愈多，實際上卻很容易遭到愚弄，所以被定為志願稅。

現在大多數有錢人一賺到錢就分給家人，自己活著的時候保留控制權，擔任基金會或信託基金的管理人，而且自己寫下規則。繼承人和受益人必須覆行同樣的行為和契約，也把錢分給子女或後代。這樣的家族變成國內最強大的統一體，成為永遠值得重視的力量。

總統最多在位掌權 8 年，而福特、杜邦、甘西迪、洛克斐勒、梅隆等世家卻可以終生運用財富的權威和影響力，實際上還可以由繼承人永遠運用下去，除非出現意外。某一位政治家下臺了，這些世家卻仍然存

在，仍是世上一股不可忽視的力量，他們仍有著極大的地位和影響力。

像原始圖騰物一樣，金錢也根據人與錢的關係而組織起人類彼此的關係。例如在原始部落中，圖騰物就是指確定亂倫禁忌的方法，由同一圖騰（某一種神聖的獸類、鳥類或植物）傳下來的人不准發生性關係。就這樣，土著人找出應付危險的正規方法。當然，危險並不在於同一圖騰的血統，但這是一種有效的說法。

金錢既是一種圖騰物，也會指定某些正規的禁忌。從金錢圖騰傳下來的人不該和無金錢圖騰的後代結婚，否則金錢圖騰就會貶低、削弱。潛在的恐懼會使這種婚姻耗光家族的財產，而不會一天天地更堅固。

由此，我們不難看出，把錢留在家族裡有很多實際的好處。但是意義還不止於此。有人只傳下相當小的數目或者房屋等財產，不牽涉到權威或影響力的問題。但是，讓親人繼承自己財物的願望還是非常強烈。這也不一定是善意的表示，因為有些人堅信，繼承大筆財產對子孫有害，但他仍然把錢留給自己的後代。

有些貴族把他們世襲的大宅邸看成監牢，認為他們不是主人，反而成了犧牲品。蒙塔古爵士雖然不是幹這一行的，卻認為他自己是白金漢郡祖先「華美宮」的管理員，而不是屋主。

不管從哪一方面來看，他都不認為自己是主人，他從繼承那天開始，就有義務把它交給一個支持他兒女的信託單位。大宅裡的許多家族儘管他都不喜歡，有時候也滿懷單純生活的信念，想像自己已把那些祖先趕出視線之外。但是維持不了多久，他們馬上會重申自己的權利。誰若是繼承了一棟大宅，或一筆家族遺產，就要聽祖先幽魂的指揮。

「你會覺得，」蒙塔古說，「你對建立、擴充這些遺產的先人，具有強大的神聖責任感……」

這正是建立財產的人希望後代能有的感覺。他用自己傳下的東西，

使繼承人局限在某一種生活裡，很少有人能放棄一筆遺產，或者上面所附的條件。

金錢就這樣維護了它的永恆，成為個人影響力、口味或風格伸入未來的媒介，也是現代造成王者門第唯一的途徑。但是，正如佛洛伊德在《圖騰與禁忌》中所說的，國王也是犧牲品最好的人選，尊崇他們的種種表現，往往掩蓋了他們自身所飾角色的真正面目。

從甘西迪家的情形就可以看出來。兄弟一個接一個自許為家族政治野心的繼承人，覺得有義務冒險追求政治生涯，支持他們家族財力也是約束的力量。

王者們實際上受他們治國的神聖權利所約束，大財產的繼承人同樣也被迫行使鈔票所給予他們的權利，他們又把這些權利強加在子孫身上。有些人棄權了，但是大多數人都聽命行事。

錢，就像皇家血統一樣，也帶有強大的驅迫成分。

現在的羅斯柴爾德爵士違反家族傳統，當了科學家，但是他兒子雅各卻回到金融界，經營倫敦的家族銀行。

即使事業沒有那麼大的規模，創始人還是給繼承人帶來了很強的義務感。受託一筆親族產業卻不加以擴充或儲存，實在違反了最起碼的本性。很少人處在那種地位還能不在乎先人對他們的期望，若有選擇的餘地，親友的期望也常常推翻他們自己想做的事情。

對於金錢，他們有一種義務感，彷彿錢是活生生的東西，這一定是基於鈔票和生存能力的聯想，等於把錢當做生存的能力。因此，第一個責任就是不放走一分一毫。

錢被賦予獨立的生命。人們大談克虜伯家的錢、福特家的錢、鳩歐西尼家的錢，彷彿家族基因和錢合併在一起了。保留這些錢，增長這些錢，就使家族能生存下去。血濃於水，但是鈔票比兩者都要濃。

1906 年，葛斯塔弗・赫巴哈爵爺娶了貝莎小姐，他遵照傳統，取用她的姓氏，而她碰巧姓克虜伯。他活生生地證明了家族特性靠錢來流傳的例子，變成克虜伯世家最聲名狼籍的人物，希特勒的主要財政官之一。他也許有赫巴哈的血統，但是他的錢是克虜伯家的錢，他就得遵照金錢遺囑來行事。

如何解釋這種把錢留在家族裡的大行為呢？如果佛洛伊德沒有猜錯的話，最早的罪惡便是兒子殺父親，以便占有他的財產、女人和權力。那麼我們可以斷言，最早的現實政治便是繼承法。父親知道自己一旦衰老，就會被攻擊、取代，於是設計出一套預防系統。當他仍然強壯，仍然執行自己的法規時，便把財產分給兒子。

這樣分配有這樣幾個用意：

首先，可以緩和年輕人的嫉妒心；

第二，答應死後給他們遺產，他對他們就有了強大的控制力，因為他可以取消一個不服從、不合心意的兒子繼承權利；

第三，他把財產均衡地分給不同家人，就為自己買到了保證，每個兄弟在家族財產中都有份，因此有興趣保護它，免得被其中任何一個人盜走。

在繼承法成立之前，可怕又遭嫉妒的父親往往被殺死，而且在吞吃他的時候，兒子們與他合而為一，每個人得到他一部分的力量。圖騰肉也許是人類最早的餐宴，弑父便是這個重大罪行的日後重複……種族內必定有一個頗具政治靈感的祖先，他看出自己若將財產劃成幾份分給子孫，就可以免除自己未享晚年就被分屍的惡運。

既然如此，那麼我們把錢留在家族裡的衝動，似乎起源於原始人安撫下一代的策略。從這種觀點來看，我們留財產給後代的動機，一部分也是為了保護自己，免得他們實際上或想像中做出嫉妒的罪行。

小說《卡拉馬助夫兄弟們》對此觀點提供了有力的支持。在這部小說中，殺父罪行的每一面都和金錢問題糾結在一起。主要嫌疑犯狄米涉嫌為幾千盧布而殺死他的父親。他是一個心懷憤懣的年輕人，他相信自己有一筆遺產，未成年時就靠那筆錢借債，後來突然發現什麼遺產也沒有。年輕人大吃一驚，懷疑他父親騙他，幾乎要失去理智，真像瘋了一般，就是在這種情況下釀成了慘劇……

　　乍看起來，兒子為錢謀殺父親未免太過於小題大作。但是隨著小說情節的發展，罪惡的陰影由兄弟身上一一移轉，這項特殊的罪行開始蠢蠢迴響著原始罪惡的聲音。這本書在刻劃人性中具有相當重要的組成部分。

　　如果了解了無產人對財產占有人的仇恨，就不難看出家族繼承制度為什麼會那麼牢不可破了。小孩子長期依賴父母，意味著他們很可能含有極大的憤恨。把錢留在家族內的傳統保證他們以後也有份，就可以多多少少地化解他們的恨意。對父親的財寶以及各方面難以忍受的妒意被「將來都歸你」的諾言化解了。因此，讓錢流出家族似乎違反了自然法則。

　　那麼繼承遺產又有什麼好處和壞處呢？

　　柏拉圖在《共和國》中提出了一個觀點：比起賺錢，繼承財產有相當多的優點。繼承財富的人不會過分愛錢，他借蘇格拉底之口說：「賺錢家崇拜金錢，並不只是像大家一樣，發現錢很有用，而且也因為那是他們自己的傑作。因此他們是討人嫌的傢伙，他們除了現鈔價值，就沒有其他的標準。」

　　有位匿名工業鉅子也認為，子女有錢比較好，所以把自己名下的遺產以信託基金方式交給他們，讓子女自己擔任管理人，但要保留控制力。很多富翁也採取同樣的辦法。

「他們有錢的最大好處，」他說，「就是能有選擇的自由，他們可以做自己終生愛做的事業。他們的行動可以完全免除經濟上的制約。賺錢會使人腐化，他們卻是無法收買的。他們行事可以遵照自己的良心，和商業壓力無關。如果我當年也有選擇的自由，我可能變成鋼琴演奏家或純數學家，決不會成為商人。」

繼承錢財有幾個不可否認的好處。但是也有不能排除的可怕缺點。最明顯的就是阻礙力，結果養成揮霍的習慣，紈褲子弟的傾向，不願意工作，自以為完全獨立，驕傲自滿。

大富翁的兒子面臨一個很大的障礙，即很難超越正常的戀母情結，他好像永遠不可能比父親優秀。

保羅‧蓋蒂說他賺大錢的主要動機之一就是讓父親瞧瞧他辦得到，他父親賺了幾百萬，所以他必須賺 10 億。

但是有些兒子卻採取放棄，或乾脆花父親的錢，結果不能完全建立成年的自我。他們永遠拋不掉靠父親生活的心態，這對他們的人生發展非常有害。

如果子孫們從事別的行業，在賺錢之外的領域獲得成就，獲得自己的身分感，就可以克服這種心情了。但是生長在富裕環境中的人另有一項危險，並不能因此而去除。在這種家庭裡，難免用錢來應付家庭的問題、負擔和煩惱。富人覺得帶孩子太辛苦，就僱傭人來代勞。這種情形在英國上層社會非常普遍，難怪溫斯頓‧邱吉爾覺得他和保母比母親要親密得多。

婦女用這法子來應付育兒的煩惱，從而面臨很難對抗的危險。這種代溝特別明顯，現在十幾歲、二十幾歲年輕人的父母，正是戰後第一批富裕的家長。年輕人憤恨的現象之一，就是他們父母所採用的金錢價值觀。或許他們這一代是靠賄賂斷奶的，很多父母開始嘗到有錢人迷人的

滋味，就會發現用禮物、請客、糖果、僱來的傭人以「使他們閉嘴」的訣竅。如果真是如此，所有這一代孩子疏遠他們父母的理由就更容易了解了。普遍父母呼喊：「我們總給他們最好的一切！」意思就是指最貴的一切，這似乎從側面證明了花錢可以替代人類責任的說法。

用鈔票衡量婚姻的價值

婚姻和金錢的關係早已建立。聘金和嫁妝一向是巴比倫人、中國人、日本人、非洲人、玻利尼西亞人、愛斯基摩人、澳洲土著人婚姻儀式的特徵。這些傳統的款項與現在的結婚禮物、結婚費用一樣。有些民族的婚姻交易性是非常公開的。

瑪斟巴人把女人當作貨物來買賣。很多人把資本投在妻子身上，認為她們比牛群更有賺頭。所以富人往往有 6 到 10 個妻子，酋長則有 20 個到 40 個。平均價格是三、四頭母牛和一頭公牛的價值，但是父親自然會抬高價錢……

梭斯坦·納布倫認為，整個主權制度很可能起源於對女人的擁有權。她們起初是俘虜或戰勝的獎品。那麼，擁有女人的多少便是男人氣概和勇氣最持久的象徵。延伸的結果，勞力的產品也帶有這種意義，有很多財物的人一定擁有不少女俘虜，因此一定是大英雄。就這樣，擁有財富和女人而得到地位的觀念開始建立起來。

因此，太太身兼地位象徵和俘虜兩種身分，但沒有什麼矛盾的地方，就因為她是他的俘虜，所以給她的主人帶來了地位。如一個男人擁有愈多人想要的俘虜，那他的地位就愈高。

有一段時間，女人的可愛是由於她的勤勉，或者她侍候丈夫兼主子的技巧來衡量的，但是現在這些能力已不受重視，因為有機械可代做女人的許多工作。我們最重視的就是她的美貌，以及私生活中的性技巧。因此，現在擁有美麗而性感的妻妾，最能抬高丈夫的威望。

即便現代已不是在戰場上俘虜她（反正不是體力的肉搏），一個男士擁有人人想要的妻子仍然具有傳統的象徵意義，而且能抬高在別人眼中的地位。經過這段迂腐路程，男人習慣購買大家都想要的妻子來提高自己威望。

於是，女人成為貨幣和財富的象徵物，女人不是「賤娘子」，她們以高貴出名，擁有這樣一位太太就是成功的徵兆。誰想讓人覺得自己是戰士或酋長，就必須有一個名妻。從這一方面來講，女人所扮演的角色和她們被男人拉頭髮、拿棍子拖著走的時代並沒有多大改變。她們現在也許是坐在「勞斯萊斯」轎車或遊艇上被人拖著走，但是她們多多少少還屬於戰利品，用意是反映主人的光榮。

這種狀況自然而然引出了適婚期威望象徵（即女人）的旺盛交易，而且以婚姻市場的形式出現。市場上看起來最具價值的女性會落入投標最高的男士手中，而她們往往不適宜床上運動，上了床也是差勁的睡美人，但這一點根本不重要。她們的主要作用是活生生證明她們的丈夫養得起她們（因為他們就是大人物），於是這樣的象徵體便掛滿珠寶和皮毛，被攆到美容師那兒，以便光耀丈夫的面子。

有必要提一下，很多女人都希望自己那麼幸運。對於一個真正人見人愛的貨色，現在的聘金有時候真高得嚇人。

賈姬・甘迺迪嫁給亞里斯多德・歐那西斯的時候，雙方簽了一紙婚姻合約：

一、他若離開她，要照她嫁給他的年分，每年大約給她 400 萬英鎊；

二、若是她離開他，她可以得到 750 萬英鎊。婚姻期中，她一切稅金、租金、私用人員的薪水、電話費、電費都直接由歐那西斯處代付，每個月大約 4000 英鎊。

另外，還有每月 4000 英鎊零用錢、美容、化裝、按摩、手足治療等費用，再支 3000 英鎊。

此外，合約還註明，他們要一直分住兩間臥室。

在這種社會思想的上流階層中，金錢、權力、威望和威望高的女人都可以互換，於是，為錢結婚變成正統的行為，引用強生博士的話來說，傻瓜才會為其他理由而結婚呢！

不過，這個制度最大的缺點就是，威望的象徵往往中看不中用，雖然廉價的妓女或許能補足這個缺憾，但還是助長了複雜的安排。威望高的妻子有她的愛人；戰士或酋長也有他的女人。婚姻分裂成不同的成分，即性愛方面，社交方面、財務方面、親子方面，每一個領域都有不同的人，都是他這一行或她這一行最佳的人選。等你買得起最好的一切，你就只肯要最好的了。如果沒有人能一身兼具所有你要的特質，你就會找一整隊來。

大富翁覺得他們可以抗拒現實的原則，從世上得到最完美的服務，於是便根據每個人自己最擅長工作這一點來建立他們的婚姻。他們倒退回「部分目標關係」的時期，不接受整個人，只接受某人瞬間可用的一面。美國人會說某一個女孩子是「漂亮雌貨」，很多男人叫他們的太太「媽媽」，很多妻子把自己所嫁的男人看做「長期飯票」的供應者，其他男子則被視為情人。

這個原則把人化為他們最擅長的角色，否認其他各方面的存在。大家都這樣。「一般人」只得容忍這樣的事實，大情人是差勁的供應者，好供應者是蹩腳的情人。但是有錢人不必容忍，也不肯容忍。他們專找

第一等的女人，最高貴的睡美人、最優雅的女主人、最善解人意的妻子、最好看的……

為了順應這種金錢社會下大家的忙碌與單純，服侍他們的人不知不覺地把自己蛻變成人家需要的部分，她們變成「漂亮的雌貨」或「大地媽媽」。不過，她們其他的部分當然並沒有泯滅，只是逐出視線之外罷了。典型的例子就是班果（莎士比亞《馬克白》中的人物）的幽靈，注定要不請自來，搗毀喜慶的歡樂。

事實上，為錢而結婚就是「部分目標」的詮釋。比如，政治家和獲獎人的結合。每個人都想由對方得到自己缺乏的特質，難免討厭那隨之而來、不受歡迎的成分。

如果漂亮的雌貨有了自殺的憂慮，如果大地媽媽對水手發生了興趣，那真是討厭極了，因為這不合當初的協定。另一方面，只要彼此不要求太多，這種婚姻就行得通。大家如果不想建立全面的關係，而只要一兩方面，那麼產生分歧的機會就少得多了。大家各自為政，只在我們講好的特殊領域、特殊時刻，彼此才互相配合。

這也許不是上帝眼中的結合，甚至也不是愛的搭擋，但卻合乎現代的精神。和其他合約一樣，雙方各方面的權益都應該規定得更清清楚楚。

賈姬・甘西迪嫁給歐那西斯的時候，他們的婚約不但列出了財務安排的細節，也指明瞭她每年必須陪他的時間，總共有 170 條鉛字款項，記載了一切可以預見的特殊情況。

白紙黑字的合約婚姻也許很少見，但是一切金錢婚姻若沒有寫明條件，至少也有心照不宣的密約。一方同意供應某一種東西，而另一方必須拿另一種來交換。

在金錢社會制度中，工作得不到報酬，收穫不能證明你的功績，這

顯然是一大屈辱。婦女解放運動作家嬌蒙‧葛利爾說：「妻子是丈夫家中不拿薪水的僕人。」

今天很多婦女都同意這個看法。葛利爾小姐說：「女人應該公然要求更好的待遇，簽定商業合約，列明保障方法和賠償金。」

這不是淘金狂，而是符合時代精神的。鈔票既然是我們社會測量優點的普遍標準，沒有報酬就是一項大侮辱。第一等的女人要第一等的報酬，她們需要金錢的褒獎，要人珍藏、寵愛、照顧或給點做衣服的零用錢。賈姬‧甘西迪從歐那西斯得到金錢保證，證明了她做妻子的價值，另外也有幾個人如此。

大多數婦女反對這種觀點，也許還認為用鈔票衡量婚姻價值和娼妓「賣淫」沒什麼兩樣。但是這種道德觀已漸漸過時了，為錢做事已不再有以前的譭謗涵義。就算用母牛、遊艇來評定身價，也要比被人低估好一點。

「妓女市場的可怕不在於出賣，而在於賣得太便宜。」莎維拉‧荷蘭德說，「莫過於被看成被拍賣的物品，讓別人為你出價，提高價格。」現在很多可敬婦女的心中也暗暗同意她的話。

也許男人較容易從其他方面獲得身價感，但他們通常不會在婚姻市場中讓女人為他們出價。當然，獵財者確實存在，而且娶富家女為妻早就被看成脫離財政困境的途徑。但是，基本上，男人不會在這一方面競爭。富家女就夠了，她一定要比別人的太太有錢，才能使我自覺勝過他。這也許表示，男性一方的婚姻市場還沒有完全建立，不能做為個人價值的精確指標。

金錢與婚姻的維繫策略

女子若嫁給有錢人會得到肯定性的地位，但為錢娶一個女人卻屬卑賤的行為。

真這麼做的人，通常也加以否認，不像莎莎嘉寶高高興興地說她是為錢而嫁康拉·希爾頓。很多年輕漂亮的窮少女嫁給老富翁，獵財者追求的卻是年輕貌美的女繼承人。

因此可以證明，女人可以只為錢而結婚，男人通常還要她年輕貌美，或者至少很年輕。

也就是說，金錢帶有陽剛的意義，讓自己受錢擺布就等於屈居女性的地位。

男人若娶富有的老女人，靠她生活，一定有寄生成分存在。潛在的狂想是鑽入財富源頭，從裡面控制它。獵財者想抓住財富，寄生蟲卻想鑽到裡面。基本上，他想重回媽咪體內，活在她奢華的子宮裡，由他特有內在位置來統領她的一切。這種人可以巴結、諂媚、誘陷，而且往往很迷人。也就是說，有能力迷住他想控制的人。

寄生蟲的報應就是產生封閉房屋恐懼症。他害怕，同時也真正落入銳利的雌性器官掌握中。他從裡面接收財富的源頭，卻鑽出不來。他被陷阱卡住，他在奢華中窒息。

這種人自覺被囚禁，寸步難行。他必須出來。但是，女方是他的飯票，他被綁在她身邊，而她為了滿足自己的性慾需要，難免會強調並控制這一點。

住在裡面愈來愈不舒服，氣氛變壞了，心中有滿腔烈火，人在陷阱狀況中，總覺得靠暴力手段才能脫身。過分一點的話，主人甚至被寄生蟲所殺。

在某些案例中，女方邪惡地惹火焚身。她引進一個復仇天使，滿足她被虐的需要，他卻從內部吞食她。若不殺人，這種關係遲早會走上男方脫逃的結局，通常把鈔票和珠寶一起捲走。女方對這件事往往抱著神祕的哲學態度，我們不免懷疑，她似乎知道這是劇情的一部分。

男方娶女繼承人，又是另外一種典型。寄生的條件是主人一定要具有受害的特質，一定有需要和可利用性。渴望年輕男人的婦女就位於這樣境地，但是年輕的女繼承人則不一樣。

也許別人是為錢才追她、求她、娶她，但是她不像年紀大的女人那麼好利用，她不會苦苦尋求愛情，因此來到她身邊的不是寄生蟲，而是獵財者。雖然以後也可能被她豢養，但是情形不一樣。他不像寄生蟲偷偷爬進去，然後由內部控制一切。

獵財者把女繼承人當作他的大獎。他覺得自己很幸運，是勝利者，與寄生蟲完全不同，不把她當做基地，而是出去征服其他世界，也許是財富，也許是其他女人。

他是得獎人，他會依賴自己的幸運之星，而不會嚴厲控制他的財富。這種人往往是賭徒，具備歷險家特質，贏過了一次，他便繼續追求另一次幸運的勝利，因為他相信自己特殊的運數，對現在的教訓一無所知。

有時候獵財者也許會真的再碰到一次好運，第一位女財主剛剛要受不了了，他便碰到第二個，不然就是賭博大贏一票。他對自己的運氣懷有堅定信心，這種信心出於他對資源無限的信念，相信它會以他所習慣的方式繼續支持他，於是堅定地移向金錢的環境，一旦他娶了女繼承

人，黃金機會走向他的可能性當然比一般人要多一點。他最成功的面目就是浪漫型和尖鑽型集於一身的時候。

有這樣一位男士，寒微出身，娶了世上一位最美麗的女繼承人，花了好幾年功夫建立自己所選的事業。錢當然對他很有幫助，不過他並沒有太大的進展。他天生是賭徒，總繼續賭他的運氣。同時他又全心過著百萬富翁的生活，相信這是世上唯一可過的日子。此時他的婚姻結束了。但是我們的獵財者相當幸運，雖然他大部分的計畫都沒有成功，但在交易過程中他取得了一些權利和利益，當時沒有什麼價值，後來卻為他贏了一座金礦。不過，他必須經過冗長的法律程序才能獲得他的權益，但是他奮鬥、奮鬥，終於贏了，變成了百萬富翁。

這位獵財者顯露出這型別人最觸目的特質，不肯安於小數目。原因是他堅信自己能達到最大的極限。也就是他私下認為自己是公爵或財主的私生子。他自覺很高貴堂皇，注定要過某一高水準的生活。這種內在的信念虛妄，而且往往會傳染給別人。他們說他們是天生的貴族，有魔力，有明星特質，能夠影響眾人的精神力量和風格。

在其他情況下，渴望更好的一切和他自信可愛的心情有關。這種人愛上了自己，想不出別人怎麼會不迷上他。他相信大家最後一定會批發給他，他所想要的東西，因為他的要求是無法拒絕。

世上沒有不滿足的需要，所以獵財者霸占了女繼承人，而女繼承人卻得到了身為大獎、身為公主的感覺。

一般情況下，女繼承人對於男士們只為錢追她非常敏感，但是她們有時候也把錢當做誘餌，享受大家為自己戰鬥、競爭的感覺。就算別人志在鈔票，但能成為她野心的目標，女繼承人還是很開心的。

很少有富家女會看不起金錢，但又為裙下臣子愛錢而生氣。她們和財富合而為一，因此把追求者對錢的渴望當做對她們美貌的渴望。女繼

承人常常會跟獵財者私奔，可見她們很容易受獵財者吸引。唯有父母不會經歷被人重視和追求的刺激，因而對女兒這樣被拐跑，覺得憤怒。女繼承人婚後也會產生這種看法。一旦被捕獲了，她就不再覺得自己是珍貴的獎品了，何況獵財者事後又認為，他只不過得到他該得的一切罷了。比原先把她當做獨特、高高在上的人，事後的態度可沒那麼愉快了。

這種婚姻的結局很奇怪，一旦錢變成他的，獵財者和富家女都覺得彼此的金錢磁性已經解除，刺激感也煙消雲散了。

另外一種金錢婚姻是隻嫁娶門當戶對的人。這是有錢人中間流傳的社會規範。由金錢觀點來看，這種婚姻沒什麼可說的，因為他們的用意是不讓鈔票充當嫁娶的砝碼。雙方都習慣於有錢的生活，而且富有的程度相當，若不在金錢方面有所依賴，就會很少出現用金錢名義來表現情感的問題。情緒要靠感情來點燃，同樣，富有的人往往和孩子、愛人或情婦發生金錢問題，因為他們之間仍有差異存在。

▌夫妻金錢差異導致的衝突解法

在一切婚姻裡，夫妻間都有金錢關係存在，有些好，有些壞，有些堅毅得不正常，有些基本上很合理。

但是，大體上來講，大家都不討論這個問題。性愛和情感的不和往往受到廣泛的注意，也有補救性的服務。但是金錢爭吵卻被嚇住了。大家都覺得談錢很丟臉。最惡毒、最矛盾的爭吵是兩大基本性格都吝嗇或揮霍互異所造成的。這種本性敵對現象有很多種組合，但是「小氣丈夫和敗家太太」的例子最能看出衝突的本質。

丈夫看到太太燒一壺水，只為了泡兩杯茶，不免怒火中燒。他簡直氣瘋了。只要他辦得到，他總趁機把多餘的水倒掉。這使妻子氣得要命，她繼續裝一滿壺準備去燒，而他總是不斷地倒掉多餘的水。

他們都站在各自的角度上，雙方不可能適應。丈夫認為，太太浪費得不近情理，把他辛辛苦苦賺的錢隨意揮霍。而妻子覺得他小氣得令人噁心，居然為一點燒開水的瓦斯費用而斤斤計較。

不止燒水一事，一切都是這樣。他們指責對方，還帶著惡毒的雅興。他習慣把盤裡沒用過的芥末放回罐子內，為了反擊她的嘲笑，他教訓她：「不是你用的芥末，是你留在盤裡的芥末，使科曼先生發了一筆財。」

他收集一段段細繩，捲起來放進抽屜裡，細繩也要錢買的。他若收到包裹，就把包裝紙摺好，留待以備份用。

心理分析家卡爾・亞伯拉罕有一個病人，他很討厭把錢花在旅行、音樂會、展覽會之類的事情上，因為他認為這樣花費金錢得不到永恆的收穫。所以他從來不上歌劇院，卻買了不少他沒聽過的歌劇音譜，只因為這樣他可以得到持久的東西。

這種人的太太若有相反性格特徵，就覺得此類行為更能挑起她大花大買的念頭。他的強迫性節省是他不正常需要的一部分，一心想強加在她的身上，約束她花錢的需要。雙方都覺得彼此對錢的態度太驚人，太不可思議。

有一對夫妻，丈夫非常小氣，他帶太太到法國南部度假，會整天坐在沙灘上，一瓶可口可樂兩個人一起喝，妻子的性格卻截然相反，女方婚前收入很高，用錢方面有自己的癖好。她認識的人都開賓士轎車，她也花 6875 美元買了一輛，那輛車是批發商在午餐時間送來的，她根本不討價還價，立刻就開支票，這是她做事的習慣。她讓園丁用她的舊車。

她的管家替她買一切東西，管家要多少錢，她就給多少。她絕對信任別人，而且自信沒有受過騙。

一般人在購買像車子或毛皮大衣等貴重物品前，一定會慎重考慮，並詢問各方面的意見和想法。人們之所以以購買昂貴的物品時總是考慮再三，無法當機立斷。這種不安正是擔心花了錢會不會後悔，或值不值得花這種錢，而且這種情緒往往與金錢的多寡成正比。

在決定拿出一大筆金錢之前，人們之所以都會經過一番掙扎，主要是因為與自我密不可分。換句話說，所購買的東西已成了自我的一部分，一旦別人批評物品，就如同批評自我一樣。

鑒於這種情況，理財專家建議，在拿出鉅款前，最好先諮詢一下他人再做決定，但他人的建議只造成參考的作用，不能盲目地言聽計從。

她嫁了這位「小氣先生」，雙方金錢就衝突日益明顯。他覺得他們擁有兩輛車，讓園丁用一輛（他自己不開車的），實在沒什麼道理可言。賓士車維持費和修理費都很高，耗油量又比小一點的車子多一倍，所以他叫她賣掉賓士，保留舊車。另一方面，管家要什麼錢，妻子都照給不誤，她完全信任管家。丈夫卻無法忍受這種情形，規定管家只能買男女主人指定買的物品，而且要開帳單。在家用方面，既然夫妻收入都很高，他想出一套制度，雙方銀行帳目分開，每人放 61.5 美金在家用帳裡，日常的開支就用那筆錢。

第一週這個制度就崩潰了。太太說：「家用錢一點也沒有了，管家買東西錢不夠用。我認為你太吝嗇了，竟然不留錢給我們用。」丈夫說：「如果沒錢，就是你花光了。」

太太覺得沒什麼關係，用掉就用掉了和誰用掉有什麼關係。但是丈夫要知道為什麼花這麼多錢，花在哪一方面。

最後，他承認他太太在金錢方面很信賴人，從來不查帳，但是幾乎

沒有受騙過；他不信任人，喜歡一查再查，卻常常上當。他們各自的行為模式中，有自圓其說的預言成分存在。大家對她有信用，因為她信任他們。他們對他沒信用，因為他不信任他們。她堅守自己的金錢原則，他也是一樣。

還有一對夫妻，丈夫是工業家、百萬富翁，他認為太太在服裝方面的開銷太過分了些。不是他們花不起，她自己就是財產繼承人；而是丈夫覺得她的花費不必要，這樣就是不負責任。她反駁說：「我為什麼不能有自己的零用錢？那樣我就不必向你要錢了，你也不必問我花在什麼地方。」他聽後回答說：「我永遠不會問你，我不是那種人。」

他解釋自己的立場：「我始終認為，揮霍是件壞事，應該從一開始就改掉。我太太那樣花錢的方式是一種補償行為。她年輕時候，有一個姊姊非常出色，我太太的教育就被忽略了。結果她漸漸長大，她才問自己：『我該做些什麼？』她覺得自己若有零用錢，就可以獨立了。滿腦子都是衝破牢籠的怪念頭，最初想不依賴父親給錢，現在又不想依靠我。」

工業家也承認，他太太花在服裝方面的錢，還不及較低收入婦女的三分之一，但是他覺得控制好花錢是一項道德使命。

「我認為女人比男人更容易接受墜落性的影響。」他說，「我太太假如獲准購買昂貴衣服或其他東西，就會影響我們的女兒。我知道女人為衣服揮霍的程度，真嚇人，簡直令人難以相信。有些女人對錢有無盡的需要，那是一種弱點。我們要阻止她們，因為女人的道德標準比較危險，男人的行為都追求女性的讚許，女人一墜落，整個道德水準也就崩潰了。」

這是一個傑出的人才、一個工業領袖，他一心講究效率，消除浪費，贏得了很高聲響和政府敬重。他手下的公司靠他的效率措施省了不

少錢。他認為浪費是罪惡，是魔鬼的行為，為了實際和道德的理由，必須加以遏止。他在 20 萬員工之間禁止浪費，追問一個公司經理為什麼收到 2 份《金融時報》，後來想一想又決定，連一份都不該由公司出錢。

「這些人喜歡太太在金錢方面永遠依賴他。」卡爾‧亞伯拉罕分析道，「照他們的意思分派金錢，對他們是一種樂趣。」這種態度並不因為有錢而改變。約翰‧洛克斐勒的家人要他付他認為不必要的錢時，他就回答說：「你以為我們是什麼人，是愛德華嗎？」

在這種情形下，太太更想消費丈夫捨不得給的錢。他的吝嗇激起了她揮霍的怒火。雙方的鬥爭難以解決，高潮就是她出去亂買亂花。我們已經看出，這對她具有特殊的性意義，是賣淫狂想的表現。

另一方面，知道她狂花亂用的是誰的錢，也帶來另一種意義。這是她丈夫的錢，她把他的錢虛擲敗光，就排除了他的小氣，同時也表現出她對他的敵視態度，對他的效能力發出虐待、浪費的攻擊。這是毀滅他的辦法之一，很多女人都這麼做，是原始閹割慾望的表達。

潛在的敵意隨時出現，吝嗇男人感覺到了，故意誇大，藉此辯白自己的專橫態度。「我若不控制我太太花錢，她會毀了我！」他輕鬆（也許不輕鬆）地說。根據古代的傳統，也就是控制太太花錢，結果導致太太想出更巧妙的辦法來向他要錢。就這樣，雙方的立場便在永恆猜謎的境地中繼續下去。

這種現象在低收入階層也屢見不鮮。有一個女人，酒錢向來是丈夫給她的。他們若去酒吧，兩個人各有一定的數目可開銷。她長得挺動人，因此熟識的男人常常會買酒請她。若有這回事，事後丈夫就要她退還她省下的酒錢。她堅持人家是請她喝的，她有權留下她的酒資。他則怒氣沖沖地說不行。他們常常吵架，而且吵得很尖刻，所以 30 年後，他們的女兒把這種事還記得清清楚楚。

　　無論是工業家限制太太買衣服、做衣服，還是自認有人請太太喝酒，他應該要回酒錢，衝突都起於丈夫和太太是不同金錢型別的人。

　　括約肌動作是嬰兒學會控制的第一項身體功能。它伴隨著父母權威、控制的命令完成，一旦完成，不僅會帶來身體上的滿足，而且也會滿足道德上的需求。後來的替代行為可由專制型的人為自己廢物利用的行為而驕傲，或把管制太太花錢當做一大責任。

　　任何人都清楚，這種性格能把太太逼瘋。她如果說：「也不過是多燒一點開水。」他就說：「假設多煮一點水要多燒兩分鐘火，假設瓦斯爐燒 × 分鐘要用 ×× 瓦斯，假設你平均每天燒水八次半，你知不知道，一年你就浪費了 × 元，如果以六釐半的利息投資出去，你一輩子所燒的水就達到……」這時，她也許早已把茶壺扔在他身上，跑出去瘋狂地花一筆錢了。

　　不過，這種人也有他們的用途，只是在家中顯不出好處罷了。佛洛伊德發現，他們很可靠，值得信賴。他們絕不會忽略自己的職責，很討厭做事半途而廢。他們在事業上很有毅力，甚至能克服別人受不了的障礙。在廢物利用方面，他們很會動腦筋。蒐集的本能對圖書管理員、案卷保管人、統計員、博物館館長都頗有用處。歐內斯特・瓊斯指出，他們對財產的熱愛可以延伸為對子女最細膩的柔情。他舉例說：「夏洛克這樣的守財奴，對女兒也愛如命根。」

　　除了愛子女這一點外，他們的特質大部分是家庭生活憤怒的泉源。最嚴重的時候，父親成為暴君，不能允許家庭中任何一份子有獨立的徵兆，他以付帳來統治他們。他對子女的愛也往往變成過分的保護或過度占有的現象。他的子女是他最珍貴的財產和寶藏，他不能放走一文錢，也不能放鬆他們。結果孩子們激烈地鬥爭、反抗、反叛，也許更早的時候，妻子已先背叛了。卡列寧就是這種人，他的行事作風無疑是安娜隨弗隆斯基私奔的部分原因。

極端的型別當然有許多種組合。有些軟弱的男人容許太太浪費他們的「資產」，從來不阻止。據猜測，他們是自取敗亡的「輸家」。有些女人本性好揮霍，卻喜歡嫁給專制的男人，也許是潛意識希望對方控制自己，但不見得每一個受控制的女性，都不願接受支配。但是在支配情況下，一定有人被剝奪了自由，有些是雙方同意的，有些卻是強迫的。

　　也有相反的情形，就是「敗家丈夫和節儉妻子」。這回是太太轉來轉去關電燈、倒掉壺裡的水、用剩菜做餡餅。丈夫通常都是沒用的傢伙，也許是賭徒，而且往往是「輸家」。他典當妻子的首飾；他不付帳單，所以電話和電源都被切斷了；他付不起分期欠款，所以家裡的汽車又被收回去。太太精打細算，把省下來的錢藏在地板下面。

　　在高收入階層，他也許是奮鬥出頭的人物，他本性好炫耀，想展示和他現在的地位或希望得到的地位相當的豪華。他參加慈善拍賣會，花三倍的錢買下一張去羅馬的機票，然後又捐給慈善機關。他自認為這樣很神氣，又表現了他現在的成就。

　　他太太認為，他花錢買慈善機票，至少也該把那張機票留著。他有必要和其他傻瓜玩自我競賽，把 200 元的機票抬到 625 元，然後又捐回去嗎？為什麼？為了炫耀？她知道他的生意並不好，他解釋說，所以才需要炒一炒、哄一鬨哪。

　　對妻子來說，這都是邪門的胡鬧，和家裡養一部豪華汽車，住城中最好的區域，請女傭來侍候吃飯是同一回事。有必要嗎？她很高興端飯送菜。城市交通根本不容許汽車時速超過 20 里，養一部馬力最大的汽車又有什麼用呢？

　　大多數人都覺得自己擁有愈多的金錢，自己的身分地位愈能提高。在今日金錢萬能的時代裡，產生這種思想也是無可厚非之事，因此為了擁有更多可自由運用的金錢，人們便產生了私房錢的動機。根據調查發

現，約有半數以上的薪水階級有存私房錢的雅好。一般女性存私房錢的原始動機都是為了預防不時之需或貼補家用。

私房錢好比一筆多餘的財富，可供自己任意使用。但理財專家建議，存私房錢要有計畫，而且最好不讓他人知道，即使夫妻關係也要守口發瓶；在私房錢的用途上，不到萬不得已的情況下不應拿出。

她坐在家裡替他洗燙襯衫，替他補褲子，但他總是說：「送洗衣店去或是『丟掉』。」他覺得他們花得起那些錢，她卻不肯。他說她應該有一件毛大衣，她的身分應該有一件，為了他也該去買。而她卻不同意買毛大衣，花錢的念頭令她討厭，因此她穿起來也不會快樂的。她不需要首飾，那隻會使她緊張，隨時怕人偷走。她偷偷省下一點私房錢，收起來，藏起來，投資到公債上。她暗暗相信失敗就會來臨，所以積極地積聚她巢中的鳥蛋。

這一型別的婦女通常都是跟不上丈夫的進步與成功，無法真正相信現實的人。因為她自己沒有完成什麼，又沒有隨他成長，他賺的錢在她看來總顯得很不真實。那都是贏來的錢，明天也許就會輸掉了。同時，她又怕新發起的財富會招來別人嫉妒，既然她缺乏賺錢所帶來的自信，就沒有多餘的力量來應付別人的憤恨。

因此，她唯一的辦法就是安撫別人。她對錢很小心，不承認她有那麼多，同時限制丈夫的成就，暗示他一切沒有他想像的偉大，她不相信這種成功能夠持久。兩種說法都是要傷害他，表現她對他的仇視。她尖刻地諷刺說：「這樣一來，你馬上就會耗盡資財，不可能持久。」藉此來打擊他的雄心。

他覺得她不肯花他的錢，貶低他的成就，是跟不上他成就的表現，也就是說她落後了。他自然而然地轉向能跟得上他、能和他一樣虛浮用錢的人，藉此更堅定自己是大豪客、大人物的幻想。他一回家，他太太

的眼神彷彿說，總有一天你會失敗，然後就揀起他隨處亂放的零錢。她憂慮的悲觀論使他瘋狂的樂觀論大受影響，所以他愈來愈少回家，最後甚至可能會離棄她。

當然，假若失敗真的來臨，那也是常有的事。太太就肩負起她的責任。她的謹慎和小心使他們脫離了困境。他認為事業崩潰了，她就暗暗地透露說：「不，不，我一直到處省錢。」她把錢拿去投資，買房子，買公債，他們再節省一點，賣東賣西，重新安排一下，就可以度過難關了。

這是吝嗇妻子的一大勝利，說來也是她奇妙的安排，所以她多多少少造成丈夫的墜落和毀滅，至少她是毀滅丈夫事業的一大幫凶。

● 社交中的金錢槓桿作用

我們大致是活在金錢團體中，團體的內聚力要看裡面每一分子是否能維持同樣的經濟水準而定。

一家出版公司的青年主編曾表示：「我並不是坐下算計自己買得起什麼。我只是推測，我可以買得起同樣身分的人已經擁有的東西。」

只要團體中沒有人財產大增或驟減，這一點就行得通，但若有這種事情發生，壓力就存在了。

有一個人在短時間內賺了一筆錢，他敘述了這樣的麻煩。他是一個科學家兼作家，他的朋友們也都在科學界和寫作界工作。過去他們差不多同樣困苦，現在他突然有錢了，從一本出名的暢銷書賺了 100 萬左右。現在他請老朋友吃飯，就面臨一個惱人的問題。

他說：「以前我們都喝便宜的酒。現在請他們吃飯，我若拿便宜的酒請他們，他們會覺得我是吝嗇鬼。另一方面，我若請他們喝我現在常用的好酒，我下次到他們家，他們請我喝劣質酒就會覺得很尷尬，因為我現在顯然是在喝上等貨了。」

他還指出，很多朋友和同事都因他賺了大錢而變了，他們嫉妒他。他相信，他最近一部作品受到不少壞評，也是因此而起。當然，他說好朋友仍然常來往，但是其他的人似乎很氣他賺這麼多錢，他們覺得自己也能寫得出他那樣的暢銷書。

宴會上大家常問道：「你現在真那麼有錢？有那麼多錢是什麼滋味呀？」

「當然，你現在不必考慮經濟問題了，對不對？」

他覺得這些話很煩人，令他困擾，因為他希望是因思想出名，而不是鈔票。所以他總是閃爍其辭地說：「錢對我並不重要。」他承認這不是真心話，但卻是制止大家談錢唯一的途徑。

這是突然發財者的典型事例。朋友們不是盡量忽略這個事實，就是假裝沒有發生，或是故作輕浮地說：「你發財了，請我們喝另外一種酒如何？」

不管採取哪一種態度，大家都很難表現得自然。大家感受到他們和新發財夥伴之間有很大的經濟差異。有一個努力爬到上層社會的人說：「並不是我沒有時間理睬老朋友，而是他們和我在一起會覺得很不自在。所以不是我拋棄他們，而是他們跟不上我，他們無法真正接受新的情況。」

這種緊張壓力的結果通常是發財的人移向那些和他財力相當的新團體，喝同樣的酒，上同樣的飯店，度同樣的假，他不必為自己的新財富而不自在。

當然，有些舊交會黏住他不放，希望靠他能爬到上層社會。另外一些人則懷著沒有發財的道德優越感，與他維持友誼，暗示他已經出賣了自己，貶低了自己，毀掉他真正的天分。有時候事實也確實如此，但是故作不受誘惑、假裝聖人的朋友，並不因此而改變態度。

　　搬到高階社群的人並不只是要住較好的街道、較好的房子，也是為了逃避金錢程度差異所造成的煩惱。

　　當然，有些人由於特殊的心理，喜歡在小池塘裡養一條大魚，甚至有些大魚千里迢迢去找最小的池塘，但那些人是十分罕見的。

　　在 20 世紀，大家對於直接凌駕別人已瘉來瘉不自在了。當年，托爾斯泰感到巨大財產的折磨，決心拋棄一切，不惜使太太陷於窮困，社會上大部分人還認為他的行為很怪異。

　　不過那是一個可以養家奴，而不必像托爾斯泰一樣感覺不那麼人道的時代。他覺得他必須貶到農奴的階層，就算只是象徵性也好，這種驅力產生了不少喜劇性的結果。比如他為了表示自己並不優於村莊裡的鞋匠，就決定要自己修鞋子；於是村莊裡的鞋匠每天奉命來侍候伯爵大人，來教他補鞋子。

　　窮鞋匠帶著鞋型和工具，辛辛苦苦地到大宅邸去教主人補鞋，這個事件並不能使大家對富人想贖罪、求屈辱的儀式產生什麼信心。但是，它卻指出了財產比左鄰右舍多所造成的煩惱。當然，財物較少的人也會感到焦慮，這也是都市密集區，有錢人和沒錢人比鄰而居的地帶犯罪率特別高的因素之一。所謂拋離城市就是一種重組過程，有錢人設法改善自己，離開不那麼富裕或真正貧窮的人。

　　整個壓力制度都逼大家住在自己的金錢階層裡。在自己不顯得太罪過也不會太嫉妒別人的團體中生活。所以窮人、中產階級和富人的社群紛紛興起，從而維持同一的性質。

　　加布萊斯說貧民區純粹是地域環境造成的，這個說法令人難以接受。他說：「康乃克州十分荒蕪，石頭又多，收入卻很高。懷俄明州、西維吉尼亞州，水源豐富，多礦場和森林，人民卻很窮。南方土壤氣候都很好，卻一樣窮困。尤其南方最富的地方，像密西西比雅蘇三角州，早就以一貧如洗而著名。」社會和經濟因素，比如女人一直擔任破產家庭的家長和謀生人，這也是貧窮的一大原因。但是加布萊斯卻發現，造成這類赤貧區域的另一項因素是「無依和被棄的同病相憐感」。

　　在一個土壤和資源並不匱乏的地區，為什麼居民都有貧窮的心理趨向呢？一定是個性不同的人早就搬走了。就這樣，大家選擇能證明他們心態的社會環境。為了前面提過的各種理由，有些人需要做贏家，有些人需要做輸家，表現出來的社會局面就是大家都尋找心理構造相同的、共同創造一個相對獨立的世界。

　　由於做法不當而不能進展的人會搬到符合其心態階層的地方，於是堅定了不可能進展的信念，是現存制度的問題、時代的問題；因為你是女人、黑人或投錯了胎⋯⋯

　　也許這些因素真的有限制力，而且在最初被自己本性絆住者的心目中，更是有效的藉口。同樣，有贏家心理的人會搬到那些同類人居住的地方，不管是黑人也好，婦女也好，沒有背景的人也好，都會搬到那勝利、好運、成功、得獎的團體中，以鞏固、加強驗證他們的信念。

▋ 金錢是社交的槓桿

　　每一個金錢團體的基本任務是為其中的成員創造不欠債的狀況。資產相當，大家都可以互還人情債。中產階級常常為了欠下酒飯債，必須

設宴回請一次而焦慮，可見大家都希望扯平。此類社會傳統後面，隱藏著欠人情債所造成的深刻不安。有些人不需要人幫忙，因為對方有一天會要求回報，這是一大壓力。送禮往往有還債的用意。

有一個女人生病了，請鄰居幫她買東西。病好之後，她覺得有義務送一些禮品「回報」鄰居的善意。鄰居真的不想要任何東西，對方堅持她必須收禮，這使她有點發窘。但是，受人好意的婦女顯然心裡很不安，必須要解除她的負債感。有人一年到頭送人小禮物，只因為他們欠下人情債，心裡感到焦慮所致。

一般人在送禮時，常常為送禮的價格及種類而感到十分棘手。同樣，接受禮物的一方也頗感困擾。往往下層贈送禮品給上司時，常把對方視為重要人物，如果送了與身分地位不相稱的禮物，雙方都會覺得尷尬。此外，接受方也必定有某物期待，如果對方沒有送禮來或送的東西比自己期待的價格還要低，心裡就會感到不是滋味，甚至還會覺得自己在對方心目中沒什麼分量而感到懊惱。

針對贈禮的技巧，專家建議，送禮物給上司時，應該選擇一些難以用金錢衡量價值的物品，最好具有收藏、欣賞價值；而送禮的標準應因人而異，但多以與此人的交情為準。而送禮給同事、朋友時，可參考對方送的禮，送相同性質的禮物大致不會出錯。

不能容忍負債，是無力感激的表現。「感激」是要承認自己收下了無法回報的恩情。你不能把生命還給賜給你生命的人，也不能把知識還給賜你知識的人。這些情況中應有的情緒就是感激，但是我們通常無力感受這樣的心情，因為其中牽涉到別人偉大、富足，自己相對渺小、匱乏的想像屈辱感。心理衝動就是要扯平、還禮，證明自己也同樣偉大、有能力。

此處金錢的任務就是讓我們把無力感激的人情債化成可以用現鈔償

還的東西，藉此減輕不舒服的負債感。但是負債是大家生活中最真實的情況，只有獨立奮鬥的人懷著誇大狂的個性，才以為一切都是他自己的成果。這個想法也否認了他最初的負擔，最後他必須以生命償還負債。

要緩和煩人的基本負債感，其中一個辦法就是付出，設宴請客、捐錢、捐善心、給時間、貢獻精力。這種人需不斷地付出，付出，付出。他們用付出來麻醉自己，只有這樣他們才能不去想自己當初得到、最後終要放棄的東西（生命）。這種個性可以由一般很會做人，卻不會當客人的變態型社交家看出來。例如，他在自己舉辦的宴會上方方面面俱佳，大家都說他善於社交。但是，這種人在出席別人的宴會時卻很遲鈍，又愛吹毛求疵。

還有一種人非常慷慨，卻堅決不收別人的東西，在他看來，「我什麼都不缺，因此收到的一定是我不需要的東西」。

這是忘恩型的特徵，他一定要隨時貶低別人對他的恩惠，才不需要感激。他永遠回請更大的宴席，回送更大的禮物。

德國人堅持回請時，就會說：「你一定要讓我報報仇。」人們堅持要請這一次酒，或者來勢洶洶要付帳：「這次該我們啦，我們可不准別人付帳啦。」從這裡可以洞察出回請掩蓋下的臭氣。「把你的錢包收回去，」他們說，「否則我就認為是大侮辱。」

在其他社交場合，互相友善的人很少像忘恩型的人這麼公開表現他們的侵略性。這一行為的意義，付帳不成的人所感到的窘境，以及被拒絕、壓倒的心情，更得到了證明。大家對主人和客人的關係太耿耿於懷了，所以雙方都同意。若要維持平等的友誼，平衡一番是很有必要的。

誰付帳？這個問題所產生的張力由各種社會常規來處理。男女之間，仍然是男方付帳。雖然女人在某些情況中也可以付帳，但是女方若一付再付，對方就會很不自在，而男方若一再付帳，女方卻不會有類似

的窘態發生。在最深的意識層面，大家都認為男方給、女方受是天經地義的事，這一定和性生理關係有關。

如果年長的男人和青年男子同行，通常是長者付帳，這是遵照父子的行為模式，所以顯得很自然，而且被社會所認可。未說出口的假設就是長者已經闖出了頭，年輕人還在試闖的階段，父親照例要幫助兒子。只要一個人對另一個人能接受父親或叔伯的角色，一方擔任施主，一方擔任被保護人就沒有什麼困難了，只是這種關係很容易含有同性戀的意味。此關係能不能維持下去而又不造成緊張，要看一方有沒有父輩的誠意，另一方能不能孝順地接受來決定。

除了這幾項由於自然法則而被大家接受之外，一個人若永遠處在付出的地位，讓對方永遠接受，這也是很困難的。為了應付這個困難，我們生活在自己有能力按習俗還禮的金錢團體中。你若只還得起一杯咖啡，就有很強的壓力阻止你搬到大家都用威士忌請客的圈子裡。

基本上，人們都願意住在自己還得起人情債的群體中。如果對自己還債的能力不太有安全感，就會住在比自己稍微窮一點的集團中。如果他們對自己的潛力非常有信心，他們就會住在比自己富的圈子裡，自信將來總能還清人情債，兩面都有一點伸縮的餘地。不過，一點也不出名的暴起型人物只能住在富人團隊裡，變成食客或獵財者。因此，金錢是社交的槓桿。

第五篇　理財的藝術

致富是勤儉正確使用金錢的結果

借錢的智慧

俗話說，金錢是天使，也是惡魔。因為金錢可使一個人的心變得善良，也可能使他變得醜陋。

兩個好朋友，一旦有了金錢關係，他們的友誼極有可能變質。

借債還錢是理所當然的事情。可是人們卻經常發生借貸糾紛，因為貸方常常無法如期收回貸款。

當借方無力償還債務時，借貸雙方關係肯定會轉惡。所以，朋友之間不應有金錢往來，因為當借方沒有能力償還時，很傷感情，彼此的友誼因此導至破裂。

同時，兩個好朋友之間有借貸關係，貸方的立場一定是居上風，借方則處於下風，那兩人之間的地位就不平等，借方一定會採取屈就的態度，如此，兩人之間的友誼就會變質。

當你向朋友借錢時，另一個敏感的問題就是控制權，誤會很容易由此形成。許多私下借錢給你的人，以為他們因此就有某種權威，至少在生意決策方面有說話權。兩個好朋友為了錢翻臉是最不值得的。

因此，請你注意，借錢有時會破壞人際關係，應重視借錢。

你若須周轉，應直接向銀行借貸。銀行本來就是辦理借貸的機構，所以借方的地位絕不會受損。

大多數人認為朋友之間，貴在相知，而恥於言利。在今天看來，這種做法是相當片面的。其實在交際活動中，無論是公共關係還是私人關係，只有遵守互惠互利的原則，才能得以健康、長久發展。

合作時，不妨先小人後君子，事先應闡明利益分配方案，以免事後因分配不公而導致不歡而散的結局，影響人際關係的健康發展。

在處理朋友之間的錢財關係時，除遵循互惠原則外，還應對具體對象具體對待。如雙方關係一般，在物質金錢方面應彼此分清。至於朋友餽贈的禮物、禮金，就不必耿耿於懷，時常盤算著如何報答對方。這種情況只要致以真誠的謝意即可。而親朋知己則應以友誼為重，一方有難，另一方則慷慨大方，盡力而為，不要太過計較。人的條件各異，處理同一問題自然有不同看法。

借錢有一個規律，就是每次都只借一小筆。

每次借錢，只要對方有富餘的錢，都不會拒絕你，這是因為大家都對你十分信任的緣故。你必須每次都會主動講明歸還的時間，而且沒有任何一次延期歸還的現象發生。

之所以如此，用卡內基自己的話來說，「每次都只借一小筆」。他說：「你與其一次借 30 美元，不如分作 3 次來借，每次借 10 美元。」

小筆借錢的好處，有利於消除對方的某種心理障礙。

因為你借得少，他就不會擔心你不還他（她），即使你賴帳，他（她）也覺得損失無足輕重，卻由此可以看透你這人，下次不借給你就行了。同時，他（她）不會認為你會為了這麼一筆錢就付出丟人的代價。另外，他（她）不會為你對這一小筆借款的償還能力感到顧慮。因此，你借一小筆錢的話，一個本來不想借的人也極有可能會同意你的要求。反之，如果你開口要借一大筆錢，他（她）可能會基於種種顧慮，諸如，借給你後會否影響到我的開支？你會不會賴帳？你有沒有償還能力？本來願意借給你，也變得猶猶豫豫，最終婉言拒絕了你。

其次，有利於按期歸還。由於你借得少，償債的負擔不致於太沉重，還起來也就不會那麼吃力。

最後，有利於博得對方的信任。你借得少，還得及時。並且每次都如此，大家很快就會對你產生信任感。當你某一次真的急需一筆較大的借款時，人們也會毫不猶豫、毫無顧慮地向你伸出援助之手。

有一次卡內基交納學費時尚欠 80 美元。這對於一個來自貧寒家庭的學生來說，無疑是一筆「鉅款」了。但是，由於他已經建立起了良好的信譽基礎，因而不費吹灰之力就籌到了這筆錢。

有趣的是，卡內基還將這條借錢的原則融會貫通於後來的談戀愛的約會當中。

1944 年，卡內基正與姚樂絲女士處於熱戀之中。

一天下午，他們約定傍晚七點在紐約河畔約會。然後，卡內基應邀赴紐約大學發表演說去了。姚樂絲這時是卡內基的祕書，她仍舊留在卡內基辦公室裡處理一些事務。

過去，每次卡內基都是準時或提前一些時間赴約的。因此，姚樂絲對此是十分信任的。

但是，就當姚樂絲準備離創辦公室的時候，電話鈴響了。

「親愛的，」是卡內基的聲音。

「噢，戴爾。」姚樂絲興奮地說。

「我想告訴你，」卡內基的口吻含著歉意，「因為紐約大學對我的演說臨時作了一點調整，我可能會推遲半個小時才能見到你。」

「哦，」姚樂絲顯得有些失望，「是這樣的……」

「噢，非常抱歉，親愛的！」

「沒關係，戴爾。」

當西天的晚霞漸漸消褪的時候，姚樂絲在紐約河畔急切地期待著卡內基的到來。

她看了看手錶，還有 10 分鐘他才能來。

突然，背後傳來一陣腳步聲，很急。

姚樂絲扭頭一看，不禁又驚又喜：「啊，戴爾……」

卡內基提前 10 分鐘趕來了。

這是卡內基的一個小小「花招」。他預計可能延遲 20 分鐘到達，於是在電話中對姚樂絲說可能推延 30 分鐘。結果，他看起來反而提前了 10 分鐘。

這使得姚樂絲獲得了一份意外的驚喜。她原有的一些不快情緒頓時煙消雲散，而且極其愉悅。

他們緊緊地相擁在一起。姚樂絲熱烈而溫柔地吻著卡內基，似乎是對他提前赴約的一種嘉獎……

卡內基在一次談話中提出過警告，指出騙子也往往可能運用這種「因小得大」術來騙人錢財。

對小額借款如期歸還的人，一般都會獲得好評和信任。於是騙子利用這種較為普遍的心理矇騙他人。這類騙子在向人借錢時，也是隻借一小筆，誰會不借呢？於是他輕易借到手了。第二天，騙子就畢恭畢敬地雙手奉還。接著，第二次的借款也在短期內奉還。如此反覆幾次以後，就博得了眾人的信任。然後，騙子就會在某一次，利用他的「信譽」，向人借一大筆錢，然後就銷聲匿跡了。

卡內基還舉了一個例子。他說有個人身無分文，全靠借錢度日，但仍舊活得相當瀟灑體面，而且在社交界也混得不錯。他借錢的手法相當絕妙。比如他向 A 借一筆錢，說好一個月以後還。在歸期到來之前，他又向 B 借一筆錢，然後提前三天把錢還給 A。接著又向 C 借錢，提前三天還 B 的錢……

有一件事是卡內基親眼所見的。一次他外出旅遊，在某個碼頭的售票處，一個衣冠楚楚的男士來到他面前，坦坦然然地說：「先生，我購票還差5元，您能幫我一下嗎？」

「噢，沒問題。」卡內基隨即掏出一張面值5元美鈔遞給他。

「啊，謝謝您！」那人接過了錢。

過了一些時候，卡內基在候船廳裡又發現了這個人。他正對一位中年婦女說：「這位太太，我購票還差5元，您可以幫助我一下嗎？」

那位太太於是也毫不猶豫地遞給他一張鈔票。

卡內基頓時明白是怎麼回事了。

這是一種高階的乞討。乞討者裝成是個很有身分的人，只是臨時欠缺少數的錢。在這種情況下，任何人只要有錢，都會伸出援助之手的。

假如有10個人「援助」他，那麼他每天就可以收入50美元。可是，是不是僅止10個人呢？可見此計之「妙」！

卡內基在後來略帶諷刺地說：

「這是一個『成功』地運用『因小得大』戰術的『好』例子。」

● 財富累積的黃金法則

勤儉是伴隨著文明的誕生而出現的。它產生於當人們意識到有必要既為今天也為明天做些適當準備的時候。早在金錢被發明以前，勤儉就已經有很悠久的歷史了。

勤儉意味著個人開銷要謹慎、要精打細算。它包括家庭生活的節儉，把家務管理得有條有理，而不是一團亂麻。

　　如果說個體經濟學的目標是在於創造和促進個人的幸福生活，那麼，政治經濟學的目標則在於創造和擴大國家的財富。

　　個人財富同公共財富有著相同的來源。財富是由勞動創造的，它透過儲蓄和累積而得以儲存，透過勤奮和持之以恆而得以不斷增長。

　　正是個人的節儉累積了財富。換句話說，累積了每個國家幸福生活的基礎。另外，正是個人的揮霍浪費導致國家走向貧困。因此，每個勤儉節約的人都可以被視為一個公眾的恩人，而任何揮霍浪費的人都應被視為一個公眾的敵人。

　　對個人勤儉節約的必要性是不存在爭論的。每個人都承認並採納它。但論及政治經濟學就會出現許多爭論——例如，有關資本的分配，財產的累積，稅率的高低及其他問題——這都是我們不打算涉足的領域。

　　節儉不是一種自然的本能，而是由經驗、榜樣和遠見所催生出來的品行。它也是教育和才智的結果。只有當人們變得明智和深謀遠慮以後，他們才會變得節儉。因此，使人們變得節儉的最好方法就是使人們變得明智。

　　揮霍浪費比節儉更加符合人的天性。野蠻人是最不懂節儉的，因為他沒有遠見，沒有明天的意識。史前人沒有留下任何東西。他生活在山洞裡，或生活在長滿了灌木的叢林窪地裡。他靠在海邊撿到的水生貝殼動物或在森林裡採集的各種果子為生。他用石塊殺死動物，採用的方式有守株待兔式的，也有在動物後面跟蹤追擊的。後來，他學會了把石塊當工具來使用；把石頭做成箭頭和長矛的槍尖，利用這些工具幫助自己的勞動，這樣就能更快地殺死鳥類和其他動物了。

　　最早的野蠻人對農業一無所知，只是到了比較晚近的時候，人們才採集種子作食物並把其中的一部分節省下來以備來年之用。當礦物被發

現以後，火開始得到應用，礦物被冶煉成金屬，人類在文明的程式中邁出了巨大的一步。此後，他就能製作堅韌的工具、鋒利的石器，建造房子，並以不知疲倦的刻苦耐勞精神去設計和駕馭文明的多元化途徑和力量。

海邊的居民在砍伐回來的大樹上燒出一塊凹陷部位，然後把它推向海裡，人就站在上面捕魚覓食。這棵有凹陷部位的樹就變成了一隻小船，並用鐵釘把它們栓在一起。後來，小船依次變成了單層甲板帆船、海船、槳劃船、明輪蒸汽船，從此，世界這幅巨畫就被殖民化和文明的程式所開啟。

要不是人類祖先的有益勞動所累積的成果的幫助，人類本來還會繼續生活在野蠻狀態的。他們開墾土地，種植穀物為人類所用。他們發明了各種工具和織物，而我們則從先人的這些勞動中收穫了巨大的果實。他們發現了藝術和科學，而我們則從他們的勞動中繼續受益不已。

大自然教導我們，任何美好的事情一旦完成，它就絕不會隨著時間的推移而完全消失。那些早已長眠地下的無數代人類的先人將永遠會提醒我們：生活來之不易。展示在早已消失了很久的尼尼微古城、巴比倫塔、特洛伊古城這些建築和雕刻上的手工藝術和技能，千百年來一直流傳，直到今天。凝結在大自然懷抱中的勞動成果永遠不會丟失。這些有用的勞動成果的遺蹟會繼續存續下來，如果不是造福於個人的話，也會造福於整個人類。

由我們的先人遺留給我們的物質財富在我們所繼承的遺產中只占一個很不重要的地位。在我們天生繼承的權利中還包括某些更加不朽的東西。這些東西匯聚了人類技能和勞動中最有價值的成果。這些成果沒法透過學習的方式來流傳，只能透過教育和模範的方式才能流傳。一代人教育另一代人。這樣，藝術和手工藝、機器裝置和材料的知識就繼續被儲存下來。

前人的勞動成果因此就以父傳子的方式被承傳下來；他們就這樣一代一代地增添人類的自然遺產——這是文明發展的一個最重要的手段。

因此，我們的天生權利就在於繼承我們父輩的勞動成果中那些最有益的東西；除非我們自己也參加勞動，否則我們就無法享受這種權利。所有的人都應當勞動，無論是從事體力勞動還是腦力勞動。沒有工作，生活是沒有意義的；它就會變成一種道德麻木狀態。

我們所說的工作絕不僅僅是體力勞動，還有許多更加高階的工作——訴訟和耐力活動、審判工作、企業管理、慈善活動、傳播真理和文明的活動、解除病人痛苦救濟窮人的工作、幫助弱者使他們自立的活動，等等。

一個高貴的心靈，不屑於像懶鬼一樣靠別人的勞動而生活，像寄生蟲一樣靠偷食公共糧倉裡的糧食而生存，或像鯊魚一樣靠捕食弱小魚類而生存；相反，他會盡最大努力去履行自己的義務，去關心愛護別人，對社會奉獻自己的慈愛和力量。因為從君王的統治到莊稼漢的手工勞動，這其中的任何一種工作若想要取得美好的成功、信譽和滿意，都不得不付出許多的腦力勞動或體力勞動，或同時付出兩者。

勞動不僅是一種必要性，而且也是一種樂趣。過去被我們所詛咒的勞動今天變成了上帝給我們的賜福。在某些方面，我們的生命是一場同大自然的衝突，但在另外一些方面，它又是同大自然的一場合作。大自然經常從我們身上吸收生命力，我們也從大自然中取得營養和溫暖。

大自然跟我們一起工作。她為我們提供耕種的土地；她使我們播種在地裡的種子生長結果，讓我們採集它們作食物。在人類勞動的幫助下，她給我們提供紡織用的羊毛和我們吃的食物。而更不應該忘記的是，無論我們是窮人還是富人，所有我們吃的，所有我們穿的，所有我們住的，從宮殿到茅草屋，都是勞動換來的。

為了大家的共同生活，人們相互合作。農夫耕耘土地提供食物；工人紡織生產裁縫們用來製衣的布料；泥瓦工建造我們用於安居樂業的房子。正是百工百業的辛勤工作為整個人類創造了今天的生活條件。

用來為卑鄙下流的事情服務的勞動和技能會使自己蒙上很不光彩的名聲。事實上，勞動是一種人道的生活；如果拒絕勞動或反對勞動，那麼，亞當的後代立刻就會受到死亡的威脅。聖保羅說：「不勞動者不得食。」這位傳道士確實使自己獲得了尊榮，因為他用自己的雙手親自勞動，從來沒有給任何人增加過負擔。

有一個眾所周知的老農夫的故事：當他躺在臨終床上時，他把自己的三個懶惰兒子叫到自己身邊，告訴他們一個重要的祕密。「我的孩子，」他說，「在我留給你們的種植園下面埋藏了許多金銀財寶。」老人氣喘籲籲地說。

「它們藏在哪裡？」兒子們迫不及待地問道。

「我會告訴你們的，」老人說，「你們應當從地下把它挖出來——」

正當他要說出那至關重要的祕密之時，他的呼吸突然停止了，老人一命嗚呼。

懶惰的兒子求金心切，立刻在父親留給他們的種植園裡大肆挖掘起來。他們搶著鋤頭和鐵鏟，揮汗如雨地把種植園的土地翻了一遍，連那些雜草叢生、荒蕪了很久的地也被翻整了一遍。他們認真仔細地把土塊弄碎，以免金子漏掉。最終，他們還是沒有找到金子。這時他們突然才幡然醒悟父親那話的真實意圖了。從此，他們學會了工作，把種植園的土地全播了種，最後獲得了巨大的豐收，穀倉堆得滿滿的。此時，他們才發現「埋藏」在種植園裡的財寶——他們那明智的老父親給他們的建議！

勞動既是一種負擔、受罪、榮譽，也是一種快樂。勞動似乎與貧困

結伴而行，但是，勞動也具有尊榮。與此同時，勞動也見證並滿足了我們的自然需要和其他多種需要。

沒有勞動，我們何以為人、何以為生活、何以為文明？人類生活中所有偉大的東西都來源於勞動——在文學、在藝術、在科學中的偉大成就。知識——「我們用以飛向天堂的翅膀」——也只能從勞動中獲得。天才只不過是勤奮勞作的一種能力：即創造偉大和持久努力的能量。

勞動也許是一份辛勞，一份受罪，但它確實也是一種榮耀。它是虔敬、職責、讚頌和不朽——這是送給那些具有最高的人生理想併為最純潔的目標而勞動的人的讚譽。

有許多人在抱怨靠勞動來生活的法則，他們根本就不反思一下：遵守這條法則不僅是在服從上帝的神聖意志，同時也是出於發展我們的才智、為了開發我們的共同自然本性的需要。在所有悲慘的人中，毫無疑問，懶惰者是最悲慘的——他的生命是一片荒漠，他們除了滿足自己的感官快樂之外，總是無所事事。這些人難道不是所有的人當中最牢騷滿腹、悲慘透頂、無法滿足的人嗎？他們經常處於無聊狀態，似乎對自己對別人都毫無用處——只是土地的負擔——當他們撒手人寰後，沒有任何人想念他們。又有誰會對他們表示懷念呢？最悲慘和可恥的命運非懶鬼的命運莫屬。

在推動世界前進方面，有誰作出過比勞動人民還要大的貢獻呢？所有被我們稱之為進步的東西——文明、健康、繁榮——無一不依靠勤奮、實幹——從種植大麥到製造蒸汽機輪船；從衣領的縫製到「使整個世界為之陶醉的」雕刻藝術，等等。

同樣，所有那些有益而美好的思想也是勞動、學習、觀察、研究和勤奮思考的結果。那些最高貴而流傳千古的詩歌不經過長期辛勤的思考是不可能寫作出來的。沒有任何偉大的工作是「在心中」完成的。它是

反覆努力、經歷無數失敗才最後獲得成功的。偉大的事業往往是從一代人開始，另一代人前仆後繼——現在與過去不斷承傳、相互合作。偉大的帕特農神廟是從泥巴小屋開始建起的；《最後的審判》這幅名畫開始也只是沙灘上的胡塗亂畫而已。對於個人來說，道理也一樣：他們的努力往往開始於失敗，但透過持之以恆和堅韌不拔，最後獲得了成功。

　　勤奮的歷史銘刻在品格的形成過程中。勤奮能使最窮苦的人也能獲得榮譽——如果不是取得傑出成就的話。在文學、藝術、科學史上最偉大的名字是那些最勤奮工作的人。一個儀器工人奉獻給我們蒸汽機；一個理髮師發明紡紗機；一個紡織工發明了走錠精紡機；一個小攤販改進了火車機車的功能；一代又一代來自各階層的工人們為機械技術的不斷完善做出了貢獻。

　　談到勞動者，我們指的不僅僅是用他們的肌肉和體力從事勞動的人。一匹馬也能完成這些工作。但是，人是傑出卓越的勞動者，因為他還用頭腦進行工作，他的所有身體系統都是在這種更高能力的影響之下。一個人寫本書，繪一幅畫，制定一條法律，創作一首詩歌，都是在從事更高階的勞動。在維持社會的生存方面，這些工作看起來似乎不如農夫或牧羊人的工作那麼重要，但是，在促進社會往更高的才智精神發展方面，腦力勞動的貢獻絲毫不亞於體力勞動。

　　前面我們談了那麼多勤勞的重要性和必要性，我們從中看到了人類從中獲得的巨大益處。顯然，若不是我們的先人所進行的文明的累積——技能的、藝術的、發明的、知識文化等方面的累積——我們還生活在野蠻人階段。

　　正是勞動的累積塑造了世界的文明人累積是勞動的成果；只有當勞動者開始進行累積，文明的成果才會匯聚起來。我們已經說過，節儉是同文明一起誕生的：我們幾乎可以說節儉產生了文明。節儉產生資本，

而資本又是勞動所累積的成果。資本家就是一個不花光他透過勞動所獲得的一切收入的人。

但節儉不是一種自然的本能。它是一種透過後天習得的行為原則。它包括自制——克制眼前的享樂而為未來打算——使動物式慾望服從於理性、遠見和謹慎。它既為今天工作，也為明天而工作。它把累積下來的資本用於投資，以便為未來作準備。

愛德華·丁尼生說：「由理性賦予人的先見之明是同為未來作準備的義務分不開的……無論什麼時候我們談到節儉的美德，我們的意思都是凡事豫則立，不豫則廢。要知道，未來是不講情面的，為未來作準備就是最大的美德。」

讓我們看看西班牙的情形。那裡，最富饒的土地竟然產出最低。在瓜達基維爾河沿岸一帶，過去曾一度存在著多達 12000 個村莊，而如今，剩下不到 800 個村莊了，而且村村盡是些乞丐。

一句西班牙諺語說：「天空是美好的，大地是美好的，唯一糟糕的東西是位於天空與大地之間的人。」

持久的努力工作或辛勤的勞動是西班人不能忍受的事情。多半是出於懶惰，多半是出於自豪，他們不願辛勤勞動。一個西班牙人會為工作而汗顏，卻不會為乞討而臉紅。

正是從這個意義上講，社會主要由兩大階級所構成——節儉者和浪費者，只顧眼前的人和為將來打算的人，勤儉的人和揮霍的人，有產者和無產者。

那些透過勞動的途徑勤儉節約而成為資本家的人又會開創其他工作。資本在他們手中累積起來，他們僱傭其他人為他們工作。由此，商業和貿易就出現了。

勤儉的人們建造房屋、倉庫和工廠。他們創辦用機器來從事生產的

製造業。他們建造輪船並航行到世界各地。他們把資本集中起來用於建設鐵路、港口和碼頭。他們創辦煤礦、鐵礦和銅礦；安裝抽水機保持水的清潔。他們僱傭大批工人開礦鋪路，使社會的就業人數突飛猛進。

所有這一切都是勤儉的結果。它是節省金錢並把它用於為社會造福的計畫的結果。揮霍浪費之徒沒有為世界的進步貢獻一個子兒。他花光了他所獲得的收入，無法幫助任何人、無論他賺多少錢，他的社會地位也不會有任何改觀。他從不會節儉地使用自己的資源。他總是向別人求助。實際上，他是那些勤儉者們的天生奴僕。

❙ 花錢哲學與財富建立

富裕和閒適是大多數人都能達到的狀態，只要他們想方設法努力去獲得並擁有它們。那些擁有豐厚的薪水收入的人們也許會成為資本家，在社會進步和幸福的果實中享有自己的正當份額。但是，只有付出勞動、精力、誠實和勤儉，他們才能改善自己的處境或他們那個階級的處境。

目前的社會與其說是在遭受著缺乏錢的痛苦，不如說是在遭受著大肆揮霍浪費錢的痛苦。賺錢比懂得如何花錢要輕鬆容易得多。並非是一個人所賺的錢構成了他的財富，而是他的花錢和存錢的方式造就了他的財富。

當一個人透過勞動獲得了超出他個人和家庭所需開支的收入之後，那麼他就能慢慢地積攢下一小筆錢財了，毫無疑問，他從此就擁有了在社會上健康生活的基礎了。這點積攢也許算不了什麼，但是它們足以使他獲得獨立。

　　令人困惑不解的是為什麼今日那些高收入的受薪階級竟然沒法積攢一個子兒。這實際上是自我克制和個人節儉的問題。確實，當今那些主要的實業界領袖都是由直接來自社會各階層的人所組成。正是經驗和技能的累積把工人和非工人區別開來，而這又取決於工人自己是願意節約資金還是浪費資金。如果他節約資金，他將發現他會有足夠的機會把它用於從事有利可圖和有用的事情。

　　節省時間也就等於是節省金錢。富蘭克林說過：「時間就是金錢。」如果某人希望賺錢，那麼就得正確地使用時間。而時間也可以用於做許多美好而高貴的事情。它可以用來學習、研究、從事文藝創作和科學探索活動。時間可以有計畫地節省。

　　計劃是為實現某種目的所作的安排，以便在完成計劃的過程中不至於浪費時間。任何一個經商的人都必須是有計畫的和井然有序的才行。同理，每個家庭主婦也該如此。每件東西都應有它所屬的地方，每個地方也都應該有它所屬的東西。任何事情都有屬於它的時間，而任何事情都必須及時完成才行。

　　沒有必要再向人們重複宣揚節儉是有用的道理了。沒有人能否認節儉是可以操作練習的。我們看到過這方面的許多例子。只要是許多人已經做過的事情，那麼其他人也可以做。而且，節儉不是一種使人痛苦的美德。相反，它能使我們免遭許多蔑視和侮辱。它要求我們克制自己，但也不要放棄正當的享受。它會帶來許多誠實的樂趣，而這些樂趣是奢侈浪費從我們身上奪走的。

　　節儉並不需要很高的勇氣才能做到，也不需要很高的智力或任何超人類的德行才能做到。它只需要某些常識和抵制自私享樂的力量就行。

　　實際上，節儉只不過是日常工作行為中的普通意識而已。它不需要強烈的決心，它只需要一點點有耐心的自我克制。只要馬上行動就立即

能見效！對節儉的習慣越是持之以恆，那麼節儉就越容易，這種行為也就會更快地給自我克制帶來巨大的補償和報酬。

問題也許可以這樣提出：當一個需要把他收入的每分錢都用來養家餬口的時候，對於這樣一個收入微薄的人來說，他還能節省開支把它存放在儲蓄所嗎？但是，這樣的事實就是存在，而且這種事情就發生在許多勤奮和節制的人身上。他們確實能克制自己，把自己的業餘收入存放到儲蓄所裡，而其他形式的儲蓄也為窮人提供了積攢途徑。如果某些人能做到這點，那麼在相似條件下，所有的人也能做到這點，根本就不會剝奪他們本來就應該享受的快樂和幸福。

對那些收入豐厚的人來說，把所有收入都花在自己一人身上，這種做法是多麼自私啊！即使他有個家，若他把自己每週的收入花在養家餬口上而不節省一點錢的話，也是不十足的不顧未來的行為。

當我們聽說一個收入頗豐的人死後沒有留下任何東西的時候——他只留下他的妻子和一個赤貧的家——讓他們聽從命運的擺布——是生是死聽天由命時——我們不得不認為這是天底下最自私而毫不節儉的行為。

儘管相對來說，這種事例比較少。也許有人會主張捐款。但捐款也許能解決某些問題——也許根本沒有。最後，這種不幸的爛攤子家庭會陷入貧窮和赤貧的境地。

然而，從相當程度上講，節儉行為就能夠避免這種結果。減少任何一次感享受和快樂遙——如少喝杯啤酒或少抽一支雪茄——就能使一個人在歲月的過程中為其他人節省下來一些東西，而不是用於浪費在自己身上。

事實上，對於那些最窮苦的人來說，正是平日裡的精打細算，無論這種為行多麼地微不足道，為以後他和他的家庭遭受疾病或絕望無助時

提供了應急手段，而這種不幸的情形往往是在他們最意想不到的時候光臨他們。

相對來講，能成為富翁的人畢竟只是少數；但絕大數人都擁有成為富翁的能力，即勤奮、節儉、充分滿足個人所需的能力。他們可擁有充足的儲蓄以應付當他們年老時面臨的匱乏和貧困。

然而，在從事節儉的過程中，缺少的不是機遇，而是意志力。一個人也許會不知疲倦地辛勤工作，但他們仍然沒法避免大手大腳地花錢，過著高消費的生活。

錢大多數人寧願享受快樂而不願實行自我克制。他們常常把自己的收入全部花掉，不剩一個子兒。不只是普通勞動人民中有揮霍浪費的人，我們也聽說過有些人把多年辛勤工作的收入在一年就揮霍精光的故事。當這種人突然離開人世後，沒有給他們的孩子留下一個子兒。每個人都知道這樣的事例。在他們死的時候，連他們曾得以枉身的房子這點家產也都早就屬於別人了，因為不得不把房賣掉以便用來支付他的喪葬費和償還他生前由於毫無節制的揮霍所背負的沉重債務。

金錢代表了許多毫價值或者說毫無實際用作法的目的；但金錢也代表了某些極為仍貴的東西，那就是自立。從這個意義上講，它具有傳大的道德重要性。

作為自立的一種保障，節儉這種最樸素和平民化的品質能立刻就昇華為最值得稱道搞貴美德之一。「不要輕率地對待金錢，」巴威爾說，「因為金錢反映出人的品格。」

人類的某些最好品質就取決於是否能正確地使用金錢——比如慷慨大方。仁慈、公正、誠實和高瞻遠矚。人類的許多惡劣品質也起源於對金錢的濫用——比如貪婪、吝嗇、大義、揮霍浪費和只顧眼前不顧將來的短視行為。

沒有任何一個賺多少就花掉多少的階級幹成過什麼大事。那些賺多少就花掉多少的人們永遠把自己懸掛在赤貧的邊緣線上。這樣的人們必定是軟弱無力的——受時間和環境所奴役。他們使自己總是處於貧困狀態。他喪失了對別人的尊重，也喪失了自尊。這種人是不可能獲得自由和自立的。揮霍而不節儉足以奪走一個人所有的堅毅精神和美德。

　　但是，如果一個人節省一點東西，無論節省的東西多麼小，那麼他的地位就會立刻改觀。他積攢下來的少量資金將總是成為他力量的泉源。他不再是時間和命運的戲謔對象。從此。他能夠抬頭挺胸地面對這個世界了。從某種程度上講，他成了自己的主人。他能支配自己的命運了。他既不會被收買也不會出賣自己。當他年老的時候，他能夠充滿希望地過上舒適和幸福的晚年生活。

　　當人們變得明智和善於思考以後，他們就會變得深謀遠慮和樸素節儉。一個毫無頭腦的人，就像一個野人一樣，把他的收入都花光。根本不為未來作打算，不會考慮到艱難時日的需要或考慮那些得依靠他的幫助的人們的呼籲。而一個明智的人則會為未來作打算；他在自己處於好運氣的時候就會為將來可能降臨到自己的家庭和自己身上的不幸日子作些準備，並且也認真地為那些與他鄰近和親近的人們作些打算。

　　對於一個結婚的人來說，他得承擔多麼重要的責任啊！並不是很多人都認真地考慮過種責任。也許這種責任早就由上帝非常明智的安排好了。因為當一個人迴避婚姻生活及其責任時，上述眾多嚴肅的思考都會不存在。而一旦結婚，一個男人就必須事先作好心理準備，只要在他的能力所及的範圍之內，他就絕不應當允許匱乏光顧他的家庭生活，即使他從人生舞臺和勞動中退出以後，他的孩子也不應該成為社會的負擔。

　　為此而進行勤儉節約一項很重要的責任。沒有節儉，任何人都不可能是正直的——人就不可能誠實。沒有遠見、不替未來著想對婦女和孩

子來說是殘忍的，而這種殘忍又是源於無知。一個做父親的人把自己多餘的一點錢財花在呼買醉上，沒有任何多餘的積蓄，當他死後，留給社會一個赤貧的家庭。還有哪一種殘忍能超過這種殘忍的？

然而，這種只顧及時行樂而不顧後果的生活模式在每個階級中都存在相當大的市場。中上階級同下層階級一樣，都對此感到內疚，因為他們的生活超出了他們的財力。他們過著揮霍浪費的生活，極盡炫耀、輕浮、享樂之能事。他們拚命地想致富，這樣他們也許就獲得了花費所需的財力──喝上等酒和吃美味佳餚。

多人在賺錢方面都極為勤勞，但不知道如何節省賺來的錢，或如何開銷賺來的錢。他們有足夠的技能和勤奮去做好前者，但卻缺乏必要的智慧去做後者。

及時行樂的衝動俘虜我們，而我在沒有思考它的後果之前就向我們的衝動繳械投降了。當然，這也許是健忘造成的後果，人們可以透過堅強的意志力來控制這種現象的發生，或者透過有力的手段來避免這種偶然開支。

節儉習慣的產生，在大多數情況下，主要是為了改善社會的境況、改善那些有求於我們的社會境況以及改善那些有求於我們的人的社會處境。

節省每一項不必要的開銷，避免任何侈奢浪費的生活方式。一項購買交易如果是多餘的話，無論其價格多麼低，它也是昂貴的。細微的開支匯聚起來可能是一筆巨大的花費！

動不動就購買一些我們並不需要的東西，久而久之，我們就會養成在其他方面也出於闊綽的壞習慣。

西塞羅說過：「不要養成狂熱的購物癖，這樣你就會從中享受一種無形的收益。」許多人被那種購買便宜貨的習慣衝昏了頭腦。「這真是

便宜得出奇的東西：讓我們買下它。」「你買它有什麼用嗎？」「不，目前還派不上用場；但它一定會在將來；某個時候派上用場的。」

時尚也為這種購物習慣添油加醋。某些人買古舊的陶瓷器皿——幾乎都用來裝飾陶瓷商店。其他人則買些古舊的字畫——古舊家具——陳年老酒 - 都是些便宜貨！只要這些買賣不是以損害鑑賞家的債權人的利益而進行的，那麼買這些舊東西就不會選成什麼損害。昆圖斯‧弗拉庫斯說過：「我希望在我身上別發生類似的售賣，因為我沒有一英寸的房間或四分之一便士供出售。」

在青年時期和中年時期，人們應當為安享舒適而幸福的老年時光累積一筆錢財。再也沒有比看到一位老人的下述景象更令人悲傷和揪心的了：他早已度過了他收入豐百時期的大部分人生階段，現在淪為靠向人乞討麵包度日，完全依靠他的鄰居對他的慈悲或依靠陌生人給他的施捨。

這麼一種悲慘的情形想必會喚起人們在早年生活中就下定決心努力工作併為將來竿儲蓄，不但為他們自己也是為他們的家庭的未來生活奠定基礎。

事實上，在年輕階段人們就開始節儉儲蓄。這樣，當他們到老年的時候，只要他們的開銷不超出其收入，他們晚年的生活將會應付自如。年輕人有著漫長的未來，在這個過程中，他楞以實行精打細算的原則；在他走向人生終點旅途中，他不會從這個世界帶走什麼。

然而，現實生活中的情形卻並不是這樣。現在的年輕人勇於消費、渴望消費、消費起來無拘無束，甚至比他那行將結束人生的父親的消費更加慷慨大方、毫無顧忌。他在其父親結束人生的地方開始了自己的漫長人生，他的花費遠遠大於父親在自己的年齡階段所花費的數額，這樣，不久他就發現自己已債臺高築。為了滿足他那不斷湧現的需求，他

求助於卑鄙的手段和非法收入。他想快速斂財；他進行投機，從事力所不能及的貿易，這樣一來，他立刻遭受重創。由此，他獲得了經驗教訓。然而這種後果並未使他必弦易轍，一心學好，這種人的行為仍然是劣跡斑斑。

蘇格拉底建議那些有家室的為父者耐心地效仿他們節儉的鄰居的所做所為——那些把自己的錢財用在最有益的刀口上的行為——以便從他們的榜樣中獲得教益。

勤儉從本質上講是一種實際生活中的行為，它可以透過活生生的事實最好地傳授給你。曾有這麼一個故事：有兩個人每人每天賺 3 美元。從家庭生活和開銷方面講，他們倆的情況可謂極為相同。然而，其中一人說他沒法節省，於就從不節省一個子兒；而另一個則說他能節省，於是定期把節省的錢存到儲蓄所，最終，他成了有產者。

塞繆爾·約翰遜深深地懂得貧困帶來的窘境。在一次簽名過程中，他把自己的名字寫成「絕食者」。他曾和他的朋友薩維奇走遍了整個街道，卻因財力有限而找不到投宿的地方。約翰遜永遠也不會忘記他在人生的早期生涯中所遭遇的貧困，他總是力勸他的朋友避免陷入貧困。像西塞羅一樣，他斷言財富或幸福的最佳泉源是節儉，他稱勤儉為精明的女兒、克制的姊妹的自由的母親。

「貧窮，」他說，「不僅剝奪一個人樂善好施的權利，而且在他面對本可以透過各種德行來避免的肉體和精神的邪惡的誘惑時，變得無力抵抗。不要輕易向任何人借債下定決心擺脫貧困。無論你擁有什麼，消費的時候都傾其所有。貧困是人類幸福的一大敵人。它毫無疑問地破壞自由，並且，它使一些美德難以實現，使另一些美德成為空談。節儉不僅是老年後行之有效安逸的基礎，而且是一切善行的基礎。一個本身都需要幫助的人是絕不可能幫助別人的。我們必須先自足然後才能施予。」

當節儉被視為是一件必須付諸行動的事情時，人們就不會感到它是一種負擔了。那些從未奉行過節儉的人，有朝一日他會驚訝地發現，每週節省幾美元竟然使自己實實在在地獲得了道德品質的昇華，心靈素養的提高以及個人的獨立。

伴隨著每一項節儉的努力而來的是每一種尊嚴。這種行為給人益處多多。它表現為自我克制、增強品格的力量。它會產生一種自我管理良好的心靈。它培養自我克制的習慣。它使精明謹慎成為顯著的性格。它使美德成為控制自我放縱的主人。在所有這一切當中，首要的是它能使人獲得安逸閒適的心態，驅散各種強加於我們身上的煩惱，憂愁和痛苦。

有些人可能會說：「我沒法做到這點。」但是，每個人都有能力做某些事情的。「沒法做」是一個人和一個民族走向墮落的徵兆。事實上，沒有任何謊言比「不能」更可笑的了。

一個僱主建議他的一個工人「為將來可能面臨的艱難時日積攢點東西」。不久，僱主向他的僱員積蓄多少東西了。「老實講，什麼也沒有，」僱員回答道，「我按你的建議去做，但昨天下了場很凶狠的雨，一切都沖走了——我酗酒去了！」

一個人在不依靠別人幫助的情況下就應當支撐他自己和他的家庭生活，這本來就是一個人自尊的起碼展現。任何一個名副其實的自立者都應當自尊。他是他自己那細小世界的中心。他的愛人、愛好、閱歷、希望和擔憂——這些對人來講可說是微乎其微的東西，對他個人來講多麼地重要啊！它們影響著他的幸福、他的日常生活、以及他作為人的整個生命歷程。因此，他不能僅僅是關注或完全只關注與個人有關的事情。

一個人若想行事公正，他就不僅應當為自己好好打算，也應當顧及到對別人的責任。他不應當把人生的目標定得太低，頭老是往下看，而

應當把人看作是造物主創造的「僅僅是略為低於天使的動物」。他應當想想更高的人生目的——想想他也擁有其中一部分的永恆利益——想想大自然和天意的偉大計劃——想想造物主賦予他的才智——想想造物主賦予他的愛的力量——想想大自然為他提供的大地之家；這樣想想，他就不會偏狹地僅僅只為他個人著想了。可憐的人啊，你是這兩種永恆的核心，造物主早就把它們融合在一起了。

因此，讓每個人都尊重他自己吧——尊重他的身體、他的心靈、他的品格。自尊緣於自愛，它激發人們走向進步的第一步。它激發人們勇敢地站立起來，仰視天空，發展自己的才智，改善自己的境遇。自尊是絕大多數美德——清白、貞潔、敬畏、誠實、節制——的基石。偏狹自私地只為自己著想就是自我沉淪——有時甚至會墮落到臭名昭著的災難的邊緣。

每個人都可以幫助自己達到某種境界。我們並不是被扔到激流中任其沉浮的稻草；而是具有主宰行動自由的人，有逆流而上並勇立潮頭的能力，能夠為自己事先選定一條方向和道路。我們可以相互提升彼此的道德水準。我們應該珍惜純潔的思想。我們應該樂善好施，我們可以生活得莊重而節儉。我們能夠為不幸的日子事先作好準備。我們可以閱讀好書，聆聽明智的教誨接受大地上最聖潔影響的薰陶。我們可以高瞻遠矚，樹立遠大目標，為最高尚的目標而生活。

「愛自己和愛社會並不矛盾，而是相互統一的。」我們的一位詩人這樣說過。改善提高自己的人同時也就是在改善提高世界。他就在給芸芸眾生增加一位更加正直的人。而芸芸眾生又是由每個人組成的，顯而易見，如果每個人都改善和提高自己，其結果必將是整個社會也獲得改善和提高了。

社會的進步是個人進步的結果。除非社會個體是純潔高尚的，否

則，整個社會就不可能純潔高尚。社會在相當程度上是組成它的個體狀況的複製品。所有這些話都是一個不言而喻的道理，然而這些不言而喻的道理時常必要重複以加深人們對它的印象。

因此，在另一方面，一個已經改善和提高了自己的人又能很好地改善和提高那些與他交往的人們。他的力量開始增長，他的視野開始擴大。他對存在於別人身上的、需要救治缺陷就會看得更為清楚。在提高和改善他人方面他能提供更加積極主動的幫助。只要他自己已經盡了責任，那麼，他就有更大的權力號召別人也履行同樣的責任。

一個陷於自我放縱的泥潭中的人怎麼可能成為社會進步的促進者呢？一個自身醉醺醺或骯髒的人怎麼能教育別人去過克制和清白的生活呢？「醫生，先治療好你自己吧」就是一位鄰居對醫生的回答。

我們的講話可以概括為這麼幾條主旨：在我們渴望社會的變革或進步發生之前，我們首先必須從我們自己開始做起。我們必須在我們自己的生活中表現出真實才行。我們必須由自己的行為典範來教育自己。如果我們想改善別人，我們必須先改善自己。每個人都可以在他自身的行為中展示出這一效果。他可以從自尊開始做起。

人生的變幻無常是我們為未來的壞日子作準備的一個強大動機。這樣做既是一個道德物和社會的義務，也是一個宗教的義務。

但如果任何一個人不是為他自己盡這項義務，而是刻意為他的家人盡這項義務，那麼就讚棄了這一信仰，這比無神論者還糟糕。

人生的變幻無常這一道理的正確性可謂家喻戶曉。即使一個最身強力壯和最健康的人也會被突如其來的偶發事件或疾病給擊倒。如果我們注意到人類生活的複雜性、多樣性，我們就不會認識不到人生的變幻無常就像殘廢的確定性一樣。

我們常常聽到一種哭叫聲：「沒有人會幫助我們嗎？」這是一種垂

頭喪氣、不可救藥的哭喊。有時，它也是一種令人作嘔的卑鄙自私的叫喊，特別是當這種叫喊聲是來自那些透過自我克制、節制和勤儉本來可以輕易地自己幫助自己的人之時。

然而，很多人還未認識到美德、知識、自由和幸運都必須來源於他們自身。立法這一手段能為他們做的事情微乎其微：它不可能使他們就得節制、有才智和品行良好。大多數人基本不幸的根源可以說與國會透過的法律幾乎不沾邊。

揮霍浪費者嘲笑國會的立法。嗜酒如命者則對它滿不在乎，斷言宣稱沒有必要自我克制和作長遠打算，把自己最終的悲慘結局歸罪於別人。那些讓「成千上萬」的民眾圍著自己轉的煽動家在這個問題上更是壞得完全離了譜。他們不是盡力去教育他們的大批聽眾去養成節儉、克制和自我修養的習慣，反而鼓勵聽眾繼續喊叫：「沒有人會幫助我們嗎？」

這種叫喊會使心靈變壞。幫助就存在於他們自己身上，他們天生就是用來幫助自己和提高自己的。他們必須自己拯救自己。那些最窮苦的人都做到這點，為什麼其他人就做不到這點呢？勇敢和奮發向上的精神能征服一切，無堅不摧。

在表達前面那些觀點時，我們也絕非是在提倡養成吝嗇鬼、苦行僧的赤貧生活習慣；因為我們厭憎小氣鬼、守財奴、慳吝鬼。我們所要表達的主旨無非是人們應該替環境汙染 來作打算，做準備；他們應該在衣食豐足的美好時期裡為將來有可能降臨到自己身上的誰也無法避免的壞日子作些準備；他們應該為免於將來的赤貧匱乏而積攢儲備一些東西，就像枯水期修好防洪堤一樣，並堅信哪怕是點滴的累積都有可能在自己年老時能派上大用場，既維持老年生活，維護自尊，又有增進他們的個人舒適和社會的健康。

節儉絕不是與貪婪、高利貸、吝嗇和自私同流合汙的行為。實際上，它恰恰是這些性情的對立物。它意味著節儉的目的是為了獲得人格的獨立。節儉要求金錢被靈敏用而不被濫用——它必須是透過誠實手段獲取並精打細算地花費它。這樣的節儉，並不是為了要將金錢藏入金庫，也不是為了要有僕人服務；而是為了獨立的人格尊嚴和不受別人的奴役之苦。

● 選擇貧窮的反思

　　我們的商人富有進取心，我們的企業家非常勤勉，我們的工人發奮地工作。我們的國家累積了過去無法比擬的財富。我們的銀行擁有充足的黃金。在蒸汽機不知疲倦的轟鳴中，我們的工業產品被源源不斷地生產出來。

　　儘管我們有著如此之多的財富，然而，我們還有許多同胞遭受著貧窮。緊靠著富裕之國的大門，就能聽到悲慘之國的呻吟——奢侈安逸是建立在痛苦與不幸的基礎之上的。

　　國會的報告一次又一次地向我們披露了相當一部分勞動者所忍受的不幸。據描述，這些工人在工廠、工廠、礦山、磚廠以及鄉村中勞動。我們一直在透過立法與他們所遭受的悲慘環境作鬥爭，但事實似乎無情地嘲笑了我們。

　　那些深陷貧困的人雖然得救濟，但他們依然並不領情。在施捨者與接受者之間連同情的紐帶都沒有。

　　因此，那些擁有一切和一無所有的人。富人和窮人，仍然站在社會的兩個極端，一條巨大的鴻溝橫亘在他們之間。

在那些粗魯原始的人中間，貧困的狀況是相同的。他們僅有的願望很容易滿足，他們對痛苦已經麻木。哪裡有奴隸制度存在，那城的貧困就不為所知。因為奴隸們僅夠溫飽正是僱主們的利益之所在，僱主們漸漸只關心僱員們最起碼的生存要求了。只有當社會變得文明和自由的時候，只有當一個人生活在自由競爭的環境中，他才不會遭受貧困，或是經歷社會的不幸。

文明在這個國家已經達到了最高點，巨大財富也已被創造出來，貧困階級的痛苦應該被舒適和奢侈來迅速地補償，否則，衝突就不可避免。

許多現存的不幸都是自私造成的——或者是出於對增殖財富的貪婪，或者是揮霍浪費。增殖財富已經成了我們這個時代巨大的動機和熱情。無論是富國，還是不幸的國家，都把它作為主要目標。

我們研究政治經濟學，並且讓社會經濟按照它自身的規律發展。「力爭第一」是正在流行的格言。高額利潤被當作至善——不管它是如何獲得的，或是付出了何種代價。金錢就是上帝。「只有魔鬼才選擇貧困」。這種精神成了最高主宰。

許多所謂的「上層」，他們用來辯護的理由，不會比「下層」階級更多。他們把金錢花費在打腫臉充胖子上，他們過著一種荒淫無恥、揮霍放蕩的罪惡生活。

沒有人能譴責我們的工人缺乏勤勉。他們比任何一個國家的工人都更勤奮、技能更成熟。如果他們在節儉方面也如勤勞一樣出色的話，他們也能夠生活在舒適與富足的環境中。但是，遺憾的是，這個階級有著揮霍的弱點。

即使工人中薪水最高的那部分人，他們的收入比專業人士的平均水準要高，但由於他們不計後果的消費方式，導致了他們中的大部分人仍

屬於比較貧窮的階級。在經濟景氣時，他們不習慣為將來的壞日子作準備，所以，一旦社會壓力來臨，他們的處境就可想而知了。

因此，一個能幹的工人，除非他在節儉方面養成了好的習慣，否則，他的生活要求不會高於肉體的需要。他收入的增長僅僅能夠滿足他的畸形消費願望的膨脹。查德威克先生說，在棉荒期間，「許多家庭排著隊到為最貧困的人設立的救濟站去領取救濟。實際上，這些人以前的收入超過了許多助理牧師的收入」。

經濟週期是生意場上永恆的規律，就像埃及法老夢中的瘦牛和肥牛必定交替出現一樣。在一陣突然繁榮之後，接踵而至的必然是市場飽和、人心惶恐、社會貧困。

那些不願動腦卻揮金如土的人不注意吸取教訓，對將來缺乏足夠的準備。揮霍似乎是一個人最不可救藥的缺點之一。貝克先生在一份報告中指出：「所有在工廠區附近居住的人，他們不僅僅沒有任何積蓄值得一提，而且，失業兩個星期的工人們，因為缺乏最起碼的生活必需品而正在挨餓。」

雖然沒有發生罷工事件，但工人們已經迅速陷入了貧困的絕境。他們的家具和鐘錶被送到了當鋪，當不幸的懇求聲充斥慈善機構的時候，許多家庭已經在指望救濟金了。

這種習以為常的揮霍——雖然其中也有許多是令人欽佩的例外——是導致工人們墮落的真實原因，也是導致社會不幸的重要根源。這種不幸完全是人性中的無知和自我放縱的結果。雖然造物主已給窮人創造貧困，但窮人並非必然如此。事實上也不定就不幸。不幸由道德的原因引起的——大部分是因為他們個人的邪惡與揮霍。

羅瑞斯先生在談到那些有著高薪資的礦工和鍊鐵工人的脾性時說：「用揮霍來形容他們的習性顯得多麼蒼白，準確的說法應該是魯莽。這

裡的年輕人和老人、已婚和未婚者，都一致公開承認自己是揮霍放縱的人。每個人都聽任這種魯莽的性格來降低他們人性中的高貴品質。他們面對困難時的勇敢類似蠻勇。除了彌補因為閒散或狂歡而損失的時間外，他們很少緊張地工作。他們熱衷於為他們生病的朋友或是結婚的朋友舉行聚會，這一切似乎僅僅是為了花掉他們以前的積蓄。從某種程度上說，他們是那種虔誠得讓人奇怪的人，在困境中，他們經常舉行祈禱會。他們真正的信條常常使他們墮入狂熱的宿命論。人們痛苦地同時也確定無疑地看到，一年底到另一年底，過剩與匱乏總是交替出現，所有的人似乎都感猶豫不定。發薪後通宵達旦地揮霍狂飲，星期天沉醉不醒，星期一也許到星期二都上班，接下來的兩三週內，整個家裡都滿地狼藉，不到下一個發薪日前，不會去收拾和整理；他們的孩子離開了學校，他們的妻子和女兒去了礦井，他們的家具進了當鋪。他們居住在擁擠泥濘的鄉間小道上，他們的房子常常從屋頂到屋腳都裂了縫。沒有下水管道，沒有通風，沒有足夠水來供應——這樣一種可憐的狀況，是與他們領取不菲的薪資同時存在的。這些薪資本可以保證他們過上舒適甚至富足的生活。上述情況似乎表明，沒有任何法律能夠救治他們的毛病。」

我們已經在進行各種「改革」。我們已有了家務投標權，家務事可以透過選票來表決。我們已經著手減輕勞工階級有關穀物、牛、咖啡、糖和供應品的稅收。我們已經把相當一部分應由救濟對象上交的稅轉加在了中層和上層階級的身上。這些措施已經發表。但對改善勞工階級的狀況收效甚微，本身還沒有落實這些主要的改革措施，他們也尚未在家裡實行改革。然而，改革的結果對於每個個體來講必定會是有益的。對個人有害的東西肯定對社會也會有害。當人變壞後，社會也會隨之變壞。

僅僅抱怨法律的不公和稅收的沉重是無濟於事的。即使阿里斯多克洛蒂政府的殘暴也比不上邪惡慾望的殘暴危害之烈。男人們容易被引導到痛苦的路上去，他們中的大部分人是心甘情願和自願負責的——其結果就是虛度光陰、揮霍浪費、自我放縱、行為不端。因為我們所受的痛苦而去責備別人，比責備自己更容易被我們的自尊心所接受。

　　非常清楚的是，那些生活一天到晚沒有計畫的人，缺乏條理的人，沒有事先考慮的人——他們花掉了自己的收入，沒有為將來留下任何積蓄——正在為今後的痛苦種下苦果。一切只為了今天必然會損害將來。一個信奉「只管今天吃好喝好，哪管明天是否去死」的人，會有什麼希望呢？

● 節儉：資源最大化利用

　　節儉是家務原則的靈魂，它的目標是節儉地管理家庭的一切資源，防止浪費，避免不必要的花銷。節儉是理性和深謀遠慮的結果而決非一時心血來潮之行為。節儉不是為了錢而存錢，而是努力做到物盡其用。它意味著一個人為了別人的利益而愉快地作出自我犧牲，或是為了明天更美好而心甘情願地放棄眼前享受。

　　為了在這世界上獲得發展和提升自己的社會地位，很多人「對享受不屑一顧，過著終日忙碌的生活」。為了實現更大的抱負，他們過著謙恭而簡樸的生活。他們靠自己雙手的勞動來維持生存，直到能靠腦力勞動來安身立命。有人斷言這是不公平的；無產階級無法在社會上獲得地位的上升，這是一種罪惡；而且「鞋匠永遠只是鞋匠」。而只有建立一種更好的社會制度，個人的自我發展才成為征服科學與知識的唯一手

段，世界才會獲得永恆的進步。

歌德說過：「既然他知道如何理解及很好地適應社會，那麼對一個誠實正直的人來說，無論在哪種社會形式下生活完全是沒有區別的。」他又說：「誠實而富有進取精神的意志會為自己開闢道路，在任何一種社會形式之下都會採取有利的行動。」

「什麼樣的政府是最好的政府？」歌德答道：「最好的政府就是教會我們如何自治的政府。」在他看來，我們的所需就是個人自由和自我教育。他說：「讓每個人只做他應做的事情，不要讓自己捲入這個世界的混亂渾沌之中。

無論如何，是個人主義促使了事物的發展，實現了知識的提高和社會的進步。正是個人的意志力和決心推動了運輸在藝術、科學及文明的一切手段方面不斷發展向前。

單個的人願意自我克制，但合作的團體並不願自我克制。大眾太自私了，總擔心好處被別人獲得而犧牲卻要自己付出。因此正是那些具有高貴的堅毅精神的人當中我們找到那些既提升了自己又推動了整個世界的人，他們的所作所為對其他人起了很大的激勵作用，振奮人的精神，激發人的意志，鼓勵他不斷努力向前。

奈史密斯說：「如果我要把我勤勉而成功的一生中所形成的經驗用一句話表述出來，那就是幾個詞：『職責第一！享受第二！』這在任何情況下都可以成為年輕人通向成功之路的規則和祕訣。從這句話我已經看到了年輕人以後進步，而一般所謂的『厄運』、『不幸』與『苦命』十之八九都是採取相反做法，不聽規勸的結果。從我已有的確信無疑的經驗看，絕大多數情況下，成功遲遲不來就是因為自我克制和缺乏常識。最有害的原則正好反過來：『享受第一！工作與職責第二！』」

偉大的人能吸取更大財富

實踐節儉的方法很簡單。賺多花少，這是第一條原則。一定比例的收入應該用於將來。賺少花多的人必定是傻瓜。民法對待揮金如土的人與對待瘋子的做法很接近，經常取消他們管理自己事務的資格。

第二條原則是要支付現款，不要在任何地方欠債。債務纏身的人喜歡欺騙他人，容易變得不誠實。償還債務的人會使他本身變得富有。

第三條原則是不要預計不確定的利潤並在錢到手前就把它們花出去。利潤未必能到手。這樣你就會債務纏身而且有可能永遠難以自拔。債務就會壓垮你的雙肩。

節儉的另一個方法是把你的所得和花銷做成定期的帳目。一個規劃得當的人事先就知道他要什麼，並能為這些東西拿出必要的錢。家庭預算能夠平衡，他的花銷也必能收入為界。

節儉的精確限度是難以確定的。培根說過，人應該量入為出花銷不應超過收入的二分之一，餘下的應積蓄起來。但這樣做可能太精確了，培根自己都沒有做到，一個人的多少收入應花在房租上？這取決於環境。在鄉下是十分之一，在倫敦是六分之一。無論如何，省得越多花得越少，那就越多。可以補救第一次所犯的錯誤，但以後的錯誤補救起來就沒那麼容易了。對於那些很大的家庭來說，積蓄的錢越多，就越有利。

節儉很有必要，這對中等收入者和相當貧窮的人都一樣。不節儉就不會慷慨，因為他不能參加社會上的任何慈善工作。如果他把收入都花完了，他就無力幫助任何人。他不能以適當的方式來教育孩子，使他們

有一處適當的生活與事業的起點。培根的例子說明即使最高超的才智忽略了節儉同樣是危險的。而每天都有成千上萬的證據證明，即使智力最一般的人也能成功地實踐節儉這一美德。

雖然英國人是勤勞、努力工作、一般也是自我克制的民族，他們也肯定能夠以他們本身和他們的努力在世界上得到相應的地位並獲得發展，但他們有點忽視能改善狀況並確保社會福利的某些最好的有用方法。他們在做到性情溫和、節儉樸素和深謀遠慮上接受的教育還賺不夠。他們為現在活著，極少考慮將來。作為丈夫和父親，如果他們供給了現在的家庭所需，而沒有考慮半來，那麼他們通常被認為已經盡到了責任。英國人雖然很勤勞卻缺乏遠見；雖然很能賺錢卻揮金如土。他們並未做到足夠的深謀遠慮，缺乏節儉。

然而各行各業的人們受這樣想法的影響太少了。他們習慣於入不敷出——至多是收支相抵。上流社會在炫耀生活，他們必須保持「社會地位」，他們必須擁有毫華的住宅、漂亮的馬匹和馬車，吃山珍海味、喝名酒，女人們必須要穿昂貴華麗的衣服。這樣，奢侈浪費的做法不顧一切，卻往往讓人心碎，使希望破滅，使雄心受挫。

「上樑不正下樑歪」。中產階級努力模仿貴族氣派，他們要裝修住宅，穿華麗的衣服，給馬車加上豪華的布蓬。他們的女兒要學習「家政」，關注「上流社會」，騎馬駕車，經常去歌劇院和戲院。炫耀一時風行，人們互相攀比，各種荒唐有害的做法一浪高過一浪。這樣的惡習還在蔓延。

對於勞動階級來說，他們收入更少，而且剛剛收支相抵。但只要他們有點錢，他們就對如何對付以後可能的艱難歲月考慮很少；一旦不幸真地降臨，就只有家徒四壁的屋子能造成遮風避雨的作用，但這並不能解決物品的匱乏。

因貪婪而吝嗇與因節儉而省錢是完全不同。節省錢的做法都是一樣的——不要浪費，節省每一樣東西，但目的的差別很大。吝嗇鬼的唯一快樂的來自吝嗇。節儉精明的人在享受和舒適上花的錢以他的承擔能力為限，而餘下的則要為將來而積蓄。貪婪的人把金子視為神物，視為他的生命，他對之頂禮膜拜；而節儉的人把金子視為有用的工具，視為提高他個人以及家人福利的手段。吝嗇鬼從不滿足，貪得無厭，他累積的財富遠遠超過他能花銷的程度，但往往死後那些財富為他人揮霍一空，尤其是揮金如土的浪蕩子；而節儉的人沒有想過累積多少財富，而是著眼於在財富和舒適方面都確保得到相對公平的一份。

　　經濟節儉地支配收入是所有人的職責，年輕人和老人都一樣。如果一個人結婚了呢？履行節儉的義務就更有約束力了，他的妻兒是他這樣做強而有力的理由。萬一他過早去世，難道要讓妻兒在這個無助的世界上掙扎嗎？

　　慈善之手是冰冷的，施捨得來的東西與勤勉、艱苦勞動、誠實的積蓄所獲得的東西相比一文不值，後者本身就意味著福祉和舒適，而且不會對無助者和一無所有的人造成傷害。因此要讓每一個能這樣做的人努力地去節約和積蓄，不要揮霍浪費，要使他的小小積蓄豐厚起來，這就有助於增加他本人的以及他過世後其家人的幸福。

　　在為了有價值的目標而節儉金錢這樣一個努力過程中展現了尊嚴，即使這種努力最後並沒取得成功。它產生了井然有序的想法，使節儉戰勝了奢侈浪費，使美德戰勝了邪惡；它能控制激情，消除憂慮，確保舒適的生活。

　　節省金錢，即使不多，也可以少流很多眼淚，避免痛苦與心神不安，否則的話這些痛苦與不安就會降臨到我們頭上。擁有一小筆錢，人的步伐就更為輕鬆，心兒也跳得更加歡快。當發生失業或不幸降臨時，

他能夠泰然地面對這一切，他可能依靠自己的資本，可以避免或中止情況的惡化。透過節儉樸素，我們認識到了一個人的尊嚴，生活將成為一種福祉，而晚年也將享有榮。

當我們走到生命的終點之時，我們會意識到我們並未給社會增加負擔，或許恰恰相反，我們成為社會的財富與榮耀；而且還會意識到，由於我們的自立，孩子們就會以我們為榜樣，並得到我們留給他們的財富，這樣他們就會以快樂和自立的方式生活在世界上。

人生的第一職責是發展、教育和提升自我，同時也要以合理的方式來幫助自立的兄弟。每個人所共有的自由意志和自由行動的能力都很大；這一事實已經為很多例子所證明，他們最初的環境非常不幸，但他們成功地在逆境中抗爭並克服了困難；他們從社會最底層和貧困的深淵中脫穎而出，彷彿是為了證明充沛的精力、目標的堅定就可以使社會上獲得上升、發展與進步。難道人性的偉大、社會的榮耀、國家的力量不正是勇於面對並克服艱難困苦的結果嗎？

一個人決心要成功時，他已經跨出了成功的第一步。良好的開端是成功的一半。正是在發展自己的過程中他才最有可能推動他人的利益。他給了別人最有說服力的說法，而榜樣的力量與言詞上的教誨相比更具有感染力。他做的事其他人爭相仿效。以他自己為榜樣，他以最令人難忘的方式教會了別人要履行自我改造和自我提高的職責，如果大多數人像他那樣做，從總體上說社會將會變得多麼開明、多麼幸福、多麼繁榮啊！社會是由個人組成的，因此社會的幸福與繁榮（或者與之相反）程度是與組成社會的個人狀況相一致的。

對社會待遇不公的抱怨自古以來就有。在色諾芬的節儉中，蘇格拉底問：「為何有的人生活富裕而且有所積蓄，而其他人生活必需品都很匱乏而且同時債務纏身？」伊斯馬薩斯答道：「原因在於前者專注於他

們的事業而後者卻對事業不加考慮。」

大情況下，人的差別基於才智、行動與精力。最優秀的品格從來不會碰巧出現，而是在美德、節儉與深謀遠慮的影響下造就的。

當然，世界上還有很多人在犯錯誤。那些指望別人垂青而不是自力更生的人難以成功。吝嗇鬼、無足輕重的人、揮金如土和鋪張浪費的人必定會失敗。事實上大多數人的失敗是他們本身應得的。他們以錯誤的方式來安排工作，而經驗好像對他們沒有任何幫助。

其實，運氣並不像有些人想的那樣能起那麼大的作用。幸運只不過是實際事務有效管理的代名詞罷了。黎塞留過去常說他不會繼續僱傭一個不幸的人——換句話說，即一個缺乏實際能力、不能從經驗中得到教益的人。過去的失敗常常是未來失敗的徵兆。

在現實生活中，我們希望一切條件都已就緒，而不是為它作準備。我們自然就喜歡目標清晰並能以迅捷直接的方式達到目標的人；喜歡那些能以生動語言描繪做事步驟的人。

成功的願望，即使是累積財富的願望，並不是沒有用處的。毫無疑問，人的內心深處總希望變好而不是變壞。事實上，累積財富的願望構成了人類社會不斷發展的重要動力之一。

它為個人的精力與活力提供了堅實的基礎，它是海運和工商企業的開端，它是勤勞同時也是自立的基石，它鞭策人們努力工作、從事發明並去超越別人。

沒有一個懶惰的人或奢侈浪費的人最後成了偉人。而正是在那些珍惜一分一秒的人中我們發現了推動這個世界發展的人——透過他們的知識、他們的科學或創造發明。勞動是生存的一種條件。「勞動是神強加於子民身上的負擔」，這一思想自矇昧時代以來就為人所知。

意外災難的根源

　　忽視小節是絕大數人遇到意外災難的根源。人的一生由一系列的小事串連而成。每一件小事都不是絕對重要的，正是處理這些小事的方式決定了一個人的幸福和成功。品格是從小事情上培養起來的——每件小事都應體面地處理好。商業人士的成功依靠他對小事情的關注。對家務的滿意來自每件小東西都安排得井然有序、各得其所。要成為一個好政府也只能用同樣的方式——把每一項滿足人民需要的小事物都規劃妥當。

　　最有價值的知識、經驗和累積是靠一點一滴的零碎知識和經驗彙集而成。那些不學無術、一生無所成的人是失敗者，因為他們忽視了小事情。他們自己可以認為，這個世界在與他們作對；但實際上，他們是自己的敵人。長久以來，人們相信「好運氣」，但是，它像其他流行觀念一樣，逐漸地不再大行其道。人們越來越相信勤奮是好運之母，換句話就是說，一個人一生的成功將同他付出的努力、勤勉以及對小事情的關注成正比。鬆鬆垮垮將使人無緣碰到好運氣，因為勤奮的果實是不允許那些不付出相應努力去儲存它的人摘取的。

　　不是運氣，而是勞動塑了人。運氣是等待某個事物的出現；而勞動，由於有敏銳的雙眼和堅強的意志，卻總能發現某些東西。運氣躺在床上，然後盼著郵差送來繼承遺產的好訊息；而勞動，清晨6點鐘就起床，用勤奮的筆或揮動的鐵錘打下成功的基礎。運氣常常吐出抱怨之辭，而勞動則發出工作時吼聲。運氣倚賴偶然的機會，而勞動靠的是良好的品格。運氣滑向自我放縱，而勞動卻闊步向前，並渴望獨立自主。家務中有許多小事情，對它們的關注到我們的健康和幸福。保持清潔就

是對許多小事情的重視——擦洗地板、拭去椅子上的灰塵、清洗茶具；但是總的來說雖要創造一種在精神上的物質上健康舒適的氛圍——有利培養人們最高品格的環境。

屋子裡的空氣環境可能被看作是一件小事情，因為我們看不到空氣，並且大部分人對它幾乎一無所知；然而，如果我們總是不給屋裡換上新鮮潔淨的空氣的話，我們就要為此遭受不幸。這裡或那裡的一小塊汙垢似乎很不顯眼，門或窗開著還是閉著看上去也幾乎沒什麼區別；但是在我們因此而生病發燒毀掉了一生之後，後果的不同就顯現出來了。那麼，一小塊汙垢和有點汙濁的空氣就是非常有害的東西了。整個家務勞動就是由一系列瑣事構成。但這些瑣事卻能產生舉足輕重的結果。

一枚別針在衣飾中是微不足的小東西，可它別在衣服上的方式卻能反映穿戴者的性格特點。曾有一位精明的夥子想找個妻子，帶著這個目的他拜訪了一戶有許多姑娘的人家。那天，他所鍾愛的那位漂亮小姐來到了那個房間。她的衣服沒有用針別好，頭髮也有些散亂，結果他再也沒有到這一家來過。你也許會說，這樣的小夥子本身就「一文不值」，但他其實是個聰明人，後來成了一個好丈夫。他判斷一個婦人的角度和判斷男人一樣——透過小事情，並且他是對的。

有位藥劑師要應徵一個助手，他收到了許多年輕人的申請。他把他們同時邀請到他的店鋪中來，讓他們把價值一便士的鹽放進一個口袋中。他從這件小得不能再小的工作上推斷一個人的整體實踐能力。

對小事情的疏忽導致大量的財產損失，最好的企業也因此受損。一艘載滿商品要回國船途中沉沒了，因為它離港時被發現船底有個非常小的洞而被置之不理。少了一根鐵釘，就會壞一個蹄鐵；壞一個蹄鐵，就會損失一匹戰馬；損失一匹馬，騎馬的謀士就會被敵人俘獲殺死；沒有了這個謀士，他的將軍就會失去整個軍隊。而所有這一切都是因為有根

小鐵沒有在蹄鐵上固定好！

「這能行！」是那些忽視小事情的人的口頭撣。「這能行！」這句話使許多人喪失了高尚的品格，使許多船隻沉沒，使許多房子燒焯，使人類無數傾注了美好希望的工程無可換回地毀於一旦。它總是阻礙正確的事情順順當當地進行下去。它是一塊絆腳石，是成功的敵人。

不是什麼「能行」，而是怎樣才最可行，這才是問題的關鍵所在！讓一個人信守「這能行」的格言，就相當於把他交給了敵人；他就會站在無能和失敗一邊，我們就不能對他再抱有任何期望！

當小事情被習慣性地忽略掉時，災難就不遠了。要致富得靠勤勞的雙手，勤勞的男女對小事情像對待大事一樣認真。有些事物看上去非常不起眼，但是對他們的關注像關注偉大的事物一樣必要。

一個人可能工作很賣力，賺的薪資也高；但是如果他任由他的辛苦錢從他的指間滑走——有些花在酒店，這個體力勞動的苦力的生活好不了多少。

所有的儲蓄都來自小處的累積。「積小成多」，存下一美分就是存下一美元的開端。任何一美元的儲蓄都意味著舒適、充足、富裕和自立。但是錢必須來得乾淨。人們說靠誠實的勞動賺來的一美分要好過別人給的一美元。一個諺語說：「別人施捨的美酒總比不上自己賺來的劣酒甜美。」鐵匠和他的便士都是黑的。但是鐵匠賺來的錢是乾淨的。

如果一個人不知道如何節省每一分錢，那麼他就時刻面對著生活的煎熬。短缺可能在任何一天襲擊他，「就像一個武裝分子一樣」，仔細的節省行為就像變戲法，一旦開始，就會成為習慣。它使一個人感到滿足、力量和安全。他放進儲錢箱或存進銀行中的錢保證了他在生病或年老時能夠生活得舒適。有儲蓄的人不會陷入需要時的短缺；而不懂存錢的人卻要直接面對痛苦而折磨人的貧窮。

● 現代社會的消費病態

奢侈是現代社會流行的噁心。它不僅在富人中盛行，也蔓延到了中產階級和勞動階級。

人們從來沒有什麼時候比現在更熱衷於發財，或希望看上去像有錢人。人們不再滿足於靠誠實和勤奮賺錢了，而是希望突然暴富起來——不管是透過投機、賭博還是詐騙。

一般性的奢侈隨處可見，它尤其是城裡人生活的特點。你可以在大街上、公園中、教堂裡到處看到奢侈。衣著的奢華只是奢侈的表現之一，揮霍浪費在社會生活中屢見不鮮。人們過著超過他們負擔能力的高消費生活，其後果可以在商業失敗中、破產清單上和審判犯的法庭上看到。在法庭上，生意人常常被指控犯有不誠實和欺詐的罪行。

外表一定要有派頭，人一定要看上去有錢。那些一心想取得別人信任的人很容易裝出有實力的樣子。人們現在一定要生活得有等級，住漂亮的房子，吃精美的食品，喝上等的葡萄酒，並有華麗的馬車。也許他們只能靠寅吃卯糧或者詐騙才能維持這樣日子。

另一類奢侈的人，雖然還不靠欺詐生活，但也徘徊在欺詐的邊緣上。他們有自己賺錢的手段，但消費往往超過收入。他們希望自己成為「受人尊敬的人」。他們奉的是一個有害的格言：「一定要和其他人一樣生活。」他們不考慮自己能不能負擔得起目前的生活，而是覺得為了在別人面前保持面子必須要這樣生活。這麼做的結果是犧牲了自己的自尊。他們看重衣著、家庭設施、生活方式、追求時尚，把這些看成受人

尊敬的代表。他們精心策劃自己在出現世人面前的形象，雖然這可能是徹底的偽善和虛假。

這些人認為，決不能顯得寒酸！他們用各種方法努力掩蓋他們的貧窮。他們在把錢賺到手之前就先花掉了——欠下雜貨店老闆、麵包坊主人、服飾商、賣肉的屠夫一屁股債務。他們必須像有錢的店主一樣款待同樣追求時尚的「朋友」。可是，當不幸襲來，債務再也拖不下去的時候，誰還是他的「朋友」呢？他們躲得遠遠的，只剩下這個無依無靠的人在債網中掙扎，猶如被網困住而又脫離水面的魚兒！

然而，只要一個人有勇氣說：「我負擔不起！」貧窮的威脅就解除了一半多。那些能享福但不能共患難的朋友們除了能揭示一個人如何墮落成勢利小人這外，沒有一點用處。

什麼是「透過交際聯繫感情」？它根本不能提高一個人的社會地位，甚至在生意上也沒有幫助。成功主要依靠一個人的品格和他受到的尊敬。如果在尚未成功之前就想先品嘗成功的結果，那麼有抱負的人也會掉入債務的貪婪大嘴而無人惋惜。

似乎有一種普遍的儘管是無意識的共謀，要壓制著每個人的個性和人性。我們不鼓勵自立，要求統一服從。每個人都要看別人的眼色，用別人的大腦考慮問題。我們是傳統的崇拜者和服從者，只知道向後看，而不知道向前看。由於被愚昧和軟弱牢牢束縛住，我們害怕特立獨行，害怕獨立思考和行動。

傳統籠罩著一切。我們害怕呼吸獨立思考和行動的自由空氣。我們拒絕恢復我們的天性，拒絕為我們的精神自由而辯護。我們滿足於摘取別人的果實，而不是自己的。

在私人事物上，這樣的精神面貌同樣有害。我在社會的約束下生活，照著符合我們階級的標準去做事。我們對習慣力量有著迷信般的崇

敬。按照本階級的觀念，只要這樣做，我們就是「受人尊敬」的。於是許多睜開眼睛看世界的人陷入了不幸之中，因為沒有什麼比對「這個世界」愚蠢的恐懼這種藉口更好。他們擔心的是其他人會怎麼說他們；並且十有八九，發出譴責之聲者並非明智而有遠見的人，相反，經常是更愚蠢、虛榮和短見的人。

想要成為與自己不同的人，或者擁有他們沒有的東西的不安分想法，是一切不道德的根源。注重面子是當代社會的最大惡習之一。人們有一種普遍的想法，尤其是在中上層人士之間，就是看起來要比實際上體面一些。他們打腫臉充胖子，生活水準低下也要作出有派頭的樣子。他們努力把自己打扮得看起來比實際要更高階些。

「受人尊敬」是主要目標之一。就其本質來說受人尊敬是值得爭取的東西。正確的做法是，應當用合適的行為去博得他人的尊敬。但是現代的受尊敬卻在於外表。它意味著要穿上等的衣服，住考究的房子生活時髦。它看外在的東西－聲音、儀表和外表。它要聽口袋裡金幣叮噹作響的聲音。道德和品格在現代的受人尊敬的概念中沒有什麼地位。一個人在當今可能很「受人尊敬」，然而卻可能是個十足的卑劣之徒。

弄虛作假和道德敗壞的惡習來自人們對兩個東西的過於看重——等級和財富。每個人都在為進入地位更高的階層而奮鬥，無論是地位低還是地位高的階層，在他們的工作中等級觀念展現得同樣明顯。

無論你出身於哪個階級或者無論社會地位多麼低下，都不要緊，你會發現在你之下總還有人。在地位中等的人之間這種排他性的等級觀更為明顯。每一個圈的人都認為與地位更低下的圈子裡的成員兒在一起是一種墮落。在小的村鎮，你會發現關係疏遠的不同小團夥。它們之間也許互相鄙視。常常用嚴厲的話互相攻訐。在每個大教區，通常至少有6個不同等級，他們的地位都是你高我低的關係。

對每個等級，他們都排斥想加入他們行列的等級地位更低下的人，但同時這個等級的人又全都為爭取打破與更高的等級之間的界限而奮鬥。他們渴望跳過這個分界線，進入至今還在大力排斥他們的更高等級的圈子。

在等級的前沿位置，人們不顧一切地向更高等級攀爬，無數手段僅僅是作為向上爬的權宜之計而採用。我們一定要擁有社會的承認和尊敬！為了這個目的，我們一定要富，或至少看起來像富人。

因此，我們為追求時尚而奮鬥，為外表的富裕而努力，為過中上等人的生活而急起猛進、沾沾自喜、洋洋得意。也因為如此，多姿多彩的世界對我們只有厭膩和倒胃口的感覺，我們的心靈萎縮了，智力遲鈍了，只剩下愚蠢、無聊和瘋狂。

現代文明最腐化的因素之一是所謂的「大聚會」制度。人們亂糟糟地擠在房中，其中有不少無所顧忌的傢伙為所欲為，這就是可笑的風尚。

盧梭用偏離常軌的語言說：「我寧肯要一間住一天都覺得小的房子也不想要一間住一年都覺得大的房子。」時尚恰恰背棄了這個格言，而墮落和災難往往是從寬敞的居室和安逸的生活而來。不幸之處在於，我們在生活上從來不向更低等級的人看齊，而是向更高等級看齊。

然而，不知道的因素與其說在於維持表面形象，不如說在於為維持表面現象所採取的手段。自己有了一定的社會地位，人們就算冒一切風險也要保持住它。如果他降低了奢侈的消費，那麼這個世界就認為他的地位下降了。那些乘著四輪馬車、喝著香檳酒，看起來很富的人，將無法忍受屈尊乘坐二輪輕便馬車或喝普通的啤酒。而那些有二輪輕便馬車，有一定身分的人，認為從鄉下家裡到城裡辦公室如果徒步或乘坐公共汽車就太掉價了。他們寧肯在道德上墮落也不願在社會等級上降格；

他們寧肯向不誠實低頭，也不願在那個大蠢貨——「這個世界」那裡失去虛偽的掌聲和虛假的尊敬。

　　人類的寶貴經驗之一展現在這個禱告詞裡：「主不讓我們陷入誘惑。」沒有哪個男人或婦人能夠抵制得了誘惑，只要面對的樂西已經變成誘惑。在習慣的外圍戰中，抗拒就被粉碎了。一個猶豫著是否要冒險該不該借債的女人其實已經輸掉了。當他一旦克服盯著老闆錢財的職員或助手遲早要把這錢貪汙掉。當他一旦克服了覺得拿到錢是根本不可能的感覺時，就會這樣去做。因此，是成千上萬個微不足道的小事情形成的習慣決定了一個人的道德行為的主要部分。

　　不誠實的很大原因是陷入債務。是什麼債倒無所謂，無論是打賭輸掉的，玩紙牌欠下的，還是賒的帽子商或布料商的帳。那些愛過良好教育和培訓的人，以及靠誠實工作賺錢的人，往往由於奢侈而墮落下去，有的為了外表體面，有的是打賭，有的是做投機生意或賭博，也有的是因為性行為放蕩。

　　俗話說：「貧窮來到門口的時候，愛就從窗戶逃走了。」但是愛並不僅僅從窮人家裡逃走，它也常常從富裕的家庭逃走，只要那裡缺乏關愛和快樂的心。這小小的家可能已經足夠舒適，看上去什麼也不缺，房間裝修的很好，到處很乾淨，桌椅齊全，爐火燒得很旺，然而卻沒有歡樂。那裡缺少帶著滿意和幽默表情的容光煥發的幸福面孔。物質上的舒適，僅僅是家庭幸福的一小部分。精神狀態在更大的程度上決定了生活的幸福或痛苦。

　　大部分年輕人對求愛和結婚之後的生活想得很少。他們把生命中這麼重要的一步看得很輕。他們忘記了一言既出，駟馬難追。結一旦打上就再難解開。如果由於輕率產生的錯誤已經發生，就一定會產生難以避免的結果。

　　有格言說：「結婚是抽籤。」事情可能確實如此。如果我們拒絕要謹慎的教誨，如果我們不會檢討、詢問和思考，如果我們選擇一個妻子或丈夫比僱一個可以隨時解僱的僕人考慮得還要少，如果我們僅僅重視臉蛋、外表和錢包的吸引力，並放縱自己一時的衝動或貪慾——那麼，在這些情況下，結婚確實就像抽籤，你有可能抽出一支好籤，但你有 100 倍的可能抽上了一支壞籤。

　　如果一個人想要平和、順利，那麼他應該在合適的時候說「不」。許多人就毀於不能說或沒有說「不」。也正因為我們沒有鼓起說「不」的勇氣，所以罪惡才大行其道。我們把自己作為這個世界的風尚的犧牲品已經太多，因為我們沒有說出這麼一個簡單的字所需的誠實勇氣，公務在身上的人不敢說「不」，因為他隨時可能被「開」掉。當一個有錢的蠢人向美女伸出手時，她很難口說出「不」字，因為她的前途都依靠「財產」。奉承拍馬的人不會說這個「不」字，因為他一定要面帶微笑，對一切都答應下來。

　　當受到享樂的誘惑時，要有勇氣立即說「不」。稍微回頭看看將會證明這個決策是正確的，美德將隨實踐而更加穩固。當放縱用享樂誘惑你時，要堅定地立即說「不」。如果不這樣，而是默許或屈從，那麼，美德將遠離你而去，你的自主性也將受到重創。第一次說「不」要付出些努力，但實踐的越多，你就越不用費力氣。對付無所事事、自我放縱、做傻事、壞習慣的唯一辦法，就是堅決果斷地說「不」。真正的美德就展現合適的時候所說的「不」字裡。

　　一個人如果不量入為出，那麼就會直到一無所有，在負債纍纍中死去，「社會」將在他進入墳墓後還繼續控制著他。他必須像「社會」要求的那樣下葬，舉辦一個時興的葬禮。葬禮用的蓋棺布、鑲邊的帽子、圍巾、送葬車隊、鍍金的靈車，還有僱來的送葬隊，這一切都是為取悅

於人。然而，當事人傷心欲絕的表演，還有那些為錢而來的受僱的送葬人和柩夫們假裝的悲痛，這一切都是多麼毫無價值，又多麼奢侈浪費！

● 債務會刺傷誠實的心靈

人們不知道當他們陷入債務中時，他們已為自己製造了多少麻煩。債務是如何產生的倒沒有什麼關係。債務像掛在人們脖子上的磨石，直到解脫為止。債務就像一個噩夢，妨礙家庭的幸福，破壞家庭的安寧。

即使那引進定期有著鉅額收入的人，處在債務的噩夢之中，歷經數載，也會感到吃不消，這一切使人憂心忡忡，那麼一個人能做什麼呢？如何為了妻子兒女的未來經濟節儉地生活呢？一個陷於債務危機的人無力保證自己的生活，無力保全他的房屋與財產，不能在銀行存錢，不能購買房屋或不動產。他的所有淨收入必須用於清償債務。

即使那些擁有鉅額財產的人、有很多地產的大貴族面臨鉅額債務時也經常感到意志消沉、處境悲慘。他們或者是其先輩養成了揮金如土的惡習——好賭、賽馬或生活奢華——以不動產作抵押借人金錢，揮霍無度，從此債務纏身。除非是法律嚴格限定之不動產——因為上層社會早已有所圖謀，以使他們去世時債務可以一筆勾銷，這樣他們就可以在花銷民眾財富的基礎上滿足自己揮金如土的奢侈——法律限定的繼承人繼承這些不動產時可以不承擔債務。但是隻有極少數人享有這種特權等級的地位。在大多數情況下，繼承不動產也就是繼承債務，而且債務經常要比不動產數額更大。

最偉大的人也曾債務纏身，曾有人斷言偉大與債務有著必然的關係。偉大的人才有鉅額債務；他們信用很高。偉大的國家也如是；她們

受人尊敬，享有信譽。無名小卒沒有債務，小國也是如此；沒有人相信他們。

個人和國家一樣，有債務就要支付利息。他們的姓名出現在很多書上，有一些是猜測他們是否已經清償債務。沒有債務的穿過世界無聲無息，默默無聞；而姓名列在每個人的書本上的人引起所有眼睛的關注。他的健康狀況常被詢問；他一去外國，就有人焦急地期盼他的歸來。

債權人總是被描繪成面目醜陋、苛刻吝嗇的人；而債各人則是慷慨大方，隨地願意幫助和款待每一個人，他成為普遍同情的對象。

然而，無論債務獲得了多少讚美，毫無疑問它都令人十分難堪。債務纏身的人為了生活被迫採用難堪的權宜之計。他受到催債人和治安官的不斷糾纏。

債務人隨著敲門聲的響起，臉色就變得煞白。他的朋友變得冷漠，親人也疏遠他。走出國門他則感到羞愧，呆在國內則如坐針氈。他變得暴躁不安、心情憂鬱、怒氣沖沖、失去了生活中的開心歡樂。他想要獲得通向歡樂與自尊的通行證——金錢；但他唯一擁有的是債務。這使他遭到猜疑、被人蔑視、受到冷落。他生活在絕望的沼澤之中。他感到在他人和自己的眼裡他都低人一等。他必須服從無禮的要求，這些要求他只能以偽造的藉口來推辭。他不再是自己的主人，已失去了作為人的自主性。他乞求人們的憐憫，懇求延緩時間。當一位嚴酷的律師指控他時，他突然之間就感覺已落入債務之魔的手掌。他乞求友人與親人，但得到的只是蔑視或冷漠的拒絕。他又乞求債權人；但即使成功，他也只是從一個火炕跌到另一個火炕。很容易看出結局是什麼——無恥地躲避或不斷的採用權宜之計，或許還會在監獄和囚犯工廠度過他的餘生。

一個人能夠不負債嗎？有沒有可能避免因債務引起的道德墮落呢？在確保人的獨立自尊的同時，就不能清償債務嗎？要做到這些只有一種

方法，那就是「用之有度」。不幸的是，在現代這一點做得太少了。

　　我們舉債時，總相信未來的償債能力。我們無力抵制揮霍金錢的誘惑，有人想擁有上等的精美家具，住在租金極高的公寓裡；另一個人想品嘗美酒，要包下歌劇院的單間；第三個人要舉行宴會與音樂會——所有這些都很不錯，但倘若無力支付就不要沉溺於此。宴會事實上是由屠夫、雞販子、酒商提供的，你從他們那裡借錢無力清償，那麼舉行宴會難道不是表現了窮擺闊氣的寒酸相嗎？

　　一個人不應該以入不敷出的方式來生活，也不應該為了今天的奢侈生活而花掉下週或下一年度的收入。整個債務本身就是一種錯誤，透過債務我們可以預見未來。債權人與債務人同樣應受到譴責，前者提供貸款並鼓勵客戶貸款，後者獲得貸款。

　　一個人如果避免借債就能把握自己的確切狀況。他的支出以收入為限恰當地分配他的收入，並留有積蓄以備不時之需。他總是能做到平衡有餘。如果他購置任何物品均以現金支付，那麼家庭帳號必能做到年年有餘。但是一旦他的帳單開始不斷增加——一張是裁縫的，一張是服裝商人的，另一張是屠夫的，還有一張是雜貨商的，等等；他從不知道他如何承擔。他逐漸債務纍纍。而這個過程不知不覺，他仍然春風得意，進到這裡的物品好像不用付錢，但是這一切都記在帳上，年末要款的帳單一到，他只能無奈地感到沮喪。他這才發現，蜂蜜之甜難敵受螫之苦。

❙ 金錢並非快樂之源

　　人若要慷慨，先要節儉。節儉不只給自己帶來方便，而且與人為善，它興建醫院，廣施錢財，捐資辦學，倡導教育。只有最善良的心靈，才可能生出仁愛，它有一種近乎於神的品質。

　　普通的人，心理有同樣的情感。一個人，無論他如何窮途末路，勞碌辛苦，身分低微，行善之於他，是天賦，更是祝福，——它帶給施與快樂，與領受者相比，不見得少呢！

　　其實，我們誇大了錢財的能力。固然，為了讓人們脫離他們罪惡的歷程，為了讓他們向善，我們募集了大量的捐贈。但單單捐贈並不能夠達到目的，錢財從未能影響社會的重大變革。有誠摯的決心，切切實實的獻身，努力的工作，才能夠使人克服放縱、短視、不虔敬的惡習，使他們在追求正當高貴的目標時，實現自己的幸福。錢也許有很多的用途，但金錢自身什麼也做不到。

　　錢財的力量被誇大得太歷害的了。決心在社會出人頭地的人，都把它看作很要緊的東西。他們有了錢，可能大度，也可能驕傲。有的人為了博得別人的好感，日常生活常常掛在嘴邊的那些言不由衷的自白，徒增人的反感。

　　某些人對錢財崇拜得五體投地。以色列人有他們的金牛，希臘人有黃金做的朱位元神像。愛慕金錢、財物，是人類天性中最低賤的部分。人們常常會問，「他有多少財產？」「他收入多少？」如果你告訴他們：「我發現一個仁慈、有德、完美的人！」他們毫不在意；如果你說：「我發現一個有百萬家財的人！」人們會對他刮目相看。

「野心、貪婪，如果說它們可以使國家揚眉吐氣，卻會使國家的每個分子變得粗鄙不堪。現在，每個人都在拚命賺錢發財，他們已經不能看到那些更高的品質……人們現在的許多奇思異想足可以說明，他們對資本的渴慕，已經取代了其他一切高尚的志向，無論是現世的，還是來世的。

對金錢的追求會將它前面的一切都掃開，而現在，它已經成為人民的一種習慣。人們的注意力完全在它身上，其他的幸福，或者全不放在眼裡，或者被說得一無是處。而後，這些渴求金錢的人又希望透過捐助，來恢復自己的道德品質；山一樣的財富沉重地壓在他們的心頭，壓在他們的靈魂上，如果他們能夠抵抗住這種壓力，繼續保持勤勉的習性，堅強的心靈，那他們真可以說是用特殊材料做成的人，因為人一旦有了錢，往往容易虛度光陰，揮霍無度。

如果錢財不會使人們相互疏遠，世上一半的罪惡就會消失。如果僱主多接近工人，也允許工人多接近僱主，我們就不會遇到現在這麼嚴峻的考驗。他們應該有所作為，幫助那些工人不要沉溺於酒店；他們應該從他們的財富中，拿出更多的部分，為人們建造娛樂消遣的場所；他們應該提供更好的住房，更清潔的公廁，更好的街道。如果這些都能做到，業主無須停工，工人也不必罷工。

確實，如果金幣像冬天的雪片一樣飛舞在我們的面前，像夏天的草莓一樣地沉甸甸，有什麼理由要去注意一位布道牧師的嘮叨呢？

人們繼續辛辛苦苦地幹活，希望錢財能攢得更多。看他們十分賣力的樣子，我們真會以為他們是在貧困中掙扎，其實在他們周圍、財富堆積如山。他們抓住一切機會搜刮，一分一分地賺，有時為了一點蠅頭小利，什麼低賤的活也肯屈尊，而實際上，他們累積的財富已經遠遠超過他們能夠享用的程度。但他們仍然夜以繼日，不斷地絞盡腦汁，希望能夠錦上添花。

　　這些人也許在早年沒體驗過教育的好處，因而完全不能感受書本的樂趣，對書沒有任何興趣，有時，甚至自己的姓名都拼寫不出。他們腦子裡只有一件東西，就是錢；只盤算一件事情，就是怎麼賺錢。他們除了信仰財富，別的沒有任何信念。他們把孩子置於完全的控制之下，只教他們服從，不培養他們的才能。

　　最後，這些累積的財富傳到孩子手裡。以前，他們花錢受到限制，現在限制解除，他們就大手大腳；他們從不知道，還有比這更好的生活方式。他們揮金如土，他們不願再像他們的父輩那樣做苦力，他們要做「紳士」，要像紳士那樣開銷。很快，錢猶如長了翅膀一樣，都飛走了。第一代積攢財富，第二代揮霍，到了第三代就一窮二白，又重新淪為貧困的階層，這樣的事例舉不勝舉。

　　有一句諺語，「兩隻木底鞋，一雙長統靴。」意思是說，父親穿木底鞋累積了財富；兒子有錢，把它花得乾乾淨淨；再到孫子輩，又穿起木底鞋來了。

　　人到老年，永遠擺脫了為錢的勞作、期待和焦慮，為了晚年過得幸福，他們在青年、中年的時候，就應當保持他們的心靈健康活潑。他們應當熟悉各類知識，對於那些使得世人一代勝過一代的種種已行的事，正行的事，應當培養自己的興趣。多數人的生活中，有足夠的閒暇可以去閱讀傳記、歷史，可以去掌握許多科學知識，了解那些與賺錢不同的、更加高尚的事業。純粹的享樂不能使人幸福，純粹追求快樂的人是不幸的動物。

　　如果一個瀕臨死亡的人，面前除了成堆的金幣外，別無任何慰藉，那是多麼悲慘的結局啊！世界正從他眼中消失，他卻在緊挨著金幣不放，然後嚥了氣，最後一個動作仍是在撫弄他的金幣。守財奴愛爾維斯，死時還在高聲叫著，「我的錢！誰也不能奪走我的財產。」一幅多麼可怕、難堪的景象啊！

人往往因為不夠節儉而遭報應，富人則因為節儉得過頭而遭報應
——他們越來越吝嗇，越來越感到自己的錢袋在縮小，死時像個乞丐。
我們知道許多這方面的例子，比如，倫敦一個最有錢的商人，過一段貧
苦日子之後，去了農村，來到他出生的那個教區，請求領取救濟金。他
雖然家財萬貫，但卻惶惶不可終日，唯恐某天自己會身無分文。當地人
給他發了救濟金。他死時其狀如同乞丐。

　　世上所有的有錢人，所有的守財奴，自己終會發現，——世人也會
為他們發現，——他身後所留的，無非是人們的一句『他死時很有錢』；
他的財富，對躺在墳墓裡的他，沒有任何益處，只是末日審判之際為他
的並不光彩的記錄再添上一筆。如果這便是他一生的報償，那真是一種
不幸的報償。

　　福裕和幸福，兩者並無必然的關聯。有些場合，我們甚至可以斷
言，幸福與財富恰成反比。有許多人，他們一生最幸福的時刻，正是他
們與貧窮做鬥爭、逐漸擺脫貧窮的時候。正是這段時間，他們為了別人
犧牲自己，為了將來的自立放棄眼前享樂；也正是這段時間，他們一方
面每天為麵包而辛勞，一方面又滋養自己的心靈，努力使自己的家庭智
慧更多，境況更好，生活更幸福，對社會更有貢獻。

　　每一種生活，都有它的補償。窮人還是富人，其間命運的差別沒有
我們通常想像得那麼大。富人固然有許多的特權，常常卻為此付出很高
的代價；他因為自己的財產而茶飯不思，也許會成為勒索的對象；他更
容易上當受騙，容易成為眾人的目標；他的周圍聚集了一大幫向他伸手
要錢的人，不把他的錢袋榨乾，他們不會甘休。有這樣一種說法是，錢
一旦多了，去得就快。

　　窮並不丟臉，如果在貧窮中能夠保持誠實，那是值得讚美的事情，
我們也常常聽見這樣的讚美。如果一個人能在貧窮之中保持自己的尊

嚴，不為金錢出賣自己，待人誠實，那麼他的貧窮是值得大大誇耀的。此外，一個能夠自立的人不能算是貧窮，比之那些無所事事、一身債務的紳士，他要幸福得多。

孟德斯鳩曾說過，一個人一無所有並不是貧窮，只有他不去工作，或者不能工作，那才是真正的貧窮。一個能夠工作、並且願意工作的人，比之好些擁有萬貫家財、無須工作的人，要更為福裕。

貧窮會磨練人的智慧，所以許多偉人最初都很落魄。貧窮能淨化人的道德，振奮人的精神。在勇士的眼裡，艱辛也是一種快樂。如果我們從歷史中去搜尋證據，便會看到，人的勇氣、正直、大度，不取決於他的財富，反倒取決於他的寒微。至勇者往往是赤貧者，他們往往感到自己有足夠的力量實現自己世俗的需要。

上帝造出了貧窮，而未造出痛苦；這兩者有天壤之別。痛苦讓人蒙羞，它往往出自不檢點，出自無聊和酗酒；貧窮而不失誠實卻讓人尊敬。在貧窮中能夠忍受、能夠堅持的人，尊嚴並無損害；但一個安於乞討生活的人，卻於社會毫無用處，只會造成禍害。

一切人中，最幸福的往往是窮人，而不是富人。然而，儘管人們都羨慕窮人，卻沒有人願意落到他們的境況。

一位哲人說得好，「讓空虛和謊言都離我們而去；貧窮非我所欲，富裕亦非我所欲；粗茶淡飯，我已足矣。」人的快樂的天性也是不平等的，這種不平等，較之財富的不平等，更為重要。財富所賜其實有限，人性的好壞，並不取決於它。靈魂的力量遠大於財富，它決定了人性的善惡，進而決定天性的快樂或者憂傷。

致富源於健康的人格

提起致富，沒有人不感興趣。因為只有致富，人們才能提高生活品質。

儘管人們的心中還多多少少地噁心金錢，但都渴望儘早致富，於是就有越來越多的人，或辭職來個破釜沉舟，或兼職攻防兼顧；也有的人由於失業而待業，迫於生計無奈而投入商海，卻收穫很豐富。

這些人有的躋身於富豪之列，多半也都達到了小康水準。他們的成功表明，致富已不再是少數人擁有的專利，人人都有成功的機遇，只要你把握準確。

隨著人們的生活水準日漸提高，越來越多的人便想在已有的資金累積的基礎上，圖謀更大的發展。這種願望雖好，但是在我們看來，窮富之間似乎有一條跨越不了的鴻溝。原來是貧困的，現在多半仍是貧困；原來是富裕的，現在多半仍是富裕。這種既尷尬又難堪的局面，成為我們要努力試圖改變的目標。但首先我們應該要面對的不是去如何扭轉它，而是應該去全面的認識它。那麼，致富的涵義是什麼呢？

致富是一個具有較為完整人格的或具有完善趨向的人，把自己內心的潛能透過外顯行為釋放或表現出來的過程。

每個致力於致富的人，都應了解自己的個性特點，揚長避短，在致富過程中不斷完善自己的個性。從對許多傑出人物的研究可以發現，他們的人格因素中不乏極其典型的健康因素，有些甚至超越了他們所處的時代文化與精神，但並不完美。只是他們在創造成就和財富中，絲毫沒

有忽視對自己情感的不斷豐富。嚴格地講，他們在創造財富的過程中，都有其努力追求的健康人格目標。

心理學家馬斯洛將自己的生命奉獻給如何最充分地發揮人的潛能的研究，他認為只有在滿足低階需要之後，那些高層次的需要才能出現。當一個人已經成功地滿足了基本需要之後，他的能量就能更多地投入自我實現。但自我實現不能把實現自我作為一個目標來追求，它往往倒是把才能積極投身於自我之外的事業的副產品，這個事業既是致富的過程，也可以是對美、真理、正義探索的過程。生活中如果沒有這樣一些過程，即使他擁有無數金錢，一個人也很可能會感到厭煩、空虛。

金錢只有流動才能積聚

投資的意識不是天生的，而是可以培養的，只要掌握了正確的投資理財觀念，我們每個人都可以成為成功者。

錢是人類的好朋友，尤其是你要它幫你賺錢的時候，根本不需費一絲一毫的心力，它就幫你把更多的錢吸聚到你的口袋裡。舉例來說，你把 500 元存入一個年息 5% 的定期帳戶裡，一年之後，你不需要幫人除草，也不需要代人洗車，你的錢就幫你賺進 25 塊錢了。

如果你每年投資 500 元於股市裡，即使你到外地度假時，這筆錢仍將為你賺進更大的財富。平均說來，這筆錢每 7 至 8 年就會增值一倍，當然，前提是你投資在股票裡。許多聰明的投資人早就學會了這點，他們了解餘錢和所從事的工作重要性是不分上下的。

華倫・巴菲特是當今超級富豪之一，他的祕訣無它，就是將錢投資

在股票裡。他和美國其他小孩無異，都是從送報生開始做起，但是，他比別人更早了解到金錢的價值，所以，他緊守著得之不易的每分錢。

如果你很早就開始儲蓄並投資時，當你存到一定程度之後，會發現你的錢會自動幫你準備好所需的生活花費。這不像有幸生在一個好人家，有一個富有的親戚每月會固定送上生活所需一切，你甚至不需寄感謝卡，或是在他們生日時去應酬他們，這不正是許多人夢寐以求的境界？此時，你完全享有經濟獨立，做想做的事，去想去的地方，讓你的錢留在家裡，代你上班賺錢。當然，如果你沒有及早儲蓄，並且每個月固定撥出一筆錢投資，那麼這一切將永遠只是一個夢想。

有一個大地主有一天將他的財產託付給三位僕人保管與運用，他給了第一位僕人5個單位的金錢，第二位僕人2個單位的金錢，第三位僕人1個單位的金錢。地主告訴他們，要好好珍惜並善加管理自己的財富，等到一年後再看看他們是如何處理錢財。

第一個僕人拿到這筆錢之後做了各種投資；第二位僕人則買下原料，製造商品出售；第三位僕人為了安全起見，將他的錢埋在樹下。一年後，地主召回三位僕人檢視成果，第一位及第二位僕人所管理的財富皆增加了一倍，地主甚感欣慰。唯有第三位僕人的金錢絲毫未增加，他向主人解釋說：「唯恐運用失當而遭到損失，所以將錢存在安全的地方，今天將它原封不動地奉還。

主人聽了大怒，並罵道：「你這懶惰的傢伙，竟不好好利用你的財富。」不善利用財富等於浪費金錢，浪費了天賦資源。第三位僕人受到責備，不是由於他亂用金錢，也不是因為投資失敗遭受損失，而是因為他把錢存在安全的地方，根本未好好利用金錢。大多數人也像這個僕人一樣都不善於利用手中的財富。

錢存在銀行是當今投資最普遍的途徑，同時是我們理財所犯的最大

的錯誤。這也是最重要的妨礙我們致富的原因：將錢投資在低報酬率的領域中。這裡所指的低報酬率的領域，泛指郵局、一般銀行及其他可存錢的金融機構。

大多數人認為錢存在銀行能賺取利息，能享受複利效果，如果金錢已經做了妥善的安排，已經盡以理財的責任。事實上，利息在通貨膨脹的侵蝕下，實質報酬率接近於零，等於沒有投資，因此，錢存在銀行等於是沒有投資。

每一個人最後能擁有多少財富，難以事先預測，唯一能確定的是，將錢存在銀行而想致富，難如登天，試問：「你曾否聽說有單靠銀行存款而致富的人？」將所有的積蓄都存在銀行的人，到了年老時不但無法致富，常常連財務自主都無法達到，這種例子在報紙上時有所聞。

選擇以銀行存款作為投資方式的人，其著眼點不外乎是為了安全，但是，錢存在銀行短期是最安全，長期卻是最危險、最不奏效的致富方式。

明智之舉是將自己的資金，明確地區分為日常生活資金與投資資金，日常生活所需的資金存於銀行，享受銀行提供之安全與便利；而投資的資金盡量不要存於銀行，必須投資於長期報酬率較高的股票、房地產等投資領域上。

依我們之見，一個人或一個家庭存在銀行的金額，保持在兩個月的生活所需就足夠了，一般人或家庭每個月大多有薪水或其他收入，會定期存入銀行帳戶，因此，保留一個月的生活費做為生活之用，另再加上一個月的生活費做為安全存量，這些銀行存款，用來支付牛活所需應是綽綽有餘。其餘的錢應轉做投資之用，投資於報酬率高的股票或房地產。

換言之，若你或你的家庭一個月生活費平均是 2000 元，而你的銀

行存款經常超過 5000 元，你便沒有實行這一致富的原則，華人總是向銀行存錢而很少尋找適當的投資目標，讓過多的資金沒有發揮其賺錢的功能。

你可以種下一顆種子，看它長大。這個辦法可以套用在金錢上，甚至是紙鈔。要知道，你每用一次錢，便是在助長錢的流動，它會加倍地再回來。藉由償付借款，你便是讓金錢流向薪資及紅利。每一次你只要已經到了經費不足時，就花掉一些。喬‧史派勒在《動手來種錢》中提及一個只剩下 1 分美金的人，這個人正開始一次用掉 1 分美金。當他換成美金的銅幣，然後用掉它們，他心裡告訴自己每次他花掉錢，就要以 10 倍或更多倍的數量再回到手上。這方法的確奏效！

金錢是包裝起來了的能源——讓它流動吧！金錢就是你可以用最適合攜帶的形式來消化的個人能源。這能源獨一無二，你可以將它送到遙遠的地方，去協助一個你依賴的計畫；同時你可以待在家裡做你最喜歡的事。你可以說，金錢是一種可即刻濃縮的能源——你只要加進一點愛，並將它送到該送的地方。

開始將金錢想作能源⋯⋯並且讓這錢能流過你。有些人擔心擁有過多，於是他們將他們的錢儲存起來。如此除了阻斷流量，還會有什麼好處？如此你也無法享用此能源。有人說：「我是在未雨綢繆。」真的！即使你已經可以買得下一個「雨天」，你會去買嗎？其他人則假設，如果你已經為了一個「下雨天」準備妥當，你會進一步為你在你的大腦中所規劃的——淫雨季而準備！

先投資再等待機會

思想改變行動，行動改變習慣，習慣改變性格，性格改變命運。

通常貧窮人家對於富人之所以能夠致富，較負面的想法是將富人致富的原因，歸諸於運氣好或者從事不正當或違法的行業；而較正面的看法是將富人致富的原因，歸諸於富人較我們努力或是他們克勤克儉。

但這些人萬萬沒想到，真正造成他們財富被遠拋諸於後，是他們的投資領域。因為窮人與富人的投資領域不同，富人多數的財產是以多渠道、多種類的投資，而窮人多數的財產是單一投資。

投資人躋身於致富之林，要能在思考模式上逃脫傳統思考的框框。有一個成年人不會騎腳踏車，他看到一位小孩子正在騎，羨慕地對小孩抱怨說：「小孩子身手敏捷才會騎車。」沒想到小孩子卻對他說：「不一定要身手敏捷才能騎車。」

於是小孩子教這位成年人騎車，而成年人也很快地學會了。當成年人愉快地與這小孩道別回家時，卻習慣性地推著車走路回家，這就是無法跳出慣性的框框。

所以我們應跳出習慣性的條框，及早地進行投資，用錢來幫你賺錢，多一分投資多一分收入。

我們認為最安全的投資策略是：先投資後，再等待機會，而不是等待機會再投資。

抱持「船到橋頭自然直」得過且過之心態來投資，是個人投資最普遍的障礙，也是導致大多數人不能致富的主因。許多人對於投資抱著得

過且過的態度，總認為船到橋頭自然直，隨著年紀的增長，眼見別人的財富逐漸快速成長，終於警覺到投資的重要性，此時才開始想投資，已因為時間不夠，複利無法發揮功能，懂得投資又如何，為時已晚？

很多年輕人總認為投資是中年人的事，或有錢人的事，到了老年再來擔心投資還不遲。投資能否致富，與金錢的多寡關連性很小，而投資和時間長短之關連性卻相當大。人到了中年面臨退休，手中有點閒錢，才想到要為自己退休後的經濟來源作準備，此時卻為時已晚。

原因很簡單，時間不夠長，無法使複利發揮作用，卻讓小錢變大錢，至少需要二三十年以上的時間。正如前面所舉的例子，10 年的時間仍入法使小錢變大錢，可見理財只經過 10 年的時間是不夠的，作得要有更長的時間，才有顯著的效果。

既然知道投資可以致富，需要投資在高報酬率的資產，並經過漫長的時間的複利作用，那麼我們的脫困應之道，除了充實投資知識與技能外，最重要的就是即時的投資行動，投資活動應越早開始越好，並培養持之以恆、長期等待的耐心。

今天導致大多數人不能致富的原因，是眾人不知如何運用資金，才能達到以錢賺錢、以投資致富的少。這是教育上的缺失，學校教育花大量的時間教導學生謀生技能，以便將來能夠賺錢，但是從不教導學生在賺錢之後如何管錢。大學訓練理財的途徑——投資股票、往往被校方視為投機、貪婪的行為。而對未來這個財務主導的時代，缺乏以錢賺錢的正確投資知識，不但侵蝕人們致富的夢想，而且對企業的財務運作與國家的經濟繁榮亦有所傷害。

不要再以未來價格走勢不明確為藉口，而延後你的投資計劃，又有誰能事前知道房地產與股票何時開始上漲呢？過去每次價格巨幅上漲，事後總是悔不當初。價格開始起漲前，是沒有任何徵兆的，也沒有人會

敲鑼打鼓來通知你的。對於這種短期無法預測，長期只有高預期報酬率之投資，最安全的投資策略是：「先投資再等待機會，而不是等待機會再投資。」

擁有 90 億美元身價的巴菲特，這輩子的財富全從股市賺來，他是哥倫比亞大學的企管碩士，父親是股票經紀人出身的為會議員。巴菲特在 11 歲就開始投資第一張股票，把他自己和姐姐的一點小錢投入股市，剛開始一直賠錢，她的姐姐一責罵他，而他堅持要放著。三四年才會賺錢，結果姐姐把股票賣掉，而他則繼續持有，最後驗證了他的想法。

巴菲特 20 歲時，在時倫比亞大學就讀，在那一段日子裡，跟他年紀相仿的年輕人都只會遊玩，或是閱讀一些休閒的書籍，但他卻是大啃金融學的書籍，並跑去翻閱各種保險業的統計數據，當時他的本錢不夠又不喜歡借錢，所以買入的股票總是放得過早，轉購其他股票，儘管因為資金不能收放自如，但是他的錢還是越賺越多。

1954 年，巴菲特如願以償到葛萊姆教授的顧問公司任職，兩年後他向親戚朋友集資 10 萬美元，成立自己的顧問公司，該公司資產增值 30 倍以後，1969 年他解散公司，退還合夥人的錢，把精力集中在自己的投資上。

巴菲特是美國有史以來真正的股市大亨，而且穩坐美國首富多年，美國其他的富豪，都靠經營企業致富，只有巴菲特是把錢投資在股票上，只要美國的經濟持續成長，他的財富就能與日俱增。

巴菲特從 11 歲就開始投資股市，今天他之所以能靠投資理財創造出巨大的財富來，完全是靠近 60 年的歲月，慢慢地在複利的作用下創造出來的，而且自小就開始培養嘗試錯誤的經驗，對他日後的投資功力有關鍵性的影響。

如果時間是投資不可或缺的要素，那麼爭取時間的最佳策略就是

「心動不如馬上行動」，現在就開始投資，就從今天開始行動吧！

越早開始投資，便越早達成致富目標，自己與家人就能越早享受致富的成果。而且越早開始投資，利上滾利時間越長，時間充裕，所需投入之金額就越少，理財就越輕鬆且愉快！

年輕就是投資致富的本錢，年輕的人，有資格做以小錢投資致富的夢！若年老之後才開始投資，每個月所需投入的資金，已經大到不是一般人可以負擔的程度。總之，為退休投資應趁早，莫待等閒白了少年頭，年老再投資，已時不予我了。

未來的財富水準全累於今日。今天的事又累於今天的觀念和切實的做法，不要讓多餘的猶豫在你的心中投下陰影。

勇敢精神與投資致富

世界上任何領域的一流好手，都是靠著勇敢面對他們所畏懼的事物，才能出人頭地的。而一些利用投資致富，實現夢想的人，也都是如此，都是以勇敢的精神作為後盾。切記！處處小心謹慎，則難以有成。缺乏勇敢精神的話，夢想將永遠都只是夢想。

一個有冒險勇氣的人，並不是說他沒有恐懼，而是指他有克服恐懼的力量。勇敢精神並非與生俱來，多半是經由訓練而來，經由冒險、失敗、再冒險、再失敗……一步一步訓練而來。

今天想成為一個成功的投資人，就先摒除規避風險的習慣，重新拾回失去的冒險本艱能，進而培養一個健康的冒險精神。

難道投資必須冒極大的風險？事實上，投資所冒的險並沒有多大，

只是當人們到了自認為有資格投資的年齡時，冒險精神已大不如前。小時候，幾乎所有的人都能學會走路，稍長一點，學會騎腳踏車的也不在少數，可是年紀再大一點，學會游泳、溜冰等較具冒險性活動的人，就明顯減少，成年之後，敢當眾演講的人，當然就更少了。

人們的勇敢精神似乎是隨著年齡增長而逐漸消退了，一方面是由於人們在經歷失敗與錯誤後，本能上會產生挫折感，因而洩氣，如果沒有適度的激勵因素，那麼就會傾向減少冒險嘗試，以減少失敗的打擊；另一方面是傳統的教育觀念造成，長者基於保護幼者的心理，小孩子一旦做出任何危險行為，馬上會受到大人們的譴責，因而養成安全至上，少錯為贏的習慣，立志當個不做錯事的乖小孩。隨著年齡的增長，當人們的冒險精神逐漸消退之際，逃避風險便成為一種習慣。雖然規避風險並不是壞事，問題是過度的規避風險，就會成為投資致富的嚴重障礙。

當一個人能夠控制恐懼，他便能控制自己的思想與行動。他的自控力能讓他在紛亂的環境下，仍然處變不驚，並能無懼於後果的不確定性，而做該做的決定。當結果並不如所願，他隨時準備承擔失敗的後果。而這種臨危不亂的勇氣與冒險的精神，正是投資人所應具備的特質。

勇於冒險的人，並非不怕風險，只是因為他們能認清風險，進而克服對風險的恐懼。勇氣源自於控制恐懼，而培養冒險精神始自於了解風險。

要想成為一個成功的投資人，就必須先摒除規避風險的習慣，重新拾回失去的冒險本能，進而培養一個健康的冒險精神。的確，積習已久的避險習慣，想在短時間內改變過來，談何容易。但是，既然冒險是成功緻富不可或缺的要素，學習投資的第一要務，就應該克服恐懼，強迫自己冒險。培養健康的冒險精神，勇於投資在高期望報酬的投資標的上，並承擔其所伴隨的高風險。

善於冒險者，絕不會把兩隻腳一起踏到水裡試探水的深淺，他們會先伸出一隻腳試試，一發現情況不對，迅速把腳抽出。非洲有句俗語說：「只有傻瓜才會同時用兩隻腳去探測水深。」同樣，只有笨蛋才會在沒有投資經驗時，就孤注一擲。

　　對於不熟悉的投資機會，不要一開始就傾巢而出，還是以「小」為宜。高明的將領不會讓自己的主力軍隊，暴露在不必要的危險下。但是為了獲得敵情，取得先機，他們會派出小型的偵察部隊深入戰區，設法找出風險最小、效果最大的攻擊策略。

　　投資的冒險策略亦是如此，對於不熟悉的投資或狀況不明、沒有把握的情況下，切忌傾巢而出，此時以「小」為宜，利用小錢去取得經驗、去熟悉情況，待經驗老道，狀況有把握時，再投入大錢。

　　俗語說的好，「萬事起頭難」，克服恐懼的最佳良方，就是直接去做你覺得害怕的事。冒險既然是投資致富中不可或缺的一部分，就不要極力逃避。從小的投資做起，鍛鍊自己承擔風險的膽識。有了經驗之後，恐懼的感覺會逐漸消除，在循序漸進地克服小恐懼之後，你可以去面對更大的風險。很快你將發現，由冒險精神帶給你的勵練，正協助你一步一步接近夢想。

　　規避風險是人類的本性，但千萬不要因為一次投資的失敗，便信心大失，不敢再投資，而成為永遠的輸家。也不要因為一時手氣好，便忘記風險的存在，多方借錢大舉投入，造成永難彌補的損失。成功者與失敗者同樣對風險都感到畏懼，只是他們對風險的反應不同而已。

　　若您還未曾嘗試過任何投資，那麼為了致富，放膽去投資吧！假如您投資之後，能做好降低風險措施，那些經驗告訴你：「投資的風險其實是很小的，甚至比騎腳踏車的風險還要小。」在你投資 10 年、20 年後，當你看到財富正呈現快速成長時，那種美好的感覺，會比騎腳踏車好上數百倍。

投資的第一要素，是要有一顆旺盛的冒險心，企圖在風險與安全之間，創造出相當的風險報酬。不論你選擇什麼樣的投資，只要是高期望報酬，風險是在所難免。投資人應勇於冒險，並從中累積投資知識、經驗。風險自然會隨著知識的累積而降低，財富成長的速度自然與日俱增。

這裡之所以大篇幅的探討風險，主要的原因是：當人們在投資時遭遇到最大的問題，就是無法正視風險。人們不知道如何面對風險？如何冒險？甚至不敢冒險。殊不知阻礙投資最大的障礙，就是害怕冒險。當然這種心態是可以理解的，因為大部分的投資決策都是在「不確定」和「變動」中決定。總之，要想投資致富，就必須要勇於冒險，而且要冒正確的風險。目前的社會中有許多人都因盲目冒險，熱衷參與高風險的金錢遊戲，而遭致嚴重的損失。

如果你不願意冒險，寧願保守，那麼最好心理有個準備，你將終生平庸，因為這是無法避免的。當然保守、平庸，能快快樂樂地過一生也很好，決定權操之在己。人們通常只後悔沒有去做某件事，而不會後悔已經試過的事。因此，我們的忠告是：去冒險，但要小心，並要懂得如何管理風險。

庫克以一個陌生人的身分，能以迅雷不及掩耳的聲勢，很快取得美國旅遊事業的霸權，就是得力於他那種事事搶先、不怕冒險的創業精神。

當初，他要把總公司由倫敦遷到美國，他的親友幾乎沒有一個贊成，連一向事事順從他的太太，對此也提出異議。

「你是在英國土生土長的，」他太太說，「再說，發展旅遊事業，倫敦不會比世界任何大都市的條件差。」

「這是一個新興的行業，它需要一個崇尚自由、充滿朝氣的民族作後

盾，」庫克說，「就這兩點來衡量，新興的美國要比英國強得多。」

「我並不是阻止你到美國去發展旅遊事業，我是說，沒有必要把總公司搬過去，設個分公司還不是一樣嗎？」

「這是完全不同的，」庫克以誇大的語氣說，「我們在倫敦的基礎已經打好，大家都知道庫克公司的名聲，只要有一個人在這裡負責就可以了。但我們現在到美國是去打天下，不用出全副人力、財力，怎麼與那些當地人一爭短長？」

「你說的倒蠻有道理，」已五十多歲的庫克太太慈祥地笑著說：「不過，我聽說美國很不太平，前些日子還在打內戰，何必去冒這個險？」

「你聽說的訊息，已是七八年前的事了，親愛的，」庫克帶點風趣地說，「現在人家比英國還平靜。如果現在不去，再過三五年，就沒有我們插足的地方了。」

庫克終於說服了太太，把庫克父子公司的大本營遷到了美國。這是1872 年的事，正是美國各項事業開始起飛的時候。

庫克看準了這是發展事業的黃金時代，決定儘自己的全力，為他的這個新國家貢獻一份力量。於是，他動員全部人力和物力，組織了九個旅行團，分別到世界各地觀光。由此，可以看出庫克做事是多麼有魄力！

由於庫克的做法處處都能使旅客感到新奇，不到幾年的時間，庫克父子公司不僅在美國聲名鵲起，就是在世界各地也逐漸建立起好的名聲。直到現在該公司仍能在國際旅遊事業中居於領導地位，老庫克創業時所訂下的大原則，依然是主要成功因素之一。

「我們要把所有委託本公司代理的旅客都當作即將出遠門的朋友，」這是他 82 歲臨去世那年對他的後人所說的話，「只要根據這種精神做下去，庫克公司永遠不會被別人取代。」

▌機會隨時可能降臨

　　如果你受教育不足；如果你缺乏先天優勢；如果你的勇氣和膽量不夠；如果你懦弱、過於敏感或缺少進取心；如果你感到自己的生活一團糟；如果你從未找到自己的位置；如果別人成功但你不成功；如果你把握不住自己的生活，失去了對自己、對同胞的信心……那麼請特別留意戴爾‧卡內基先生的話，讓他的話引導你攀登生活的階梯。振作起來！你很快就要上路，手擎火把，點燃你的雄心壯志，在生命中投下一道神聖光環。

　　「年輕人的機遇不復存在了！」一位學法律的學生對丹尼爾‧韋伯斯特抱怨說。「你說錯了，」這位偉大的政治家和法學家答道，「最頂層總有空缺。」

　　沒有機遇？沒有機會？在這世界上，成千上萬的人最終發財致富，賣報紙少年被選入國會，出身卑微的人士獲得高位。在這世界上，難道沒有機會？對於善於利用機會的人，世界到處都是門路，到處都有機會。我們未能依靠自己的能力盡享美好人生，雖然這種能力既給了強者，也給了弱者。我們一味依賴外界的幫助，即使本來就在眼前的東西，我們也要盯著高處尋找。

　　巴爾的摩有一位婦人，參加舞會時丟了一隻貴重的鑽石手鐲，就以為這隻手鐲被人從斗篷口袋裡偷走了。幾年後，她淪落到為人清洗樓梯，整天為養家餬口而彈精竭慮的生活境況。一天，她想剪開一件破舊不堪的斗篷以便縫製一個頭巾，天啊！在斗篷的襯裡，她發現了那隻鑽石手鐲。在貧困潦倒之際，她還有價值 3500 美元的財產，而自己卻一無所知。

許多人認為自己貧窮，實際上他們有許多機會，只是需要他們在周圍和種種潛力中，在比鑽石更珍貴的能力中發掘機會。據統計，在美國東部的大城市中，至少 94% 的人第一次賺大錢是在家中，或在離家不遠處，且是為了滿足日常、普通的需求。對於那些看不到身邊機會，一心以為只有遠走他鄉才能發跡的人，這不就是當頭一棒。

　　幾百年前，在印度河畔住著一位波斯人，名叫阿里·哈菲德。他住在河堤上的一幢農舍裡，從那裡放眼望去是無垠的田野伸向遠方的大海。他有妻子和孩子，有一望無際的農莊，裡面種植著穀物、鮮花和果樹。他有很多錢，有自己希望擁有的一切。他很知足，很幸福。一天傍晚，一位佛教長老前來拜訪，與他坐在火邊，給他解釋世界是如何創造的，以及最初的幾縷陽光如何在地球表面凝結成鑽石。

　　這位長老告訴他陽光凝成的一個拇指般大小的鑽石要比金、銀、銅礦值錢得多，用一塊鑽石，他可以買下許多他現有的農莊；用一把鑽石，他可以買下一個省；用一礦鑽石，他可以買下一個王國。阿里·哈菲德靜靜地聽著，感覺自己不再是個富人，他被一種不知足感攫取了，他的財富也隨之消失。

　　第二天一早，他叫醒了這位令自己不再幸福的長老，急切地問他在哪裡可以找到鑽石礦。

　　「你要鑽石幹什麼？」長老吃驚地問。

　　「我要成為富翁，讓我的孩子們登上國王的寶座。」

　　「那你只能出去尋找，直到你找到鑽石為止。」長老說。

　　「可我到哪裡去找呢？」現在已一貧如洗的農夫問。

　　「東南西北，隨便哪裡。」

　　「我怎麼知道自己已找到了呢？

「當你看到一條河流過崇山峻嶺之間的白沙，在白沙中你就會找到鑽石。」長老答道。

農莊主隨即賣掉了農莊，把一家人託付給鄰居，拿著換來的錢，出發去尋找人人都想得到的寶藏。他翻越阿拉伯的高山，經過巴勒斯坦和埃及，遊蕩了數年卻一無所獲。他的錢已花完，不得不忍饑挨餓。可憐的阿里‧哈菲德對自己的愚蠢和狼狽深感羞愧，最後縱身跳入大海一死了之。

買下他那農莊的人十分知足，盡量利用周圍的一切，認為背井離鄉去尋找鑽石沒有道理。一天，正當駱駝在園中飲水時，他注意到水溪的白沙上有一道光芒閃過。他撿起一塊石子，十分喜愛那燦爛的光澤，就把它拿進屋內，放在壁爐邊的架子上，之後就把這件事忘得一乾二淨了。

那位打破了阿里‧哈菲德平靜生活的長老有一天又來拜訪農莊的新主人。他剛一進屋就被那塊石子發出的光芒吸引住了。「這是顆鑽石！這是顆鑽石！」長老異常興奮地喊道，「阿里‧哈菲德回來了嗎？」「沒有，」農莊主回答說，「另外，這並不是顆鑽石，而是一塊普通的石頭。」兩個人走進園子，用手指攪動白沙，看吧，一顆顆鑽石閃閃發光，這比第一塊更美。

舉世聞名的戈爾康達鑽石礦就這樣被發現了。假如阿里‧哈菲德心滿意足地留在家裡，在園子裡挖一挖，而不是跑到異國他鄉去圓發財夢，那麼他就會成為全世界首富之一，因為他的農莊裡到處是珍貴的鑽石。

你有屬於自己的、獨特的位置和工作。找出你的位置，占據你的位置。很少有人成功的機會遜於加菲爾德、威爾遜、富蘭克林、林肯、哈麗埃特‧比徹‧斯托或者其他什麼人，但要取得成功，你必須準備好在

機會來臨時捕捉並利用機會。記住有四樣東西一去不返：說過的話，射出的箭，虛度過的人生和錯過的機會。

人類文明有一個怪現象，利用的機會越多，創造的新機會就越多。如果你不遺餘力地去尋找，就會易如反掌地找到工作職位，只是在傳統行業中，你不易像從前那樣脫穎而出，因為現在的標準提高了，競爭也更激烈。「世界不再是陶土，」愛默生說，「而是勞動者手中的鐵，我們必須不斷地錘打它，為自己打造出一個位置。」

機會？在我們的周圍到處都有。自然界的力量願為人類服務。千百年來，閃電一直想引起人類對電的注意，電可以替我們完成那些枯燥乏味的工作，從而使我們抽出身來開發上帝賦予的能力。潛在的能力到處都有，要由敏銳的眼光來發現。

首先觀察世人有何需求，然後去滿足這一需求。一項讓煙在煙囪中逆行的發明雖然巧妙，但對人類毫尤益處。華盛頓的專利局裡裝滿了各種構思精巧的裝置，但幾百個裡面也不見得有一個對發明者本人或世人有什麼用處。儘管如此，仍有許多人醉心於這類無益的發明，弄得家徒四壁，一家人在貧困中苦苦掙扎。

一個善於觀察的男人發現自己的鞋眼被拉了出來，因為買不起一雙新鞋，便思忖：「我要做個可以鑲到皮革裡的帶鉤的金屬圈。」當時他貧困潦倒，連割房前的草都要向別人借鐮刀，而就靠這項小發明他成了一位富翁。

紐澤西的紐瓦克有一位善於觀察的理髮師，他覺得理髮的剪刀有待改進，便發明了理髮推剪，由此發了大財；緬因州有位男子不得不幫助臥病在床的妻子洗衣服，他感到傳統的洗衣方法既耗費時間，又消耗體力，便發明了洗衣機，這樣他也成了富翁；有一位先生受盡牙痛之苦，心想應該有一種方法把牙塞上來止痛，便發明了黃金塞牙法。

有一個傳說，講的是一位藝術家一直想找一塊檀香木用來雕刻聖母像。就在他近乎絕望，以為自己的構思即將落空時，他做了一個夢，夢中被吩咐用一塊燒火用的橡木雕刻聖母像。醒來後他立即照辦，用一段普通的木柴創作出一個雕刻史上的傑作。許多人一心想找到檀香木用來雕刻，因此錯過了許多寶貴的機會，實際上，我們用燒火用的普通木材就可以創作出傑作。有人虛度人生，從來看不到成就一番大事業的機會，而有人卻站在旁邊，在同樣的條件下發掘機會，取得輝煌的機會。

我們不可能人人都像牛頓、法拉第或愛迪生那樣有偉大的發現，也不可能像米開朗基羅或拉斐爾那樣有傳世之作，但我們可以抓住平凡的機會並使之不平凡，進而使我們的人生變得更壯麗。

如果你想致富，就必須研究你自己和你自己的需要。你會發現千百萬人也有同樣的需要。風險最小的營生總是同人類的基本需求相關。衣、食、住是我們必不可少的。我們也需要娛樂、教育和文化設施。一個人，只要他能滿足人類的一項需要，改善人類採用的方法，或對人類的生存狀態作出貢獻，那麼他就可以發財，而且，就在他所在的地方發財。

▎踏出關鍵的一步

成功與失敗只有一線之隔，不經意中我們就會跨過界線，而我們也常常站在這條界線上，自己卻渾然不知。多少人只要他們再付出一點努力，再多一點耐心，就會取得成功，而在這緊要關頭他們卻無可奈何地放棄了。

人們大多不會正確地對待生活。他們心裡想的與實際做的不一致。

在為一件事工作的同時卻期待著另一件事，這樣，他們的努力近乎於零。他們不是以必勝的信心，以無畏的決心對待工作。

渴望發財卻又總是擔心受窮，永遠懷疑自己有能力實現自己的願望，那無異於南轅北轍。如果人們總是懷疑自己的能力，因此招致失敗，那麼沒有任何人生哲學能引導他們走向成功。

你只會朝你面對著的方向走。如果你面向貧窮，你就朝那個方向走。如果你果斷地轉過身來，拒絕與貧窮有任何聯繫——拒絕想它、經歷它或承認它，那麼你就會朝富足的目標前進。

只要你散發出悲觀失望的情緒，就注定要失敗。如果你希望遠離貧困，就必須使頭腦保持積極、富於創造力的狀態。而要做到這一點，你必須有自信、樂觀和具有創造力的思想。先有原型，而後有雕塑。你必須先看到新世界，然後才能過上新生活。

那些失意的人，那些遭貶斥的人，可能認為機會永遠失去了，自己永遠也站不起來了，要是他們知道反向思維的力量，就會輕而易舉地重新開始。

「能不能穿過那條小路？」拿破崙問那些從可怕的聖伯納德關隘探路歸來的工程師。「也許能。」他們吞吞吐吐地回答，「在可能的範圍之內。」「那麼就前進。」這位矮個子男人全然不聽他們所描述的種種不可踰越的困難。英國人和奧地利人對他要翻過阿爾卑斯山的想法嗤之以鼻，因為「沒有車輪從那裡碾過，也不可能從那裡碾過」，更何況這是一隻6萬人的隊伍，拖著笨重的大砲，成噸的彈藥和行李以及大量的軍需品。

當這項「不可想像的」壯舉被完成後，人們才意識到這項壯舉在很久以前就會完成。從前，將軍們總是藉口說這些困難是不可踰越的，而不去克服困難，還有許多人雖有充足的補給，頑強的戰士和必需的工

具，卻唯獨缺乏拿破崙的氣魄和決心。

歷史上類似的例子不勝列舉。當然，世上只有一位拿破崙，但普通美國人要翻的山沒有這位偉大的科西嘉人所翻的山那樣高，那樣險。

不要等待千載難逢的機會，抓住平凡的機會使之不平凡。

傳說一位少年被法爾內塞家族僱傭在廚房幹活。一天，大批社會名流應邀前來赴宴，就在飯菜即將端上桌子之時，糕點師傅出話說，他正製作的一件裝飾品被毀壞了。「如果你讓我試試，也許我可以做出一件派得上用場的東西。」幫廚的孩子說。「你！」大管家十分驚詫，「你是誰？」「我是安東尼奧·卡諾瓦，石匠皮薩諾的孫子。」少年答道。他已被嚇得臉色蒼白。

「你能做什麼？」大管家問道。「如果你讓我試一下，我可以做一件東西放在桌子中央應付過去。」大管家此時已到無辦法，只好讓安東尼奧放手去幹，看他到底能做出什麼來。這位年紀輕輕的廚房小工要來一些奶油，手腳麻利地捏製了一隻蹲坐的大獅子，大家看到後讚嘆不已，把它擺放至桌子中間。

晚宴宣布開始，威尼斯的富商、王公和貴族名流被領入餐廳，其中不乏藝術品鑑賞專家。當他們目光落到奶油獅子身上，便忘記了此行的目的，對這件天才作品驚詫不已。他們仔細地觀察著獅子，問法爾內塞先生是哪位雕塑大師經不住勸說把自己的技藝浪費在這無法長久儲存的材料上。法爾內塞不知詳情，便叫來大管家，大管家又把安東尼奧帶到眾人面前。

貴賓們得知這隻獅子是一位年輕的僕人在很短的時間內捏製出來的，便把宴會變成了他的慶功宴。主人藉此宣布他要給年輕人找最好的老師並支付一切費用。

安東尼奧沒有被幸運衝昏了頭，內心深處的他仍是那個純樸、真

誠、一心想成為皮薩諾店鋪優秀石匠的少年。許多人可能不知道少年時代的安東尼奧利用這第一次機遇的故事，但他們知道他最終成為當時最偉大的雕塑家之一。

機會？你的生活充滿了機會。學校裡的每節課，工廠或辦公室的每一小時都展現新的機會。每位顧客都是機會；報紙上的每條新聞都是機會；每次布道都是機會；每筆交易都是機會，禮貌的機會，友善的機會，誠實的機會，結交新朋友的機會；每次自信的展示都是好機會；每次考驗你的毅力和榮譽的責任都是千金難買的機會。如果像弗裡德裡克‧道格拉斯這樣連身體都不歸自己所有的奴隸能成為演說家、編輯和政治家，那麼與道格拉斯相似的、有著許多好機會的你能取得怎樣的成就呢？

只有閒人，而非勞動者，才會沒完沒了抱怨沒有時間，沒有機會。許多人把零零碎碎的機會漫不經心地丟棄了，而有些人卻從這些機會中得到許多好處，甚至比別人從一生的時間裡得到的還多。他們像蜜蜂一樣不放過每一朵花。他們見到的每一個人，經歷的每種情況，無不為他們的知識或個人力量的寶庫增添點什麼。

機會！約翰‧洛克斐勒先生在石油中看到了自己的機會。他發現美國有許多家庭的照明條件很差，石油資源豐富，但煉油工藝粗糙，產品品質差，使用不安全，洛克斐勒的機會就在於此。洛克斐勒與同在一個工廠做工的安德魯斯合作，採用後者改良的工藝，於 1870 年創辦了只有了一個油桶的「煉油廠」。他們煉製的油品質很高，生意十分興隆。在 20 年的時間裡，這間小煉油廠由當初的廠房和裝置不值 1000 美元，發展成為標準石油公司，資本總額達到 9000 萬美元。洛克斐勒先生成為全世界最富有的人之一。

眼睛睜開，你會發現機會到處都有，在家中、在家附近、在你居住

的城市裡。耳朵只要不被堵上，就會聽到求助者的呼喊；心靈敞開，就不會缺少有價值的事業來施展才華；雙手張開，就不會缺少高尚的工作。

有人到一位雕塑家家中參觀，看到眾神之中有一位臉被頭髮遮住，腳上長著翅膀的雕像，便問：「他叫什麼名字？」雕塑家答道：「機會之神。」「為什麼他的臉不露出來？」「因為當他到來時，人們很少認識他。」「為什麼他的腳上長著翅膀？」「因為他很快就會離去，而一旦離去，就不會被追上。」

「機會女神的頭髮長的在前面，」一位拉丁詩人也說過，「後面卻是光禿禿的。如果抓前面的頭髮，你就可以抓住她；但如果讓她逃脫，那麼即使主神朱比特本人也抓不到她。」

不要以為雄心是與生俱來的品質；不要以為雄心沒有改造的餘地；不要以為雄心是強加到我們身上的，像身高和眼睛的顏色一樣只能順其自然。雄心需要不斷的照料和培育，就像哲學、音樂和美術的能力一樣需要培養，否則它就會衰退。

如果我們有雄心壯志，但不去努力實現，那它就不會保持勃勃的生機；如果身體器官長期不使用，那它就會變得遲鈍，直至喪失功能。我們怎麼能指望自己的雄心壯志經過幾年閒散、懶惰、冷漠的生活仍保持勃勃生機呢？如果我們總是讓機會擦身而過，而不去努力抓住它們，那麼我們的性情只會變得更遲鈍、更懶惰。

愛默生曾說過：「我最需要的是有一個人讓我做我自己能做的事情。」做我能做的事，這是我自己的問題。不是拿破崙或林肯能做的事，而是我能做的事。我們把自己最好的一面或是最壞的一面發揮出來，我們是否能利用自己能力的 10%、15%、25% 或 90%，其結果對我們自己來說是截然不同的。

到處都可以見到許多人年屆中年，卻沒有抓到過一次機會，他們只開發了成功潛能極小的一部分。他們仍處於休眠狀態。他們身上最好的一面仍潛伏得很深，從沒有被喚醒。絕對，絕對不要讓你自己滑入這種可悲的狀態！

　　我們的缺點是永遠尋找那些能使我們獲得財富和聲望的絕佳機會。我們指望著不經實踐就居為大師；不經學習就獲得知識；不經努力就發財致富。生在一個知識和機會都空前豐富的時代和國家，你怎麼能無所事事，請求上帝幫你做你本來有能力做的工作呢？

　　世界充滿了需要做的工作，按照人性的特點，一句美言或一點微不足道的幫助就可以使一位同胞免遭劫難，或為他掃清通往成功路上的障礙。按照我們的能力，只要透過堅持不懈的努力，我們就能找到最高的善。歷史上有多少高的榜樣，激勵著我們去闖去做。總而言之，我們每一分鐘都處在新機會的門檻上。

　　不要坐等機會。創造機會，就像拿破崙那樣多少次使自己絕處逢生，或者像牧羊童弗格森那樣用一串玻璃珠計算星星之間的距離；創造機會，像所有領袖創造其成功機會一樣。對於懶惰者來說，再好的機會也一文不值；對於勤奮者來說，再普通的機會也彷彿千載難逢。

　　當你下定決心不再渾渾噩噩地生活下去，你要同這種生活一刀兩斷；你要從衣服上、外表上、舉止談吐上，從你的家中把這種生活的痕跡清除乾淨；你要向世人展示真實的氣概，你再也不想被人視作失敗者；你已堅定地面向美好的東西——能力、自信——世界上沒有什麼能使你改變決心，那麼你就會驚喜地發現，有一種向上的力量支撐著你，自尊、自強、自信隨之徒增。

　　成功的機會就在你自己的家裡！

創造機會更重要

　　創造機會又是怎麼樣的一種態度？簡單來說，創造機會是有目的地、主動地去發掘或製造有利的環境，利用現有的資源，以最有效的方式，增加或製造利益。

　　呆等是消極的等待，徒然浪費生命；但積極的等待，卻又不同。積極等待，是做了一切應做的事前準備功夫後，等待結果，靜候成果的實現。這是說，在付出了必須付出的勞動（包括智力、體力）之後，在結果未明朗化之前，耐心地注視事態發展，在等待期間，內心盤算下一個步驟。若取得預期的成果，這是應得的收穫；即使失敗了，也不要緊，視這次經驗為下一步行動提供寶貴的借鑑。

　　積極的等待強調「積極」二字，即是重視那些應做的工作，竭力把它們做好。消極等待是什麼也不做，只等著吃免費午費。積極等待卻是自己充當買手和廚師，由買菜到烹調，自己全力參與，製成美味小菜，然後等待筵席的開始。

　　等待時，既緊張，又輕鬆。預期的成果會否實現？期待的心理引起緊張感。另一方面，既已盡全力，再無遺憾，成敗得失，反而變成次要，於是，內心坦然，因此感到輕鬆。

　　不過，偶然碰著也好，有計畫地探索也好，發現、發明、組合只是創造活動的起點，創造者必須針對發現、發明或組合的產物，研究有沒有創造價值的可能。如果該產物具有這樣潛能，便需進行開發、生產、銷售，為市場帶來方便，為自己創造利益。這種發現、發明或組合，才算得上創造機會的一種方式。如果把發現、發明或組合的成果擱置，不

管它能否創造價值，能否帶來利益，這跟沒有發明、沒有發現、沒有組合，在效果上，並無區別。創造機會並非為興趣而創造，而是為了增加價值和利益而創造。

在致富過程中，時機的把握甚至完全可以決定你是否有所建樹，抓住每一個致富的機會，哪怕那種機會只有萬分之一。

20 世紀的美國人也有一句俗諺：「通往失敗的路上，處處是錯失了的機會。坐待幸運從前門進來的人，往往忽略了從後窗進入的機會。」

不知怎麼搞的，世界上各國人都喜愛在胸前別一枚徽章，這種癖好為 27 歲的里爾人馬克‧戴爾克魯阿提供了生財的機會。

一年以來，原來對於小玩藝生意一竅不通的馬克在法國賣出了 1000 萬枚各式徽章。他的公司是 1991 年 5 月在里爾市組建的。現已成為有 11 名僱員的欣欣向榮的企業。

在起步之際，馬克手裡只有一張王牌：他是個從不洩氣的人。他回顧道：「1991 年 2 月，我正式失業，四處尋找工作，在一次專業性的展銷會上，我遇上了一家大徽章公司的代表。向他們提出願意當他們的地區代理，得到的回答是一陣嘲笑。」

馬克一點兒也沒有喪氣，他決定單槍匹馬闖一闖。為了物色索價低廉的外國製造商，他寫信探詢給六七家駐法國的大使館。他這個主意還真不錯，中國大使館給他回了信，然而，給他提供的竟是一份臺灣的徽章製造商的名單。這是件令人感到奇怪的事。正在失業的馬克當然顧不得去探索其中的奧妙了，他趕緊向這些廠家發了一份文宣，向他們索要樣品和價目。馬克說：「所有的廠家都作出了回應，我挑了報價最貴的那一家，因為相信它的品質應是最好的。」下一步便是招攬顧客。這也不難，在地區的報紙上登一條小廣告就行了。一間僅 14 平方公尺的小房便成了他們的辦事處。馬克向企業發出的招攬生意的建議書說：「企業可

以向他訂做廣告性的徽章，保證價格低廉。」「一年之內，我招來了近千家客戶，從街角的鎖店到柯達一類的大公司都來訂購，博覽會和地區性俱樂部也喜歡用徽章作為標誌。客戶在我的辦公室門口前排起了隊。他只要把客戶的名稱和圖案字型寄給臺灣的廠家，廠家就代為設計生產了。一枚徽章的成本寥寥，便宜的 0.8 法郎，貴的也不過 3 法郎。」

現在馬克的公司搬進了里爾市市中心寬敞舒適的辦公樓。馬克心裡明白：徽章熱已近尾聲，轉產勢在必行。他的公司今後將從事設計和生產廣告性工藝品。馬克說：「我的臺灣合作者給我寄來了成堆的極有趣的小玩物，我向顧客推薦，可以說一拍即合。」

徽章王子有勤儉創業的精神。他每月只給自己 1 萬法郎（一般水準）的薪資。根據法國的規章制度，新成立的公司在最初幾年內所贏得的利潤是不上稅的。馬克的公司賺了多少錢呢？他自己說：「賺了兩三塊，對不起，我是說賺了二三百萬法郎。」

「不放棄任何一個哪怕是隻有萬分之一的可能機會」，這是美國百貨業鉅子約翰‧甘布士的口頭禪。

他是這樣說的，也是這樣做的。

30 年代初，美國經濟蕭條，不少工廠和商店紛紛倒閉，被迫賤價拋售自己堆積如山的存貨，價錢低到 1 美金可以買到 100 雙襪子了。

那時，約翰‧甘布士還是一家織造廠的小技師。他馬上把自己積蓄的錢用於收購低價貨物，人們見到他這股傻勁，都公然嘲笑他是個蠢才！

約翰‧甘布士對別人的嘲笑漠然置之，依舊收購各工廠拋售的貨物，並租了一個很大的貨櫃來貯貨。

他妻子勸說他，不要把這些別人廉價拋售的東西購入，因為他們歷年積蓄下來的錢數量有限，而且是準備用作子女教養費的。如果此舉血

本無歸，那麼後果便不堪設想。

對於妻子憂心忡忡的勸告，甘布士笑過後又安慰她道：「3個月以後，我們就可以靠這些廉價貨物發大財。」

甘布士的話似乎兌現不了。

過了10多天後，那些工廠賤價拋售也找不到買主了，便把所有存貨用車運走燒掉，以此穩定市場上的物價。

太太看到別人已經在焚燒貨物，不由得焦急萬分，抱怨起甘布士，對於妻子的抱怨，甘布士一言不發。

終於，美國政府採取了緊急行動，穩定了但維爾地方的物價，並且大力支持那裡的廠商復業。

這時，但維爾地方因焚燒的貨物過多，存貨大缺，物價一天天飛漲。約翰·甘布士馬上把自己庫存的大量貨物拋售出去，一來賺了一大筆錢，二來使市場物價得以穩定，不致暴漲不斷。

在他決定拋售貨物時，他妻子又勸告他暫時不忙把貨物出售，因為物價還在一天一天飛漲。

他平靜地說：「是拋售的時候了，再拖延一段時間，就會後悔莫及。」

果然，甘布士的存貨剛剛售完，物價便跌了下來。他的妻子對他的遠見欽佩不已。

後來，甘布士用這筆賺來的錢，開設了5家百貨商店，業務也十分發達。

如今，甘布士已是全美舉足輕重的商業鉅子了，他在一封給青年人的公開信中誠懇地說道：「親愛的朋友，我認為你們應該重視那萬分之一的機會，因為它將給你帶來意想不到的成功。有人說，這種做法是傻

子行徑，比買獎券的希望還渺茫。這種觀點是有失偏頗的，因為開獎券是由別人主持，絲毫不由你主觀努力；但這種萬分之一的機會，卻完全是靠你自己的主觀努力去完成。」

不過同時你們也得注意，要想把握這萬分之一的機會，必須具備一些必要的條件：

目光長遠。鼠目寸光是不行的，不能看見樹葉，就忽略了整片森林。

必須鍥而不捨。沒有持之以恆的毅力和百折不撓的信心是無濟於事的。

假如這些條件你都具備了，那麼有一天你將成為百萬富翁，只要你去付諸行動。要在商業活動中有所作為，僅靠一味的盲目蠻幹是收效甚微的。投機，看準機會並把握它，將它變成現實的財富，才是成功企業家明智選擇。

有個住在柏林的猶太人，時常夢見在一個碾米廠的地下，埋藏了許多等待他去挖掘的寶物。終於有一天他壓制不住自己的好奇心，而決定次日一早便去挖掘寶物。

第二天早晨天未破曉時，他就已經起床準備好了，到了碾米廠之後，他便仔仔細細、小心翼翼地挖了起來，可是幾乎挖遍了碾米廠，卻仍然沒有掘出任何值錢的東西。碾米廠的廠主聞聲而至，問他為什麼在此地挖掘，當廠主聽完這個說明緣由後，突然高聲大叫：「太奇妙了，我也經常夢見一位住在柏林的人，而他的院子裡也埋著許多寶貝。」

廠主不但這麼說，甚至還指出夢中那個人的名字，說來也真湊巧，這正是那個猶太人自己的名字啊！

於是猶太人立刻馬不停蹄地回到自己的家裡，而且趕忙挖掘院子，沒想到他真的挖出許多寶物來了。

你知道了吧！有時，人們特別喜歡跑到外面去找寶藏，而不知道自己的院子裡也埋藏了許多寶物，我們沒有去挖掘而已！

　　請勿忘記自己身邊的寶物，別忽略身邊的機會。

　　只要細心觀察，肯花時間去思考，調查研究，不難發現，你身邊也潛伏著許多機會。

　　「卡內基懂得怎樣賺錢，他太太懂得怎樣花錢」。由這句評語裡，你可以體會到安德魯·卡內基的一生是何等多彩多姿。

　　卡內基的故鄉是蘇格蘭的東費姆林鎮，他父親因窮得不能混了，才舉家遷到美國，定居在匹茲堡。可是，到美國後的生活不但未見改善，而且幾乎到了斷炊的地步。幸虧他母親懂得一點做生意的門徑，開了一家小型皮鞋店，才維持住一家大小的溫飽。

　　直到17歲，卡內基一直過著窮困生活，所以書也沒有讀幾年，他認為這是他一生最大的憾事。

　　很多人都說，如果沒有史谷特的賞識，卡內基不能由一個送電報的孩子，在七年之內爬上鐵路高階職的位子。這一論斷，連他自己也不否認，但他為了報史谷特的提攜之情，在工作上所付出去的心血，卻不是一般人所能做到的。

　　卡內基在建廠製造臥車之後，全神貫注於鐵路事業的發展，那時，他還在史谷特手下做事，有一天，史谷特把他叫到辦公室，很高興地告訴他：「安德魯，恭喜你！」

　　卡內基愣愣地問：「什麼事？」

　　「我已經跟董事會說好了。」史谷特說，「升你做副總經理，當我的副手。」

　　「我怕自己能力不夠，擔負不了這一重大工作。」卡內基找到一個藉口，想把這件事擋過去。

「正因為你的工作能力太強了，我才選中你。」史谷特帶點得意的口吻說，「安德魯，也許你自己不知道你有多大能力，但我知道。等我退休之後，我相信，總經理的職位非你莫屬。」

「謝謝你。」卡內基由衷地說。「可是，我仍然有點不明白，我們這個鐵路線上，已有兩位副總經理了，為什麼要再加一位？」

「難怪你這樣問。」史谷特神祕地笑著說。「我們的董事會決議，馬上要建一條新鐵路線，與德州石油中心區連貫起來。」

「噢！」卡內基以恍然大悟的表情說，「原來我們要建築新的鐵路，什麼時候動工。」

「當然還要一段時日。」史谷特沉思著說，「我怕一旦開工之後，材料供應不足，停停做做，要多花很多錢。其中我最擔心的就是鐵軌，以現在的情形，生產廠商只供應我們一家也許可以，可是，據我所知，已有好幾個地方要增建新鐵路線，需要的數量一定很多，這真是個嚴重的問題。」

「不必再考慮了。」史谷特說，「這是個遠景美麗的事業，安德魯，請你相信我，以你的才能，你在鐵路界的成就將來必定勝過我。」

「不。」卡內基脫口叫道，「對不起，我現在不能接受您的提議，讓我再考慮幾天好不好？」

「好吧！」史谷特用看陌生人的眼神打量他一會兒，然後輕輕嘆息一聲，接著道，「我不知道你腦子裡想的是什麼，可是，我第一次發覺我並不真正地了解你。你知道，我對你的期望很大。」

「讓您失望我很抱歉。」卡內基搓著手說，「但我沒有絲毫惡意。」

「我知道。」史谷特拿起菸斗撫弄著，默默地停了一會兒，才說。「你準備什麼時候答覆我？」

「事實上，我的答案已經考慮好了，只是，我不忍當面告訴您。」

史谷特猛然抬起頭來，兩道銳利的目光像利箭投射在他的臉上：「你是說，你不願意更新？」

「是的，而且我要把現在的職務也辭掉。」

「為什麼？」

「因為我不想過一輩子拿薪水的生活。」

「你為什麼不早告訴我？」

「我是剛才聽了您擴建鐵路路線的訊息才決定的，以前我還在猶豫。」

「我不懂你這話的意思！」史谷特有點生氣地說。

於是，卡內基滔滔不絕地作了一番解釋，由鐵路的發展，說到四通八達鐵路網的建立，以及所需材料的數量，最後又談到他想設廠生產鐵軌的計畫，像是一個詳盡的報告書，連史各特都聽得有點心動了。

當二人分手時，史谷特緊緊拉著卡內基的手說：「這些年來，我千方百計地想留住你，為我們的公司儲備一個人才，結果還是一場空。」

「我很抱歉，先生。」卡內基說。

「我不怪你，我早就知道你不是池中物，我設法籠絡你，也只是替公司儘儘人事而已。」

製造鐵軌，是卡內基躋身於最大富翁之列的很重要的一步，但這一計劃的腹稿他在史谷特的辦公室內不到 10 分鐘就擬定了，其思想之敏捷，實在不能不使人佩服。

財富之謎，只會賺錢不會花錢成不了富翁：

賺錢、花錢、存錢的藝術，從理財智慧到實現財富自由的旅程

作　　者：趙劭甫，馮化平

發 行 人：黃振庭

出 版 者：財經錢線文化事業有限公司

發 行 者：財經錢線文化事業有限公司

E-mail：sonbookservice@gmail.com

粉 絲 頁：https://www.facebook.com/
　　　　　sonbookss/

網　　址：https://sonbook.net/

地　　址：台北市中正區重慶南路一段六十一號八
　　　　　樓 815 室

Rm. 815, 8F., No.61, Sec. 1, Chongqing S. Rd.,
Zhongzheng Dist., Taipei City 100, Taiwan

電　　話：(02)2370-3310

傳　　真：(02)2388-1990

印　　刷：京峯數位服務有限公司

律師顧問：廣華律師事務所 張珮琦律師

-版權聲明

定　　價：375 元

發行日期：2024 年 04 月第一版

◎本書以 POD 印製

國家圖書館出版品預行編目資料

財富之謎，只會賺錢不會花錢成不
了富翁：賺錢、花錢、存錢的藝
術，從理財智慧到實現財富自由的
旅程 / 趙劭甫，馮化平 著 . -- 第一
版 . -- 臺北市：財經錢線文化事業
有限公司 , 2024.04
面；　公分
POD 版
ISBN 978-957-680-818-0(平裝)
1.CST: 個人理財 2.CST: 成功法
563　　　113002846

電子書購買

臉書

爽讀 APP